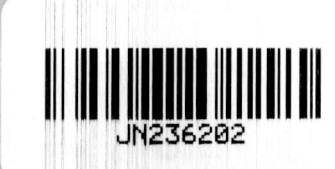

「性格&相性」まるごとわかる

動物キャラナビ

本当の自分から恋の行方まで、すべて教えます！

個性心理學研究所 所長
弦本將裕
イラスト
田島みるく

日本文芸社

はじめに

今を生きる誰もがストレスを抱えて生活しています。そのストレスの原因の９９％は人間関係にあるといわれています。

みなさんの最大の関心事の１つである恋愛もまた、さまざまな人間関係によって支配されています。「なぜ、私の恋はうまくいかないんだろう……」。こう思っている方も多いのではないでしょうか。

そこで本書では、特に若い方を対象に、恋愛を中心として、相手とどのようにつき合えばいいのか、12動物（60パターン）のキャラ別にまとめてみました。みなさんご自身の性格や、恋愛や結婚をはじめとして、相手との相性や、理想的なデートコース、彼・彼女の攻略法などについても解説し、日常のあらゆる場面で活用できるように工夫しました。

また、動物キャラナビは、さまざまな分析ツールによって鑑定する楽しさ満点のビジュアルブックです。

動物キャラナビのエキスパートとなれば、本当の自分を知り、理想の恋人にいつか出会えることでしょう。また、恋の失敗もなくなり、ステキな関係が築けるはずです。みなさんが本書を上手に使って、恋愛を大いにエンジョイされることを祈ってやみません。

個性心理學研究所　所長

弦本將裕《つるもとまさひろ》（磨き上げられたたぬき）

「性格&相性」まるごとわかる 動物キャラナビ

目次

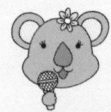

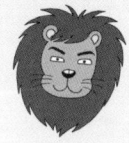

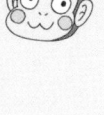

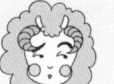

12分類キャラ別 恋愛と結婚、ヒューマンリレーション
永遠の愛を誓うのは誰!?

お気に入りのNo.1デートコース
彼/彼女をゲットする! 攻略データMEMO

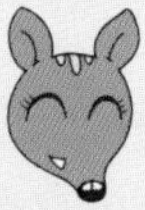

コラム

ANIMAL CHARACTER NAVIGATION

プロローグ

動物キャラナビは個性を知る心の科学

「バースディサイエンス」としての実践心理学

動物キャラナビは、占い？　それとも科学？　その答えは、誰もが必ずもっている「誕生日」をもとに、「個性」をくわしく分析した「バースディサイエンス」です。

「誕生日」は、大切な命がこの世に誕生した特別な日です。地球がぐるりと１回転して１日。月が自転しながら地球の周りを１周してひと月。地球が自転しながら太陽の周りを１周して１年。あなたは過去のある瞬間、地球と月と太陽が特別な位置関係をもったときにこの世に生まれました。

多くのデータを検証した結果、動物キャラナビは、命がこの地球上に生まれた瞬間の「太陽と月の位置」が、個人の性格に大きな影響を与えていると考えています。

さらに動物キャラナビは、行動心理学、四柱推命《しちゅうすいめい》、カバラ占星術、宿曜経《しゅくようきょう》などをベースに生まれた実践心理学でもあります。とくに「東洋の英知」と言われる中国の四柱推命から大きなヒントを得たものです。四柱推命は日本では“占い”扱いですが、実際は千年以上をかけて１億人以上のデータを分析し、多くの人に当てはまると実証された「世界最大の統計学」、つまり“心の科学”です。動物キャラナビは「心の科学」を受け継ぎ、変化の多い現代に柔軟に対応して、今も進化を続けています。

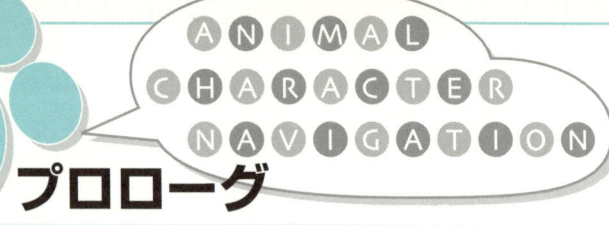

自分のことも人のことも、相手との関係学もわかる

あなたは、今、恋人や友人、家族など、あなたを取り巻く人との関係で悩んでいませんか？

それは、あなたが、相手のことばかりか自分のことすらわかっていないからかもしれません。

あなたには「あなただけが知っている自分」「あなたも他人も知っている自分」「他人だけが知っている自分」「誰も知らない自分」の４つの自分がいます。このうち、あなたが知っている“自分”は、わずか２つだけです。

「私のことを誰も理解してくれない」「あの人とつきあっていると、私は無理をしてるみたい」「普通ならこう考えるのに、何であの人は違うんだろう」……そんなふうに悩んでいるなら、それは知らないうちに幸福をはばむストレスの種を蒔《ま》いているのです。動物キャラナビによって、自分を知り、相手のことも知ったら、問題はただちに解決し、周りの人と素晴らしい関係を築けることでしょう。

すべては循環する

動物キャラナビは「すべては循環する」という考えのもとに成立しています。これは「不変のものは何１つなく、すべては生まれ、栄え、絶えて、再び生まれる」という意味です。ではこの考えをもとに、12の動物キャラについて紹介しましょう。

12の動物キャラは右の図のように、狼からペガサスまで「循環する環」になって並んでいます。この基本サークルは「盛衰を繰り返し、循環する宇宙エネルギー」に呼応するものです。宇宙エネルギーは、ライオンで最高潮に盛り上がります。それを人の一生にたとえると、キャラの性質がよくわかります。

狼●胎児なので、１人の心地よい空間が大好き。自分の流儀があり、ペースを乱されるのが嫌いで、仕切り上手。

こじか●赤ちゃんなので、警戒心が強く甘えん坊。みんなに愛されたい気持ちが強く、親しくなるとわがままに。

猿●好奇心旺盛な小学生。落ちつくことなく常に行動しています。興味は目先のものへ。にぎやかなことが大好き。

チータ●カッコをつけたい新しいもの好きな高校生。成功願望と挑戦意欲が旺盛だけど、あきらめも早く、早とちり。

黒ひょう●成人して社会へ出た20代。プライドやメンツにこだわるけれど、内心はナイーブ。感情がすぐ顔に出がち。

ライオン●アブラの乗り切った働き盛り。特別扱いを喜ぶ完ぺき主義者。外では立派でも、家に帰ると甘えん坊。

虎●社長として自分の世界を構築。働き者で器用貧乏。面倒見がよく、優れたバランス感覚で人をまとめます。

たぬき●実践から退いた会長職。経験と実績を重んじ、人に仕事を上手に配分。受け身の天然ボケで根拠のない自信あり。

12キャラクターの基本サークル

12動物キャラの性格は、人の一生にたとえると簡単にイメージできます。スタートは胎児の狼、虎～ライオンが人生の最盛期です。

子守熊●ラク隠居。楽しいことが大好きでサービス精神も旺盛。計算上手で、長期展望タイプ。負ける勝負はパス。

ゾウ●人生の終盤。残された時間があまりないので、気が短く心配性。がんこ者ですが、長いものには巻かれます。

ひつじ●お墓の中でまだ魂は地上にある状態。客観的にものを見ます。寂しいので、人の和を大切にします。

ペガサス●地上から離れ、大空を自由に駆ける魂。ひらめき型で面倒くさがり。超お天気屋です。

では、次の10ページからの表を使って自分や恋人のキャラを探してみましょう。12動物キャラはさらに４種or６種に細分化されて60分類となり、より深く心を知ることができます。

あなたの動物キャラは何？

60分類キャラクター 換算表・対応表

❶ 下の〔60分類キャラクター換算表〕を見て、誕生年と誕生月の交わるところにある数字を求めます。

例 Aさん：1982年7月7日生まれ→21
　 Bさん：1983年12月24日生まれ→59

❷ 生まれた日に、❶で求めた数を足します。

例 Aさん：7（生まれた日）＋21（❶で求めた数）＝28
　 Bさん：24（生まれた日）＋59（❶で求めた数）＝83
　 →83−60＝23
　 ※Bさんのように合計数が61以上になった場合は、
　 合計数から60を引きます。

❸ ❷で求めた数を14〜15ページの〔60分類キャラクター対応表〕の「番号」欄から見つけます。

例 Aさん：（番号）28→優雅なペガサス（ペガサス）
　 Bさん：（番号）23→無邪気なひつじ（ひつじ）

60分類キャラクター換算表

西暦／年号	1月	2月	3月	4月	5月	6月	7月	8月	9月	10月	11月	12月
1913（大正2）年	18	49	17	48	18	49	19	50	21	51	22	52
1914（大正3）年	23	54	22	53	23	54	24	55	26	56	27	57
1915（大正4）年	28	59	27	58	28	59	29	0	31	1	32	2
1916（大正5）年※	33	4	33	4	34	5	35	6	37	7	38	8
1917（大正6）年	39	10	38	9	39	10	40	11	42	12	43	13
1918（大正7）年	44	15	43	14	44	15	45	16	47	17	48	18
1919（大正8）年	49	20	48	19	49	20	50	21	52	22	53	23

西暦／年号	1月	2月	3月	4月	5月	6月	7月	8月	9月	10月	11月	12月
1920(大正9)年※	54	25	54	25	55	26	56	27	58	28	59	29
1921(大正10)年	0	31	59	30	0	31	1	32	3	33	4	34
1922(大正11)年	5	36	4	35	5	36	6	37	8	38	9	39
1923(大正12)年	10	41	9	40	10	41	11	42	13	43	14	44
1924(大正13)年※	15	46	15	46	16	47	17	48	19	49	20	50
1925(大正14)年	21	52	20	51	21	52	22	53	24	54	25	55
1926(昭和元)年	26	57	25	56	26	57	27	58	29	59	30	0
1927(昭和2)年	31	2	30	1	31	2	32	3	34	4	35	5
1928(昭和3)年※	36	7	36	7	37	8	38	9	40	10	41	11
1929(昭和4)年	42	13	41	12	42	13	43	14	45	15	46	16
1930(昭和5)年	47	18	46	17	47	18	48	19	50	20	51	21
1931(昭和6)年	52	23	51	22	52	23	53	24	55	25	56	26
1932(昭和7)年※	57	28	57	28	58	29	59	30	1	31	2	32
1933(昭和8)年	3	34	2	33	3	34	4	35	6	36	7	37
1934(昭和9)年	8	39	7	38	8	39	9	40	11	41	12	42
1935(昭和10)年	13	44	12	43	13	44	14	45	16	46	17	47
1936(昭和11)年※	18	49	18	49	19	50	20	51	22	52	23	53
1937(昭和12)年	24	55	23	54	24	55	25	56	27	57	28	58
1938(昭和13)年	29	0	28	59	29	0	30	1	32	2	33	3
1939(昭和14)年	34	5	33	4	34	5	35	6	37	7	38	8
1940(昭和15)年※	39	10	39	10	40	11	41	12	43	13	44	14
1941(昭和16)年	45	16	44	15	45	16	46	17	48	18	49	19
1942(昭和17)年	50	21	49	20	50	21	51	22	53	23	54	24
1943(昭和18)年	55	26	54	25	55	26	56	27	58	28	59	29
1944(昭和19)年※	0	31	0	31	1	32	2	33	4	34	5	35
1945(昭和20)年	6	37	5	36	6	37	7	38	9	39	10	40
1946(昭和21)年	11	42	10	41	11	42	12	43	14	44	15	45
1947(昭和22)年	16	47	15	46	16	47	17	48	19	49	20	50
1948(昭和23)年※	21	52	21	52	22	53	23	54	25	55	26	56
1949(昭和24)年	27	58	26	57	27	58	28	59	30	0	31	1
1950(昭和25)年	32	3	31	2	32	3	33	4	35	5	36	6

※はうるう年なので2月は29日まであります。

西暦／年号	1月	2月	3月	4月	5月	6月	7月	8月	9月	10月	11月	12月
1951(昭和26)年	37	8	36	7	37	8	38	9	40	10	41	11
1952(昭和27)年※	42	13	42	13	43	14	44	15	46	16	47	17
1953(昭和28)年	48	19	47	18	48	19	49	20	51	21	52	22
1954(昭和29)年	53	24	52	23	53	24	54	25	56	26	57	27
1955(昭和30)年	58	29	57	28	58	29	59	30	1	31	2	32
1956(昭和31)年※	3	34	3	34	4	35	5	36	7	37	8	38
1957(昭和32)年	9	40	8	39	9	40	10	41	12	42	13	43
1958(昭和33)年	14	45	13	44	14	45	15	46	17	47	18	48
1959(昭和34)年	19	50	18	49	19	50	20	51	22	52	23	53
1960(昭和35)年※	24	55	24	55	25	56	26	57	28	58	29	59
1961(昭和36)年	30	1	29	0	30	1	31	2	33	3	34	4
1962(昭和37)年	35	6	34	5	35	6	36	7	38	8	39	9
1963(昭和38)年	40	11	39	10	40	11	41	12	43	13	44	14
1964(昭和39)年※	45	16	45	16	46	17	47	18	49	19	50	20
1965(昭和40)年	51	22	50	21	51	22	52	23	54	24	55	25
1966(昭和41)年	56	27	55	26	56	27	57	28	59	29	0	30
1967(昭和42)年	1	32	0	31	1	32	2	33	4	34	5	35
1968(昭和43)年※	6	37	6	37	7	38	8	39	10	40	11	41
1969(昭和44)年	12	43	11	42	12	43	13	44	15	45	16	46
1970(昭和45)年	17	48	16	47	17	48	18	49	20	50	21	51
1971(昭和46)年	22	53	21	52	22	53	23	54	25	55	26	56
1972(昭和47)年※	27	58	27	58	28	59	29	0	31	1	32	2
1973(昭和48)年	33	4	32	3	33	4	34	5	36	6	37	7
1974(昭和49)年	38	9	37	8	38	9	39	10	41	11	42	12
1975(昭和50)年	43	14	42	13	43	14	44	15	46	16	47	17
1976(昭和51)年※	48	19	48	19	49	20	50	21	52	22	53	23
1977(昭和52)年	54	25	53	24	54	25	55	26	57	27	58	28
1978(昭和53)年	59	30	58	29	59	30	0	31	2	32	3	33
1979(昭和54)年	4	35	3	34	4	35	5	36	7	37	8	38
1980(昭和55)年※	9	40	9	40	10	41	11	42	13	43	14	44
1981(昭和56)年	15	46	14	45	15	46	16	47	18	48	19	49

西暦／年号	1月	2月	3月	4月	5月	6月	7月	8月	9月	10月	11月	12月
1982(昭和57)年	20	51	19	50	20	51	21	52	23	53	24	54
1983(昭和58)年	25	56	24	55	25	56	26	57	28	58	29	59
1984(昭和59)年※	30	1	30	1	31	2	32	3	34	4	35	5
1985(昭和60)年	36	7	35	6	36	7	37	8	39	9	40	10
1986(昭和61)年	41	12	40	11	41	12	42	13	44	14	45	15
1987(昭和62)年	46	17	45	16	46	17	47	18	49	19	50	20
1988(昭和63)年※	51	22	51	22	52	23	53	24	55	25	56	26
1989(平成元)年	57	28	56	27	57	28	58	29	0	30	1	31
1990(平成2)年	2	33	1	32	2	33	3	34	5	35	6	36
1991(平成3)年	7	38	6	37	7	38	8	39	10	40	11	41
1992(平成4)年※	12	43	12	43	13	44	14	45	16	46	17	47
1993(平成5)年	18	49	17	48	18	49	19	50	21	51	22	52
1994(平成6)年	23	54	22	53	23	54	24	55	26	56	27	57
1995(平成7)年	28	59	27	58	28	59	29	0	31	1	32	2
1996(平成8)年※	33	4	33	4	34	5	35	6	37	7	38	8
1997(平成9)年	39	10	38	9	39	10	40	11	42	12	43	13
1998(平成10)年	44	15	43	14	44	15	45	16	47	17	48	18
1999(平成11)年	49	20	48	19	49	20	50	21	52	22	53	23
2000(平成12)年※	54	25	54	25	55	26	56	27	58	28	59	29
2001(平成13)年	0	31	59	30	0	31	1	32	3	33	4	34
2002(平成14)年	5	36	4	35	5	36	6	37	8	38	9	39
2003(平成15)年	10	41	9	40	10	41	11	42	13	43	14	44
2004(平成16)年※	15	46	15	46	16	47	17	48	19	49	20	50
2005(平成17)年	21	52	20	51	21	52	22	53	24	54	25	55
2006(平成18)年	26	57	25	56	26	57	27	58	29	59	30	60
2007(平成19)年	31	2	30	1	31	2	32	3	34	4	35	5
2008(平成20)年※	36	7	36	7	37	8	38	9	40	10	41	11
2009(平成21)年	42	13	41	12	42	13	43	14	45	15	46	16
2010(平成22)年	47	18	46	17	47	18	48	19	50	20	51	21
2011(平成23)年	52	23	51	22	52	23	53	24	55	25	56	26
2012(平成24)年※	57	28	57	28	58	29	59	30	1	31	2	32

※はうるう年なので2月は29日まであります。

60分類キャラクター対応表

番号	キャラクター		リズム	3分類	ページ
	12分類	60分類			
1	チータ	長距離ランナーのチータ	大樹《ビッグツリー》	☀	64～65
2	たぬき	社交家のたぬき	草花《サンフラワー》	☾	104～105
3	猿	落ちつきのない猿	太陽《サンシャイン》	🌍	52～53
4	子守熊《コアラ》	フットワークの軽い子守熊	灯火《キャンドル》	🌍	112～113
5	黒ひょう	面倒見のいい黒ひょう	山岳《マウンテン》	○	72～73
6	虎	愛情あふれる虎	大地《フィールド》	🌍	92～93
7	チータ	全力疾走するチータ	鉱脈《メタル》	☀	66～67
8	たぬき	磨き上げられたたぬき	宝石《ジュエリー》	☾	106～107
9	猿	大きな志をもった猿	海洋《オーシャン》	🌍	54～55
10	子守熊《コアラ》	母性豊かな子守熊	雨露《レインドロップ》	🌍	114～115
11	こじか	正直なこじか	大樹《ビッグツリー》	☾	44～45
12	ゾウ	人気者のゾウ	草花《サンフラワー》	☀	124～125
13	狼	ネアカの狼	太陽《サンシャイン》	🌍	32～33
14	ひつじ	協調性のないひつじ	灯火《キャンドル》	○	132～133
15	猿	どっしりとした猿	山岳《マウンテン》	🌍	56～57
16	子守熊《コアラ》	子守熊のなかの子守熊	大地《フィールド》	🌍	116～117
17	こじか	強い意志をもったこじか	鉱脈《メタル》	☾	46～47
18	ゾウ	デリケートなゾウ	宝石《ジュエリー》	☀	126～127
19	狼	放浪の狼	海洋《オーシャン》	🌍	34～35
20	ひつじ	もの静かなひつじ	雨露《レインドロップ》	○	134～135
21	ペガサス	落ちつきのあるペガサス	大樹《ビッグツリー》	☀	144～145
22	ペガサス	強靭な翼をもつペガサス	草花《サンフラワー》	☀	146～147
23	ひつじ	無邪気なひつじ	太陽《サンシャイン》	○	136～137
24	狼	クリエイティブな狼	灯火《キャンドル》	🌍	36～37
25	狼	穏やかな狼	山岳《マウンテン》	🌍	38～39
26	ひつじ	ねばり強いひつじ	大地《フィールド》	○	138～139
27	ペガサス	波乱に満ちたペガサス	鉱脈《メタル》	☀	148～149
28	ペガサス	優雅なペガサス	宝石《ジュエリー》	☀	150～151
29	ひつじ	チャレンジ精神旺盛なひつじ	海洋《オーシャン》	○	140～141
30	狼	順応性のある狼	雨露《レインドロップ》	🌍	40～41

番号	キャラクター		リズム	3分類	ページ
	12分類	60分類			
31	ゾウ	リーダーとなるゾウ	大樹《ビッグツリー》	☀	128〜129
32	こじか	しっかり者のこじか	草花《サンフラワー》	☾	48〜49
33	子守熊《コアラ》	活動的な子守熊	太陽《サンシャイン》	🌍	118〜119
34	猿	気分屋の猿	灯火《キャンドル》	🌍	58〜59
35	ひつじ	頼られるとうれしいひつじ	山岳《マウンテン》	○	142〜143
36	狼	好感をもたれる狼	大地《フィールド》	🌍	42〜43
37	ゾウ	まっしぐらに突き進むゾウ	鉱脈《メタル》	☀	130〜131
38	こじか	華やかなこじか	宝石《ジュエリー》	☾	50〜51
39	子守熊《コアラ》	夢とロマンの子守熊	海洋《オーシャン》	🌍	120〜121
40	猿	尽くす猿	雨露《レインドロップ》	🌍	60〜61
41	たぬき	大器晩成のたぬき	大樹《ビッグツリー》	☾	108〜109
42	チータ	足腰の強いチータ	草花《サンフラワー》	☀	68〜69
43	虎	動きまわる虎	太陽《サンシャイン》	🌍	94〜95
44	黒ひょう	情熱的な黒ひょう	灯火《キャンドル》	○	74〜75
45	子守熊《コアラ》	サービス精神旺盛な子守熊	山岳《マウンテン》	🌍	122〜123
46	猿	守りの猿	大地《フィールド》	🌍	62〜63
47	たぬき	人間味あふれるたぬき	鉱脈《メタル》	☾	110〜111
48	チータ	品格のあるチータ	宝石《ジュエリー》	☀	70〜71
49	虎	ゆったりとした悠然の虎	海洋《オーシャン》	🌍	96〜97
50	黒ひょう	落ちこみの激しい黒ひょう	雨露《レインドロップ》	○	76〜77
51	ライオン	我が道を行くライオン	大樹《ビッグツリー》	☀	84〜85
52	ライオン	統率力のあるライオン	草花《サンフラワー》	☀	86〜87
53	黒ひょう	感情豊かな黒ひょう	太陽《サンシャイン》	○	78〜79
54	虎	楽天的な虎	灯火《キャンドル》	🌍	98〜99
55	虎	パワフルな虎	山岳《マウンテン》	🌍	100〜101
56	黒ひょう	気どらない黒ひょう	大地《フィールド》	○	80〜81
57	ライオン	感情的なライオン	鉱脈《メタル》	☀	88〜89
58	ライオン	傷つきやすいライオン	宝石《ジュエリー》	☀	90〜91
59	黒ひょう	束縛をきらう黒ひょう	海洋《オーシャン》	○	82〜83
60	虎	慈悲深い虎	雨露《レインドロップ》	🌍	102〜103

動物キャラナビ MY＊DATA

※コピーをとって、あなたや彼（彼女）、友だちなどのデータを書きこみましょう。

＊NAME：

＊BIRTHDAY：　　　　年　　月　　日　　時　　分

●12分類キャラクター〔　　　　　　　〕
●60分類キャラクター［　　　　　　　　　　　］
← 出し方は10～15ページ

タイプ　○で囲みましょう

●3分類　月グループ　地球グループ　太陽グループ　←155ページ参照
●軸　自分軸　相手軸　←157ページ参照
●行動パターン　目標指向型　状況対応型　←158ページ参照
●心理ベクトル　未来展望型　過去回想型　←159ページ参照
●思考パターン　右脳型　左脳型　←160ページ参照
●リズム［　　　　　　　］　←14～15ページに対応表があります

4つの個性

●本質（本当の自分）［　　　　　　　］
●表面（見かけの自分）［　　　　　　　］
●意志（耳元でささやく自分）［　　　　　　　］
●希望（なりたい自分）［　　　　　　　］
← 出し方は171～176ページ

HIS / HER ＊ DATA

＊NAME：

＊BIRTHDAY：　　　　年　　月　　日　　時　　分

●12分類キャラクター〔　　　　　　　〕●60分類キャラクター［　　　　　　　　　　　］

タイプ　○で囲みましょう

●3分類　月グループ　地球グループ　太陽グループ
●軸　自分軸　相手軸
●行動パターン　目標指向型　状況対応型
●心理ベクトル　未来展望型　過去回想型
●思考パターン　右脳型　左脳型
●リズム［　　　　　　　］

4つの個性

●本質［　　　　　　　］
●表面［　　　　　　　］
●意志［　　　　　　　］
●希望［　　　　　　　］

PART 1

•性•格•編•

本当の自分を知る

60分類で今まで知らなかった本当の自分に出会う

12動物キャラは60種に細分化され、さらに細かく性格が定められています。さあ、あなたの本当の性格を見きわめましょう。

狼

キャラ早わかり

“人と同じ”を嫌う個性派。マイペースでも仕切りはうまい

WOLF

恋愛もファッションもインテリアも全部、私流よ！

- 自分しかできないことでNo.1を目指す
- 人まねをしたくない
- 時系列の記憶力がよい
- 初対面ではとっつきにくい
- すぐメモをとる習慣がある
- 唯我独尊
- 「変わってるね」と言われるとうれしい
- ペースを乱されるのを嫌う
- 言葉足らずのところがある
- 1人だけの時間と空間が好き

今日の買い物リストをメモしなきゃ。「ナス3個」に「牛乳1本」…。

- 歩くのが苦にならない
- 臨機応変の対応は苦手

こじか

子どものように素直で純真。
みんなに好かれたい八方美人

キャラ早わかり

FAWN

愛情が確認できないと不安になる

いつもそばにいてくれなきゃいや！
私を1人にしないで。

かけひきや表裏のある対応は苦手

感情を隠しきれない

大勢の中にいても仲のよい人としか話さない

食べ物、飲み物の添加物が気になる

親しくなるとわがままになる

相手の人柄がすべて

好き嫌いが激しい

人を育てたり、教えたりするのがうまい

携帯電話の料金、今月は5万円！
こんなにたくさん
彼としゃべれたのね。

好奇心旺盛

初対面では警戒心が強い

行動範囲が限られている

猿

キャラ早わかり

手先が器用で人まね上手。
おだてに弱い気づかいの人

MONKEY

そんなにほめられると、
つい頑張っちゃうんだよね。

- ほめられたいために頑張る
- 乗せられると弱い
- 信じやすい、だまされやすい
- 細かいこと、小さいことに気がつく
- 仕事や用事を頼むときは目的・指示を明確にしてあげないとだめ
- 話すときは、相手の目をじっと見る
- 落ちつきがない
- かた苦しい雰囲気に弱い
- 何でもゲーム感覚で楽しむ
- 早とちりや早合点が多い
- 何ごとも短期決戦
- 人のまねをするのがうまい

わかった、わかった！
あれ、何をどうするんだっけ？

チータ

好奇心強く新しいもの好き。
前向きだけどあきらめも早い

キャラ早わかり

CHEETAH

欲しいと思ったらすぐ買う

エネルギー補給に、今週も焼き肉屋へGO!

焼き肉が好き

早とちりで、思いこみが強く、お人好し

人前でカッコつけたがる

常に話の中心でいたい

プライドが高い

話も態度もデカい

恥をかきたくない

大きな数字に強いが、小さな数字には興味がない

成功願望が強い

ダメそうだから、もういいや。や〜めた!

超プラス指向で、マイナスのことを言うのを嫌う

瞬発力はあるが、長続きしない

黒ひょう

キャラ早わかり

スマートなトレンド先どり派。プライドが高く傷つきやすい

BLACK LEOPARD

モノトーンが好き

おしゃれで新しいもの好き

スマートでありたい

メンツやプライド、立場にこだわる

喜怒哀楽が、顔や態度に出やすい

ガラス細工のような繊細な心

正義感、批判精神が強い

この最新流行の服、センスいいでしょ。
まぁまぁ、2人とも落ちついて。ケンカの仲裁ならぼくの出番!

気をつかわれると上機嫌

いつまでも現役でいたい

主語が多い

常にリーダーシップをとりたい

先攻逃げ切り型攻撃的だが、あきらめやすい

ライオン

VIP待遇にご満悦の王様格。強気な発言と裏腹に甘えん坊

キャラ早わかり

LION

おしゃれで装飾品が大好き

金の指輪、金のブレスレット、
金のイヤリングでお出かけよ。

他人の細かいところに気づく

人が言ったことをよく覚えている

特別扱いに弱い

数字や計算に弱く、大きくばく然とした話が多い

その道の超一流を目指す

徹底的にこだわる

本音を言わない

礼儀礼節にうるさい

あいつ、結婚式に
ジーンズで来るなんて。
礼儀礼節をわきまえないヤツ！

世間体を気にする

決して弱音をはかない

外にいるときと家にいるときの内外の落差が大きい

キャラ早わかり

虎

多芸多才で何でもこなす。バランス感覚抜群の親分肌

TIGER

額が曲がってると、がまんできない！
ヘアスタイルは真ん中分け。
バランスにはこだわるの。

バランス感覚が抜群

即断即決はしないが、決めたら徹底的にやる

カラフルな色が好き

笑いながらキツイひと言が言える

器用貧乏で仕事が第一

自分がいちばん正しいという思いこみが強い

自分の生活圏を大事にする

悠然とした雰囲気

頼られるとほっとけない。
よし、オレに任せとけ！

相手の“言い分”が気になる

面倒見がよく親分肌

自由、平等、博愛主義

さりげなく計算高い

たぬき

経験と伝統を重んじる。
愛嬌はピカイチの天然ボケ

キャラ早わかり

RACCOON DOG

- 行きつけの店にしか行かない
- そばが好き
- 古いものが好き
- 年配の人や年の離れた人からかわいがられる
- 他人の話をすぐ自分の話にする特技がある
- 「はい、わかりました」と返事だけはいい
- もの忘れが多い
- 究極の逸品に弱い
- 根拠のない自信がある
- いつも出番を待っている
- 天然ボケの人が多い
- こじつけ、ごろ合わせが好き

昼食は明治○年創業のそば屋が定番さ。
どんなキャラにも化けられるので得でしょ。え？　しっぽが出てる？

子守熊《コアラ》

キャラ早わかり

ロマンチストで現実派。負け試合は絶対にパス

KOALA

昼寝が好きで、夜は強い

一見おとなしい人が多い

南の島や温泉でボーッとするのが最高さ！

ボーッとしている時間がないと頑張れない

毒舌で笑いをとる

サービス精神旺盛

競争意識は強いが、負ける勝負はしない

出し抜いて勝つのが好き

最悪のケースを考えてから行動する

計算高く、疑り深い

もしもの場合に備えて保険に入っとこう。もしも会議で寝たらこう言い訳しよう。もしも…もしも…もしも…

嘘がバレたときの言い訳がうまい

あとからあれこれと悔やむ

長期的展望に立って考える

ゾウ

キャラ早わかり

やると決めたら最後まで。いちどキレると手に負えない

ELEPHANT

人の話を聞かない

自分がダメだと思ったものには挑まない

ちゃんと聞いてるよ。ところで何の話だったっけ？

努力家と言われるのが嫌い

根回しが得意

細かい計算ができない

明日も未来もない

スタンドプレーが多い

問題発言のプロ。「報・連・相」ができない

敵、味方の区別がきわめてはっきりしている

私を怒らせてごらん。あたりかまわず踏みつけてやる！

キレたときは最も怖い

常に何かに打ちこんでいたい

その道のプロ、職人を目指す

ひつじ

キャラ早わかり

いつも世のため人のため。和を大切にする寂しがり屋

SHEEP

私を仲間はずれにしないで。1人ぼっちは耐えられないの。

感情的になりやすい

情報収集のオニ

客観的配慮、気配りができる

好き嫌いが激しい

ぐち、ぼやきが多い

相手に気をつかわれるとすごくうれしい

人から相談されるとすごくうれしい

はっきりものが言える

和を乱す人は大嫌い

ねぇ、ねぇ、聞いてくれる？グチらせて、ぼやきを聞いて。

お金にはきっちりしていて、貯めるのが好き

本当の自分を出さない

約束は絶対に守る

ペガサス

ひらめき、発想は天才的。束縛を嫌うミステリアスな人

キャラ早わかり

PEGASUS

気分屋、天気屋だが、それを隠そうとしない

こんなの誰かやって！面倒くさいから。

わがまま

人を使うのがうまい

長所はすごいが、あとは平凡

豪華絢爛

いちばん面倒くさがり屋

大げさな人が多い

根拠のない考え方をする

いちいち細かく指示されるとダメ

社交辞令の天才

とらえどころのない人なんて言わないで。自分でもわからないんだもん。

うなずきながら他のことを考えている

乗っているときと、そうでないときの落差が激しい

12動物が
もっとくわしく
わかる!

60分類キャラ(P32~P151)の見方

5種類のアイコン

月・地球・太陽グループ

月グループの人は相手中心に考え、みんなで仲よく楽しみたいタイプ。地球グループの人は地に足のついた現実主義者。太陽グループの人は感性と直観を大切にします。

自分軸&相手軸

自分軸は自分の考えに従って行動。相手軸は、相手中心に、相手の考え方に合わせて行動。

未来展望型&過去回想型

未来展望型は過去を忘れてプラス指向。過去回想型はマイナス指向で過去の経験を重視。

目標指向型&状況対応型

行動パターン 目標指向型
 行動パターン 状況対応型

目標指向型は目標を定めてから計画的に行動。状況対応型は状況に応じて臨機応変に行動。

右脳型&左脳型

思考パターン 右脳型
 思考パターン 左脳型

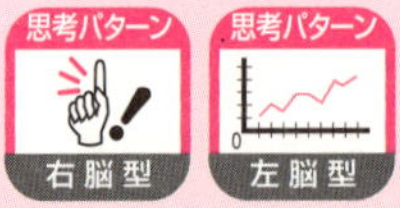

右脳型は感覚的で感性豊か。理論は二の次です。左脳型は理論やデータを重視します。

1 60分類名

動物キャラナビには12の動物キャラがいます。それぞれは4種or6種に細分化され全60分類に。求め方は10〜15ページにあります。

2 ナンバー

60分類には、ベースとなる理論に沿った1〜60のナンバーがつけられています。
ナンバーは14〜15ページに表記。

3 5種類のアイコン

自分や気になる人の性格や思考の傾向を読み解く大切なキー。たとえば、こじかとたぬきは月グループ（新月）なので雰囲気が似ていて、狼と猿は目標指向型なので共通点があるはず。説明は155〜160ページに。

4 60分類の性質

人間の性格を60に分類して、より深く理解できるのが動物キャラナビの特徴。たとえば「猿」には6種類の猿がいますが、それぞれはみな異なる個性をもっていながら、「猿」共通の性格をもっています。

5 好きなタイプ

♀マークのところは、たとえば「ネアカの狼」の女性が好む男性のタイプ。♂マークのところは、「ネアカの狼」の男性が好む女性のタイプ。あくまでも「好みのタイプ」であり、「相性のよいタイプ」ではない点に注意。ただし、相手好みの異性を演じてアプローチするときには積極的活用を！　くわしい「相性」はパート3で紹介しています。

6 リズムアイコン（例では太陽マーク）

リズムを示すアイコン。全10種あります。リズムは運気や性格を見るための大切な要素です。12動物キャラはそれぞれ4種or6種に細分化されますが、そのリズムはすべて異なるのが興味深いところ。

　リズムの表示は14〜15ページに。リズムの説明は162ページから。リズムによる性格の違いは163ページに。

7 6年間の恋の行方（リズム表）

ポイントが高いほど、よい出会いが多く、恋愛運も良好。運命の人と出会う可能性が高く、交際中の人と結婚が決まる可能性も大。また結婚式や入籍の時期としても◎。好機なので、積極的に行動してどんどんアタックを！　ポイントが低いときは、破局を迎えたり、出会いはあってもあまりよくない人だったり、恋人を得られないことも。

8 トキ

運気には10年間の大きな周期があり、2年ずつ5期、さらに1年に細分され、その1つひとつを「トキ」とよびます。トキは運勢の天気予報。アイコン内の上の文字（「開花期」「収穫期」など）は2年単位のトキ、下の文字（「成果」「転換」など）は1年単位のトキを示します。トキについての説明は162〜164ページに。

9 適職・不適職

60分類別の適職と不適職。自分の性格に合わない仕事で無理するのは逆風に立ち向かうようなもの。性格に合う仕事をしたほうが楽しく、興味が次々とわき、やる気も出て成功も期待できるはず。ここに示した適職・不適職はほんの1例。自分のキャラに合った職業を見つけて、幸福な人生を！

10 ホワイトエンジェル/ブラックデビル

パート3で紹介する12キャラの相性を飛びこえた最高の相性のベストパートナーがホワイトエンジェル、そして、相性が最悪で避けたほうがいいキャラがブラックデビル。たとえ12キャラの相性が悪くても、ホワイトエンジェルなら何としてもゲットすべし。くわしい説明は161ページに。

11 ラッキーカラー

60分類別ラッキーカラー。自分は運が悪いと思う人は、日頃からラッキーカラーを身につけて。そうすれば運勢は上向きにチェンジします。ここぞという特別な日はラッキーカラーで身をカタめて、いざ勝負！

12 有名人

同じ60分類の有名人を紹介。それぞれの人を思い浮かべれば、60分類のイメージがよりつかみやすくなるはず。まったく違う雰囲気の人たちもいるけれど、本当の性格や心に秘めているものは、みんな同じ！

13 12動物キャラ名

14 60分類名

13 ネアカの狼

1人の時間を大切にする個性派。まっすぐな性格で信頼感を得る

あれこれ指図されるのが大嫌い。自分なりの価値観を大切にする人です。個性的でこだわりが強く、ユニークな発想をするので、得意分野をきわめて成功を勝ちとることも多いでしょう。１人の時間を大切にし、一見とっつきにくいので、人嫌いだと思われることもありますが、本当は明るく、まっすぐな性格の信頼できる人。お愛想が言えないだけなのです。間違ったことには断固として立ち向かい、他人を助ける正義派。独自の生活スタイルを保ち上手に世渡りします。

「ネアカの狼」はこんなタイプが好き

♀ センスがよく紳士的な落ちついた人。ベタベタした関係を嫌うので、そっとしておいてくれる大人の男性が好み。

♂ 個性を尊重し、コンスタントにバックアップしてくれる女性が好き。無邪気につきあえる気どらないタイプが○。

●30～31ページに見方の説明があります

6年間の恋の行方（リズム）　太陽《サンシャイン》

2008年
成長期
調整

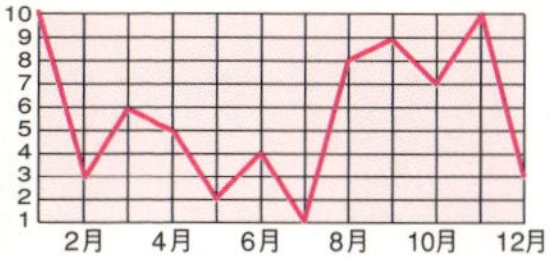

2009年
成長期
焦燥

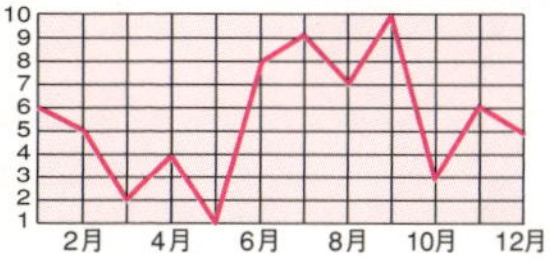

2010年
開花期
投資

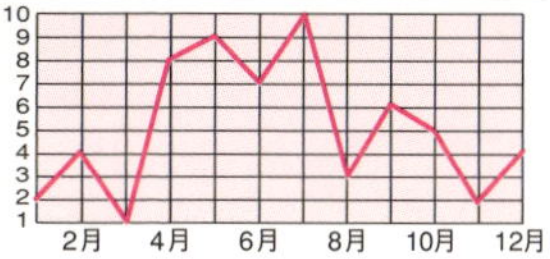

2011年
開花期
成果

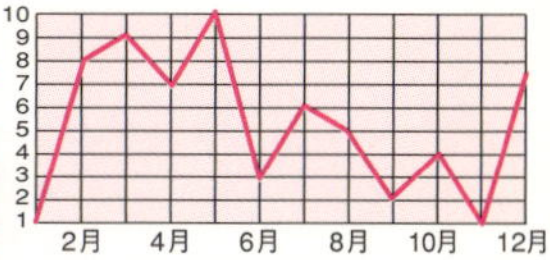

2012年
収穫期
転換

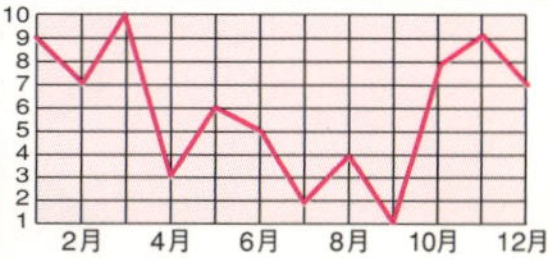

2013年
収穫期
完結

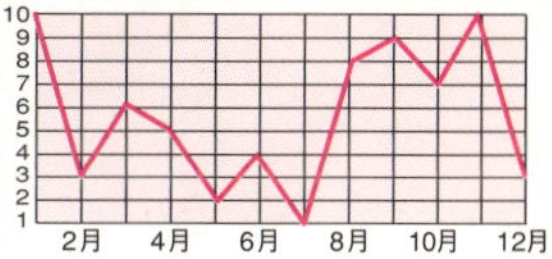

●ポイントが高いほど恋愛運も良好です

「ネアカの狼」の仕事ぶり

他人に媚びない潔さ。独自の企画の実現を

　独特の発想で企画を立てることができますが、他人をけ落としてまで自己主張するのは苦手。自分の守備範囲を明確にし、コツコツと実現に取り組む仕事に向いています。数字、計算には絶大な能力を発揮します。

適職

作家、漫画家、ミュージシャン、アナウンサー、司法書士、公認会計士、税理士、弁護士、司書、経理事務、服飾関係

不適職

保母、管理人、セールス、保険会社、証券会社、デパート、小売業、飲食店、ホテル業、水商売、介護福祉関係

ホワイトエンジェル

38 華やかなこじか

ブラックデビル

8 磨き上げられたたぬき

ラッキーカラー　赤

●ホワイトエンジェルはベストパートナー、ブラックデビルは避けたほうがいいキャラです

「ネアカの狼」の有名人

●鬼束ちひろ
●風間俊介
●黒田勇樹
●Nana
●錦織一清
●二宮和也
●速水もこみち
●魔裟斗
●牧瀬里穂
●吉村由美
●YUKI
●渡辺 謙

19 放浪の狼

自分の道を突き進む変人タイプ。情に厚く、頼まれると断れない面も

子どもの頃から群れるのが嫌いで、他人と同じことをしたりすることが大嫌い。世間体にも無頓着で、お世辞やお愛想が言えません。とくに束縛されるのは大の苦手。自分の道を突き進むタイプなので、奇人変人のように見えることもありますが、それは自分に正直すぎるだけのこと。決して人嫌いではありません。情に熱く、頼まれると断れない性格につけこまれて、人に利用されることも。何でもこなす能力がありますが、器用貧乏に終わりがち。最大の弱点はあきっぽさ。

「放浪の狼」はこんなタイプが好き

♀ ユニークな性格なので、その独特な生き方を受け入れてくれる包容力のある男性が好きです。真剣につきあう人が○。

♂ フランクで人づきあいの上手な女性に助けられると恋に発展。彼の個性を愛し、1人にしてあげられる人に♡。

●30〜31ページに見方の説明があります

6年間の恋の行方（リズム）

海洋《オーシャン》

2008年
収穫期
転換

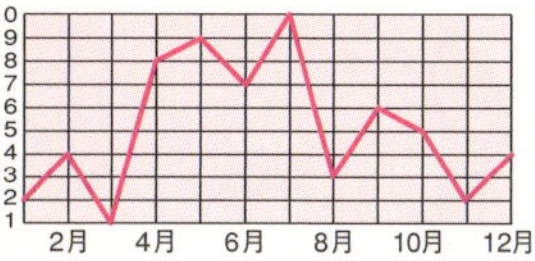

2011年
開墾期
学習

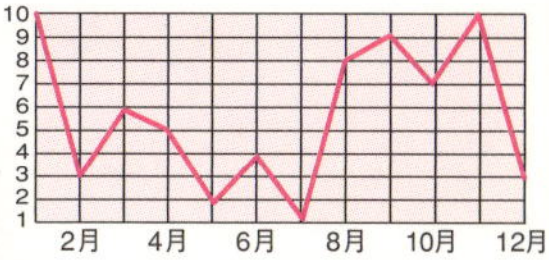

2009年
収穫期
完結

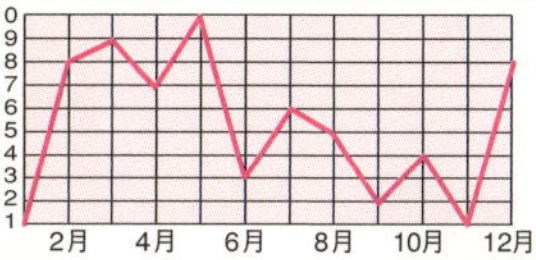

2012年
発芽期
活動

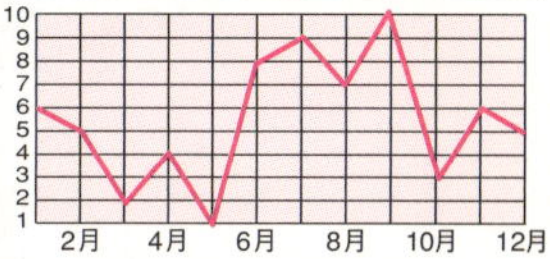

2010年
開墾期
整理

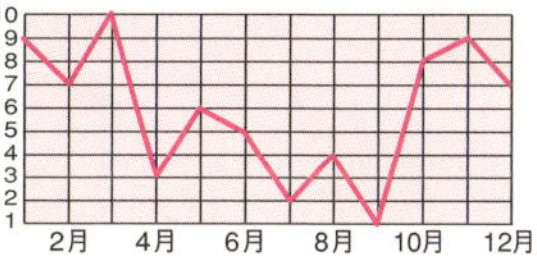

2013年
発芽期
浪費

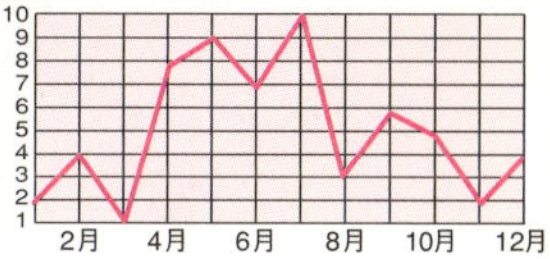

●ポイントが高いほど恋愛運も良好です

「放浪の狼」の仕事ぶり
最強の独創性でクリエイティブに生きる

人と協調する仕事は苦手ですが、独創性に優れ、独自のアイディアを実現する力をもっています。器用なので、どんなことでもひととおりこなしてしまいますが、自分を生かすなら革新的な分野を目指すのが正解。ユニークな発想を売り物にすると○。

適職
評論家、コンサルタント、弁護士、ヘアアーティスト、画家、喫茶店経営、水商売、牧場経営、音楽業界、ファッション関係

不適職
茶道・華道の師範、公務員、看護婦、警察官、自衛官、大工、司会業、事務職、セールス、保険会社、介護福祉関係、伝統工芸関連、金融業

ホワイトエンジェル

44 情熱的な黒ひょう

ブラックデビル

14 協調性のないひつじ

●ホワイトエンジェルはベストパートナー、ブラックデビルは避けたほうがいいキャラです

ラッキーカラー
黒

「放浪の狼」の有名人

●石嶺聡子
●内村光良
●沢尻エリカ
●CHARA
●tohko
●引田天功
●松嶋奈々子
●室伏広治
●山崎まさよし
●吉本多香美

24 クリエイティブな狼

教養あるちょっと変わった人格者。ユーモアのセンスと思いやりで人気者に

才能や知性に恵まれ、よりよい生き方をしようとする精神性の高い人です。理想が高いだけに融通のきかないちょっと変わった面もありますが、素直な心をもち、さっぱりとした人でもあります。ユーモアのセンスと思いやりのあるバランスのとれた人柄は誰からも好かれ、周囲の引き立てにより実力以上の成果を手にするでしょう。凶を吉に変える強運のもち主です。女性は、思いやりがあるのに、ぶっきらぼうに見られることもありますが、年をとるごとに魅力が増します。

「クリエイティブな狼」はこんなタイプが好き

♀ 男らしく頼もしい、多才な能力をもつ男性が好み。謙虚でいばらず、あなたの能力を引き出してくれる人に♡。

♂ 好奇心旺盛で、楽しいことに積極的な女性が好き。知的で彼のユーモアに反応できるセンスがあればさらに◎。

●30〜31ページに見方の説明があります

6年間の恋の行方（リズム）

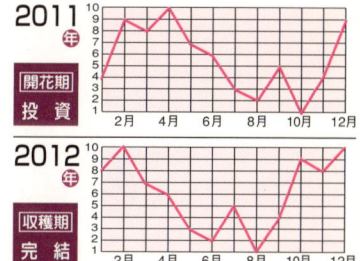

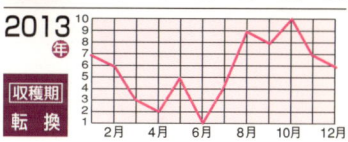

キャンドル 灯火

2008年
発芽期
焦燥

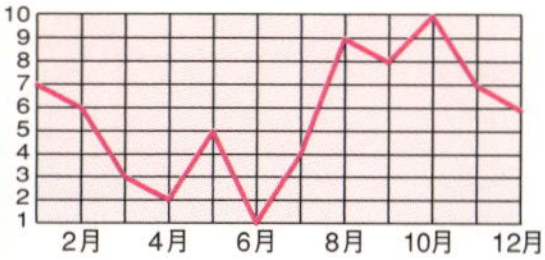

2011年
開花期
投資

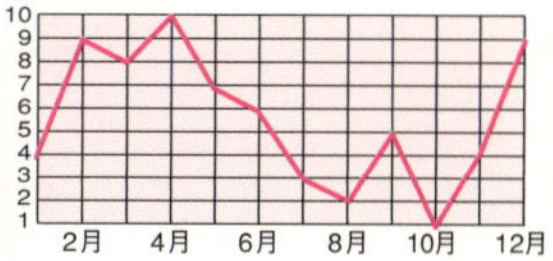

2009年
発芽期
調整

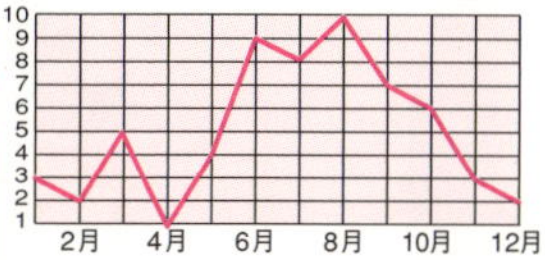

2012年
収穫期
完結

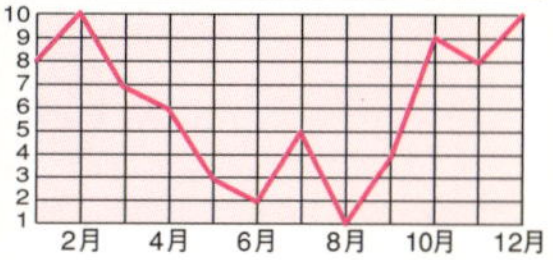

2010年
開花期
成果

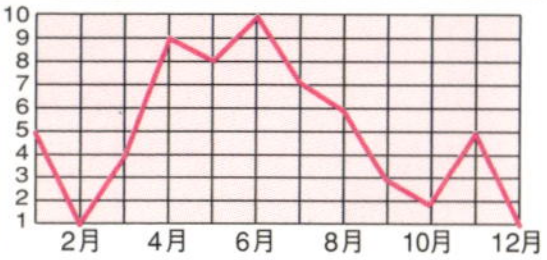

2013年
収穫期
転換

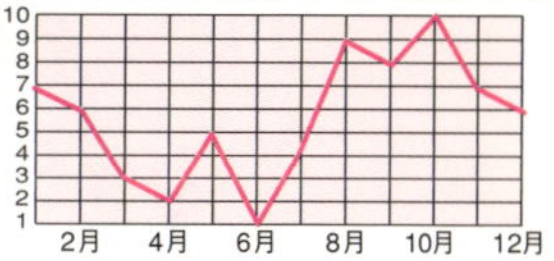

●ポイントが高いほど恋愛運も良好です

「クリエイティブな狼」の仕事ぶり

データを積み重ねて追求。研究職、技術職に向く

プライドが高く、利害や損得よりも、研究の成果など絶対的な価値を大切にしたい性格。的確なデータを集めて合理的に分析する能力を生かす仕事に向いています。研究職、技術職など高度な専門分野が○。

適職

陶芸家、作家、評論家、コピーライター、行政書士、司法書士、不動産鑑定士、医者、薬剤師、放送業界、法律関連

不適職

コンパニオン、スポーツ選手、公務員、教職員、事務職、旅行会社、工務店、塾経営、飲食店、水商売、建設業、小売業

ホワイトエンジェル

39 夢とロマンの子守熊

ブラックデビル

9 大きな志をもった猿

ラッキーカラー オレンジ

●ホワイトエンジェルはベストパートナー、ブラックデビルは避けたほうがいいキャラです

「クリエイティブな狼」の有名人

●井上陽水
●今井美樹
●桜井和寿
●品川 祐
●竹野内 豊
●所ジョージ
●戸田恵子
●三沢光晴
●梨花

25 穏やかな狼

裏表なく嘘がつけない正直者。今を大切にする現実派

　裏表なく嘘がつけない正直な性格です。思ったことをそのまま口に出すので、びっくりされることも。加えて楽天的なので、お気楽な自信家に見えます。実際、感傷的になったり、不安を抱いたりすることが少なく、今を大切にし楽しむ現実的なタイプ。過去にこだわったり、未来を夢見たりすることはほとんどありません。几帳面で、いちどに多くのことを同時にこなすのが得意で、問題が起きても、その場その場で解消してしまうので、ストレスもたまらない得な性格です。

「穏やかな狼」はこんなタイプが好き

♀ 流行を追わない素朴でシンプルな男性が好み。充実した心のもち主だと、一気に♡。

♂ 目先のことに一喜一憂してしまうので、やわらかく包みこむほんわかした女性が好き。母性的な人なら◎。

●30～31ページに見方の説明があります

6年間の恋の行方（リズム）　山岳《マウンテン》

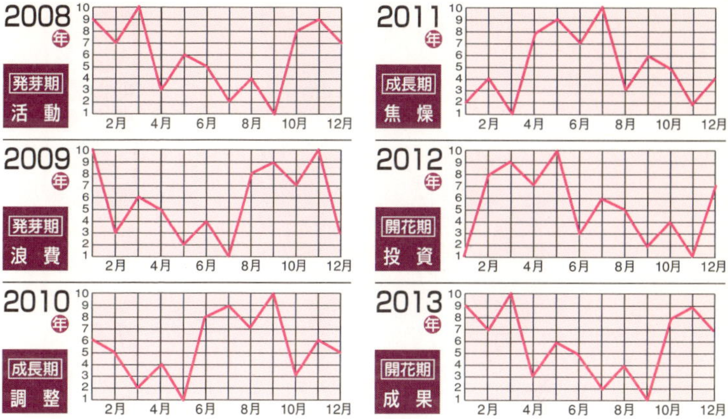

●ポイントが高いほど恋愛運も良好です

「穏やかな狼」の仕事ぶり

我が道を行く一匹狼。専門職に活路が

みんなで盛り上がったり、仲間とだけやる仕事は超苦手。気の向くままに打ちこんだり手を抜いたりできる仕事に向いています。人に気をつかわず、非凡で個性的なアイディアを生かせる仕事が適職。投げ出さず根気よく取り組めば成功必至。

適職　ヘアデザイナー、漫才師、エステティシャン、宝石鑑定士、スタイリスト、俳優、ブティック、アトリエ経営、喫茶店、化粧・美容業界

不適職　政治家、看護婦、医師、スポーツ選手、調理師、添乗員、警察官、裁判官、自衛官、ガソリンスタンド、デパート、宅配業、金融業

ホワイトエンジェル
50 落ちこみの激しい黒ひょう

ブラックデビル
20 もの静かなひつじ

●ホワイトエンジェルはベストパートナー、ブラックデビルは避けたほうがいいキャラです

ラッキーカラー　茶

「穏やかな狼」の有名人

- 蒼井 優
- 石橋貴明
- 江守 徹
- 尾上菊五郎（7代）
- 甲斐よしひろ
- 香取慎吾
- スガ シカオ
- 内藤剛志
- ビィクトリア・ベッカム
- 村上里佳子

30 順応性のある狼

華やかで明るい頑張り屋。旺盛な好奇心で変化を楽しく演出

女性は美人が多く、華やかで明るい印象を与えます。媚びや甘えとは無縁の頑張り屋で、一時の感情に左右されずに正直にものを言うので、冷徹な人と見られがちです。冷静で判断力に優れている反面、かわいそうな人を放っておけないやさしい面もあります。好奇心が旺盛で日常の小さな楽しみも見逃さず、変化を楽しむ才能をもっていますが、ストレス解消のためにお酒や異性におぼれることも。仲間を大切にすれば、いずれ引き立てられ、成果が上がります。

「順応性のある狼」はこんなタイプが好き

♀ 並はずれた教養と知性を兼ねそなえたインテリにコロリ。しかも我が道を行く個性派なら、文句なしに恋をします。

♂ 常識からちょっとはずれた個性的な女性が好き。自分の個性と対等に張り合える手応えのあるライバルを求めます。

●30～31ページに見方の説明があります

6年間の恋の行方（リズム）

レインドロップ
雨露

2008年
収穫期
完結

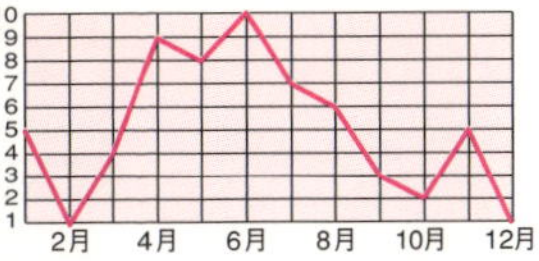

2009年
収穫期
転換

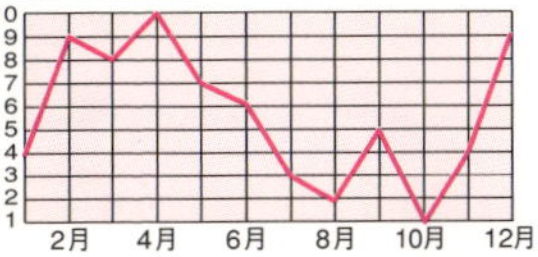

2010年
開墾期
学習

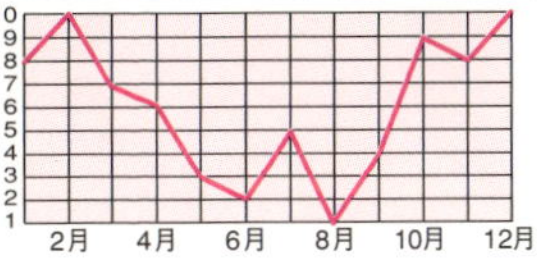

2011年
開墾期
整理

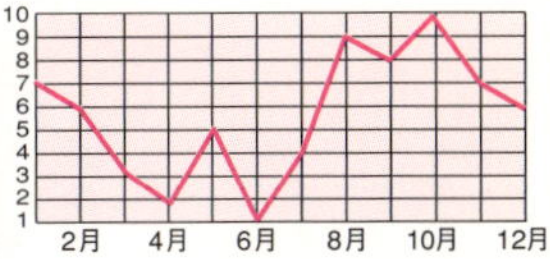

2012年
発芽期
浪費

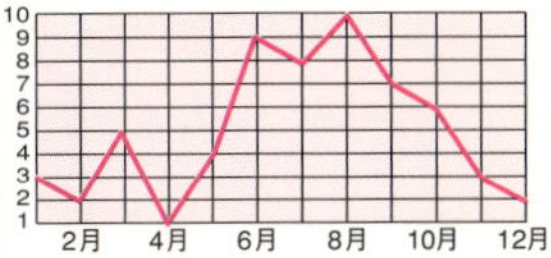

2013年
発芽期
活動

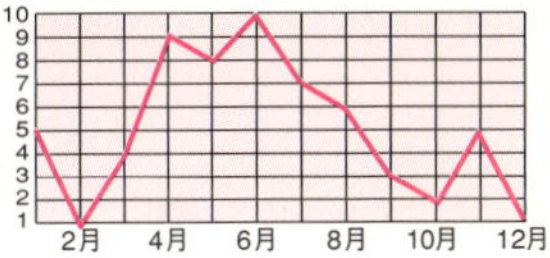

●ポイントが高いほど恋愛運も良好です

「順応性のある狼」の仕事ぶり

適性を見い出され1スタッフとして成功

　個性が強いだけに職場に順応するのに時間がかかります。しかし、器用さとユニークなひらめきをもっているので、才能を見い出され、適した仕事に採用されると実力以上の働きができます。成功のカギは、人を見る目のある上司をもつこと。

適職

薬剤師、司法書士、作家、音楽家、コンサルタント、華道・茶道の師範、ペンション経営、旅行会社、画廊、ファッション業界

不適職

秘書、看護婦、ホステス、大工、政治家、アナウンサー、ジャーナリスト、セールス、介護福祉関係、不動産、小売業

ホワイトエンジェル
45 サービス精神旺盛な子守熊

ブラックデビル
15 どっしりとした猿

ラッキーカラー
紫

●ホワイトエンジェルはベストパートナー、ブラックデビルは避けたほうがいいキャラです

「順応性のある狼」の有名人

●相川七瀬
●小倉優子
●川口能活
●小嶺麗奈
●ジャッキー・チェン
●中村俊介
●野村祐人
●松居直美
●真矢

36 好感をもたれる狼

クールで落ちついた常識人。冷静さの内側には情熱がたっぷり

人あたりがやわらかで、穏和でやさしい常識人。どんなときでも冷静にものを見る目を失うことがないので、物事の調整や駆け引きが得意です。でも心の中には、わがままで情熱的なもう1人の自分がすんでいます。社交的ではありますが、プライドが高く、自分の気持ちの揺れに敏感なうえに繊細でクールなタイプなので、人とは一線を引いたつきあいになりがちです。男性はそんな複雑な自分をうまくコントロールできます。女性は芸術家的な生き方に突き進むと○。

「好感をもたれる狼」はこんなタイプが好き

♀ 自己中心的な狼なので、一緒にいるときはわき目もふらずに愛し、必要のないときは消えてくれる便利な男性が○。

♂ 繊細なので、いつも明るくやさしく接してくれる女性が好き。グチも言わずに楽天的に彼を励ましてくれる人が◎。

●30〜31ページに見方の説明があります

6年間の恋の行方（リズム）

フィールド **大地**

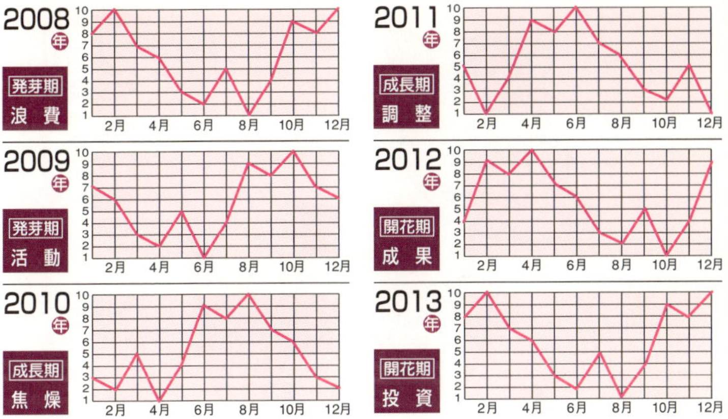

●ポイントが高いほど恋愛運も良好です

「好感をもたれる狼」の仕事ぶり

小さな組織に溶けこんで上司のサポートに向く

仕事熱心ですが、プライドが高く負けず嫌いな面が敬遠されがち。自分にしか興味がないので、人から押しつけられたり、強制される職種では伸びません。信頼できる上司のサポート役に徹すれば力を出し切れる可能性大。職場は人で選ぶと○。

ホワイトエンジェル
51 我が道を行くライオン

ブラックデビル
21 落ちつきのあるペガサス

●ホワイトエンジェルはベストパートナー、ブラックデビルは避けたほうがいいキャラです

ラッキーカラー 黄

適職 警察官、検察官、医師、画商、宝石商、ブティック、マンション経営、広告代理店、コンピューター関連、金融業、農業

不適職 公務員、運転手、バスガイド、漫画家、アーティスト、調理師、セールス、受付、事務職、経理、飲食店、運送業、清掃業、漁業

「好感をもたれる狼」の有名人

- ●ウド鈴木
- ●遠藤章造
- ●紺野美沙子
- ●永井美奈子
- ●中島みゆき
- ●服部将也
- ●平野啓一郎
- ●ベッキー
- ●山口もえ

11 正直なこじか

嘘をつかれると、とたんに冷淡に。甘えるのもやさしくするのも大好き

かわいがられ、愛されることが大好き。人見知りをし、初対面ではじっくり相手を観察しますが、うちとけるとベタベタ甘えるようになります。やさしくて教え好き、こまごまと世話を焼くのが大好きな反面、相手にも同じようにしてもらえないと失望します。嘘をつくのが嫌いで、自分にも相手にも正直さを求めます。嘘をつかれると手のひらを返したように冷たくなるのも特徴。ときにはそれが相手を傷つけることにもなるので要注意です。

「正直なこじか」はこんなタイプが好き

♀ 穏やかでスマート、清潔感のある人が理想です。おおらかで無頓着な面とデリケートな面をあわせもつ人に♡。

♂ 少女の雰囲気を残したやさしい人が好き。毅然とした態度で導いてくれる相手だと、もち前のパワーが全開に。

●30～31ページに見方の説明があります

6年間の恋の行方（リズム）

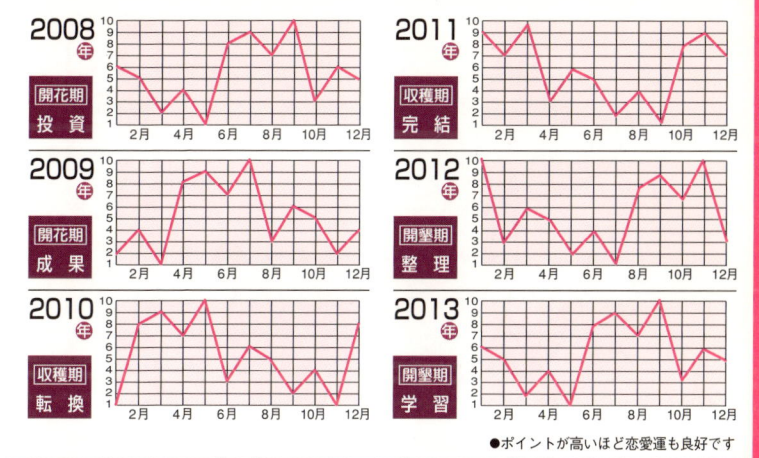

ビッグツリー
大樹

2008年
開花期
投資

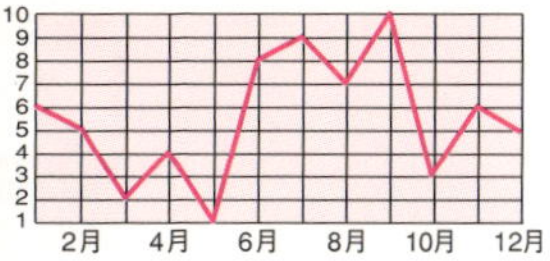

2009年
開花期
成果

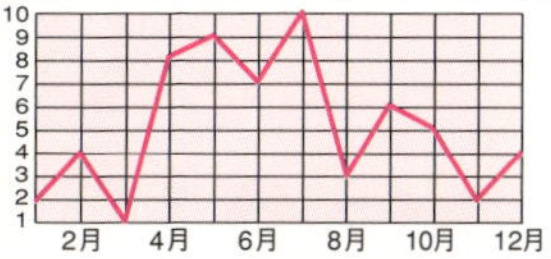

2010年
収穫期
転換

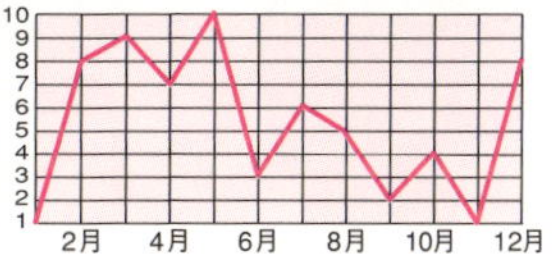

2011年
収穫期
完結

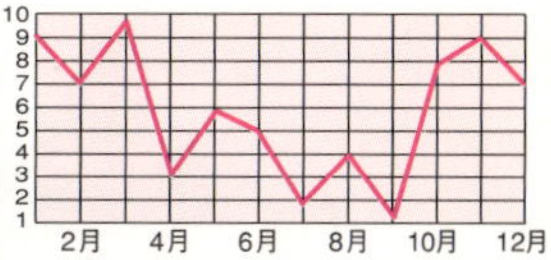

2012年
開墾期
整理

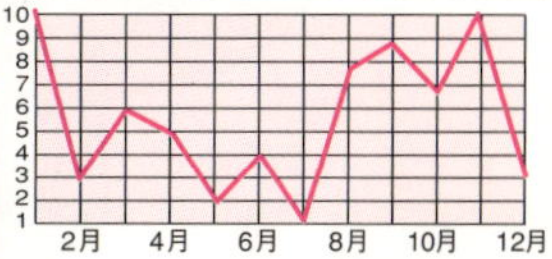

2013年
開墾期
学習

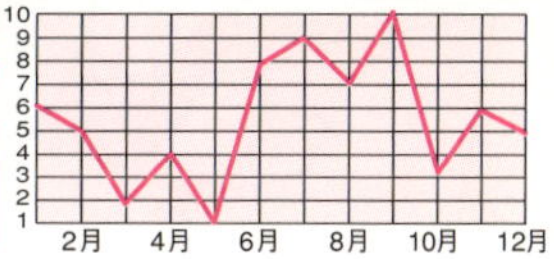

●ポイントが高いほど恋愛運も良好です

「正直なこじか」の仕事ぶり

弱い者の味方。サポート力は最高

世話をして感謝されたり、まじめに取り組めば、成果が上がり、実力を発揮。駆け引きや裏をかくことを要求されるジャンルは×、仲間意識をかき立てる職場が○。几帳面な性格を生かせる特殊技能を身につけるのが成功のカギ。

適職

建築士、芸能マネージャー、教職員、公務員、俳優、モデル、経理、介護医療、喫茶店、レジャー産業、ペット産業

不適職

経営コンサルタント、評論家、弁護士、作家、セールス、情報産業、コンピューター関連、清掃業

ホワイトエンジェル

16 子守熊のなかの子守熊

ブラックデビル

46 守りの猿

ラッキーカラー
深緑

●ホワイトエンジェルはベストパートナー、ブラックデビルは避けたほうがいいキャラです

「正直なこじか」の有名人

●石黒 彩
●岸田健作
●窪塚洋介
●KEN
●坂本美雨
●角田信朗
●田村 淳
●西村雅彦
●松岡修造

⑰強い意志をもったこじか

穏やかで落ちついた知性派。内に秘めた情熱と自信は宝物

　コツコツと実績を積み上げ、ミスのない堅実な生き方を目指します。穏やかで落ちついた知的な人柄からサポート役を期待されがちですが、内に秘めた情熱と自信を発揮して独自の世界を築き上げるほうが得意。そのための努力なら苦にならず、気がつくとユニークな分野のリーダーとなっていることも。人と争うのを避け、もめごとを上手に受け流して自分を守ります。その一方で、ときどき人の意見を無視したりしてみんなをビックリさせることもあります。

「強い意志をもったこじか」はこんなタイプが好き

♀ 控えめで物静か、他人にない優れた面をもち、相手を尊重する気づかいのできる人が好き。年上ならさらに○。

♂ 落ちついていつも安定している人、聞き上手でさりげなく励ます女性が好き。言葉づかいのていねいな人に♡。

●30～31ページに見方の説明があります

6年間の恋の行方（リズム）

鉱脈《メタル》

2008年
開墾期
整理

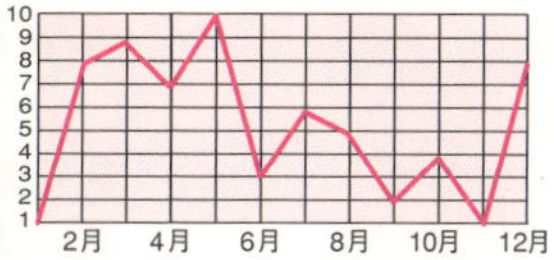

2011年
発芽期
浪費

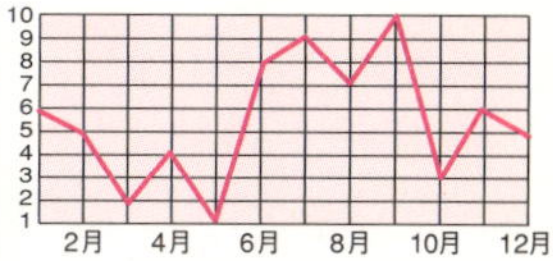

2009年
開墾期
学習

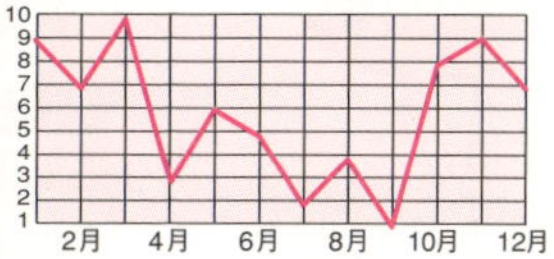

2012年
成長期
調整

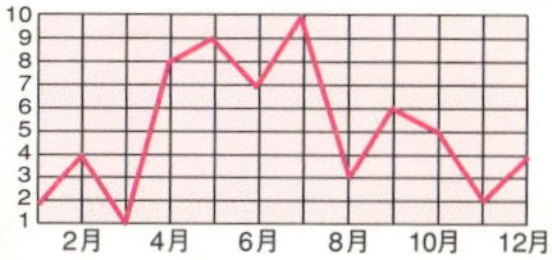

2010年
発芽期
活動

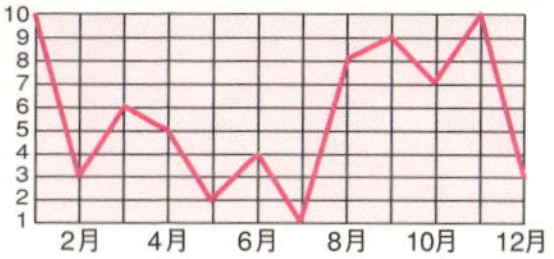

2013年
成長期
焦燥

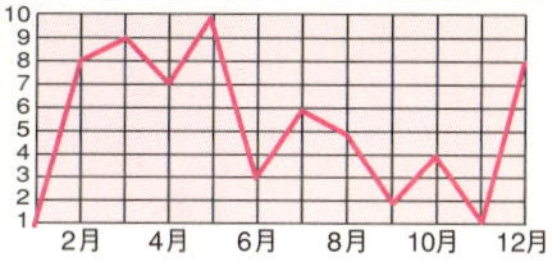

●ポイントが高いほど恋愛運も良好です

「強い意志をもったこじか」の仕事ぶり
“継続は力”を地でいく目立たない成功者

好きなことがはっきりしているので、打ちこむと、十分な見返りがあります。他人の評価を気にしすぎるため、1人で進められる仕事が○。チームで動いても決して周囲と摩擦は起こしませんが、その分ストレスがたまりやすい傾向も。

適職　スポーツ選手、学者、デザイナー、医師、俳優、宗教家、栄養士、薬剤師、地方公務員、花屋、受付、金融関係、印刷関係

不適職　漫画家、モデル、作家、アナウンサー、ドライバー、弁護士、セールス、商店経営、旅館経営、水商売、ファッション関係

ホワイトエンジェル
22 強靭な翼をもつペガサス

ブラックデビル
52 統率力のあるライオン

●ホワイトエンジェルはベストパートナー、ブラックデビルは避けたほうがいいキャラです

ラッキーカラー　グレー

「強い意志をもったこじか」の有名人

●東 貴博
●安室奈美恵
●池内博之
●ウエンツ瑛士
●大黒摩季
●大沢たかお
●金城 武
●筧 利夫
●中山美穂
●宮本浩次
●吉澤ひとみ

㉜しっかり者のこじか

仲間の潤滑油になるつきあい上手。テキパキと仕事をこなす

人づきあいのうまさは達人の域。周囲の気持ちや欲求を素早く察知し、みんなの潤滑油となれます。雰囲気がやわらかいので頼まれごとが多くなり、それに精一杯応えようと頑張りすぎて疲れてしまいがちです。相手からも同じように尽くしてもらえないと、とたんに、相手に失望してしまいます。ソフトでやさしいだけの人ではなく、テキパキと仕事をこなす意外な一面ももっています。理想に対する思いが強い分、結果を急いでイライラすることも。

「しっかり者のこじか」はこんなタイプが好き

♀ 2人きりになったときに甘えさせ、頼らせてくれるやさしい彼がベスト。リラックスできる癒し系の人が○。

♂ 明るくはつらつとして社交的な女性といるとハッピー。一緒にテキパキと動いてくれるパートナーを求めています。

●30〜31ページに見方の説明があります

6年間の恋の行方（リズム）

サンフラワー
草花

2008年
開花期
成果

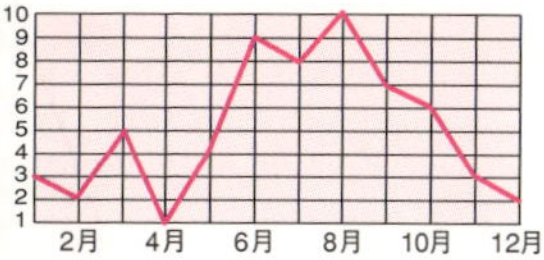

2011年
収穫期
転換

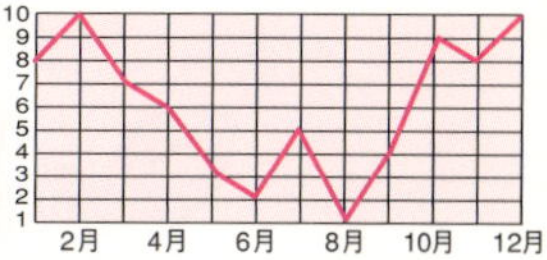

2009年
開花期
投資

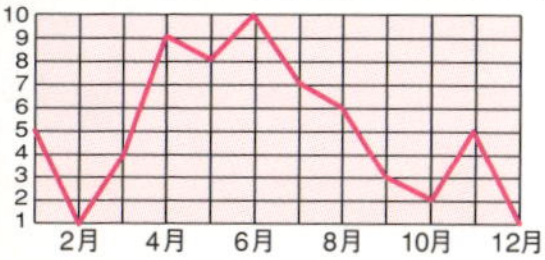

2012年
開墾期
学習

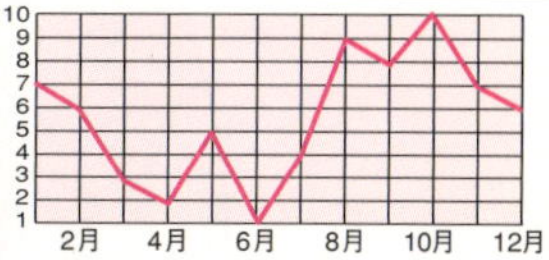

2010年
収穫期
完結

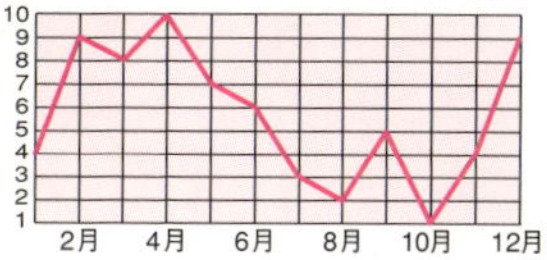

2013年
開墾期
整理

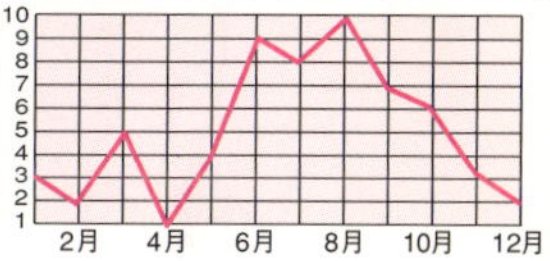

●ポイントが高いほど恋愛運も良好です

「しっかり者のこじか」の仕事ぶり

進行管理、意欲の向上など全体への目配りに才能発揮

人の好き嫌いを顔に出さない大人の理性をもっていますから、人を使うのも使われるのも上手。集団を管理し動かす仕事に向いています。また、雰囲気で人をよび寄せる分野でも成功できるでしょう。人と関わらない仕事では孤独に。

適職

編集者、イベンター、カルチャーセンター講師、公務員、化粧品販売、コンビニ、薬局、書店、レコード店、料理業界

不適職

政治家、裁判官、研究員、学者、作家、芸術家、ミュージシャン、俳優、添乗員、セールス、経理、銀行・証券関係

ホワイトエンジェル

7 全力疾走するチータ

ブラックデビル

37 まっしぐらに突き進むゾウ

ラッキーカラー
黄緑

●ホワイトエンジェルはベストパートナー、ブラックデビルは避けたほうがいいキャラです

「しっかり者のこじか」の有名人

●青山剛昌
●安達祐実
●岡田准一
●角澤照治
●川畑 要
●島崎京子
●田中麗奈
●松田 純
●村上 龍

38 華やかなこじか

おっとりした上品さを支えるのは がんこなプライドと譲れない価値観

いつも相手に気をつかい、一歩引いてつきあうおっとりした上品な人です。それは自分に、がんこなプライドと譲れない価値観をもっているから。何を考えているかわからないと誤解を受けやすく、相手に心を許すまでに長い時間がかかるのですが、いったん好きになるととことんのめりこみます。競争や勝ち負けにはまったく興味がなく、自分の好きなものだけを見つめています。そのひたむきな姿勢はみんなをホッとさせ、誰からも大切にされる人です。

「華やかなこじか」はこんなタイプが好き

♀ 知的で情熱的、全面的に崇拝できる人が理想。そんな彼女好みに変身してくれたら♡。

♂ 相手の気分を素早く察知してくれる人が好き。些細なことでも真剣に耳を傾け親身になってくれたらますます♡。

●30〜31ページに見方の説明があります

6年間の恋の行方（リズム）

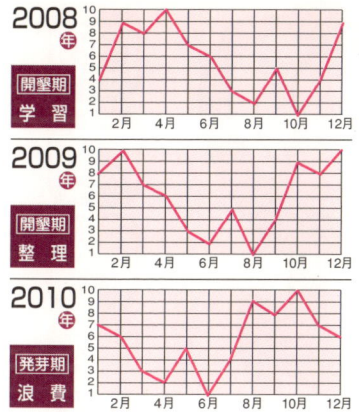

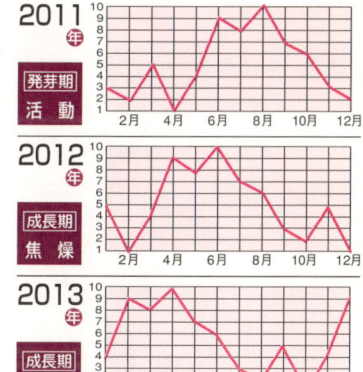

宝石《ジュエリー》

2008年

開墾期
学習

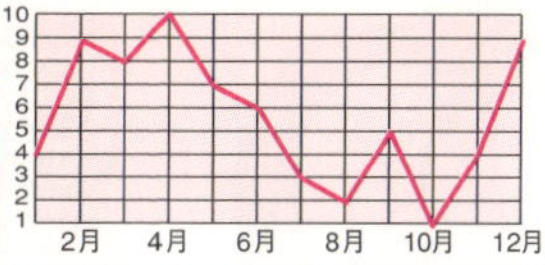

2009年

開墾期
整理

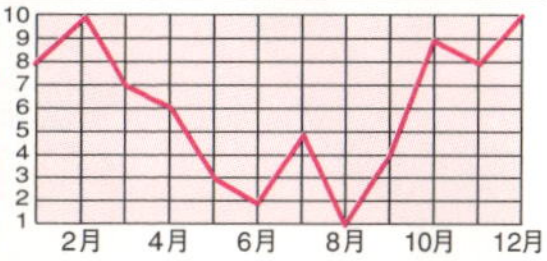

2010年

発芽期
浪費

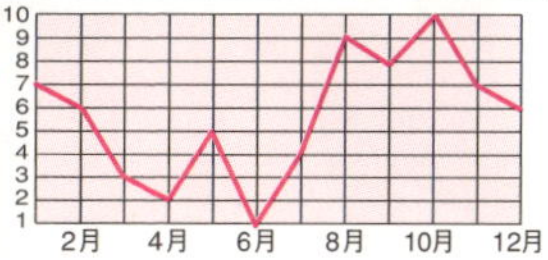

2011年

発芽期
活動

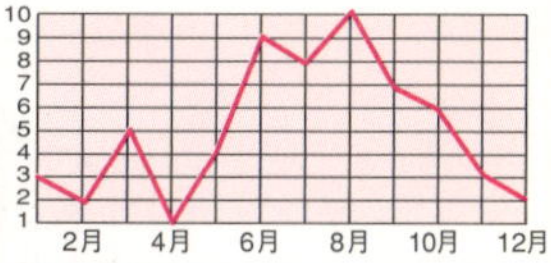

2012年

成長期
焦燥

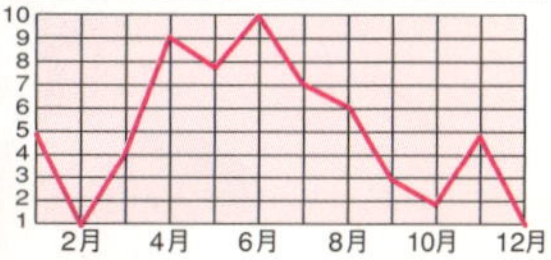

2013年

成長期
調整

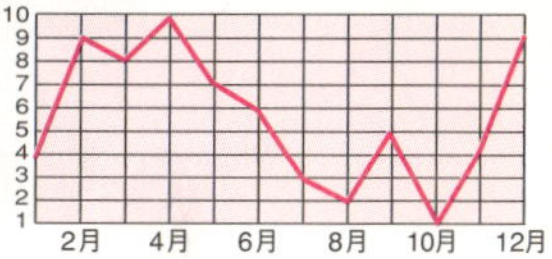

●ポイントが高いほど恋愛運も良好です

「華やかなこじか」の仕事ぶり

好きな分野なら力を発揮。繊細さを自覚して長続き

無理せずあせらず、緊張を強いられることもなく、静かに進められる仕事が向きます。周囲の援助で実力以上の成長が上がるので、1つの所で淡々と続けられる仕事が○。お金に執着がないので、売り上げのノルマがある仕事は×。

適職　中小企業のサラリーマン、保母、小学校教員、料理研究家、公務員、華道・茶道師範、趣味の店経営、洋品店経営、健康食品関連

不適職　ガードマン、ファッションアドバイザー、バレリーナ、画家、新聞記者、セールス、飲食店、建設業、不動産業、金融業

ホワイトエンジェル

13 ネアカの狼

ブラックデビル

43 動きまわる虎

●ホワイトエンジェルはベストパートナー、ブラックデビルは避けたほうがいいキャラです

ラッキーカラー　白

「華やかなこじか」の有名人

- 今井千尋
- 桑田真澄
- 坂下千里子
- 城島 茂
- 鈴木京香
- 広瀬香美
- ブラッド・ピット
- 星野仙一
- 森 進一

3 落ちつきのない猿

思い立ったら即実行、失敗しても
クヨクヨしない夏の太陽みたいな存在

アイディアがひらめいたら、とにかく即実行。失敗にめげないので、よい方向に回り始めるとトントン拍子に事が運びます。夏の太陽のようにいつも明るく、ポジティブに行動しますが、そそっかしく、周りに迷惑をかけても責任を感じないのであきれられることも。また、偉い人にはペコペコし、目下には強気に出るという単純なところがあるので、思慮がなく、底の浅い人と軽く見られてしまいがちです。ケンカしても、あとを引かないさっぱりした性格です。

「落ちつきのない猿」はこんなタイプが好き

♀ 一緒に遊べる年下のいたずらっ子のような彼が必要。何ごとも経験を分かち合うのが愛だと信じているのです。

♂ ときどき叱ってくれるお母さんのような女性が好き。それでいて普段はできるだけ自由にさせてくれる人なら最高。

●30～31ページに見方の説明があります

6年間の恋の行方（リズム）

太陽《サンシャイン》

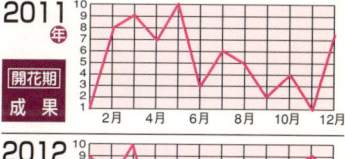

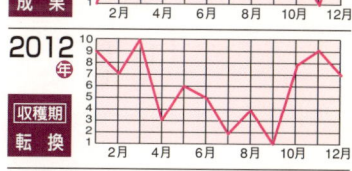

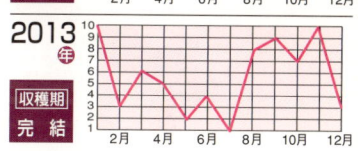

2008年

成長期
調　整

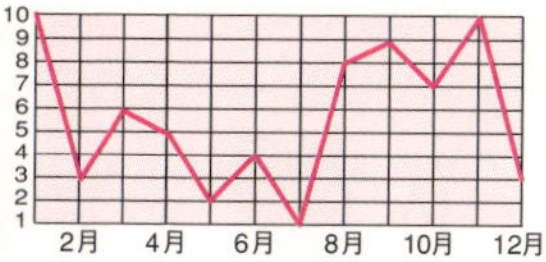

2011年

開花期
成　果

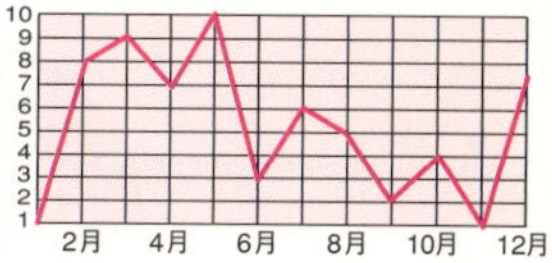

2009年

成長期
焦　燥

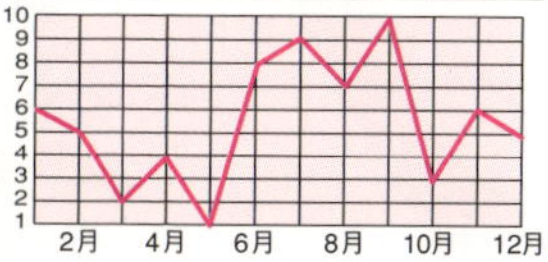

2012年

収穫期
転　換

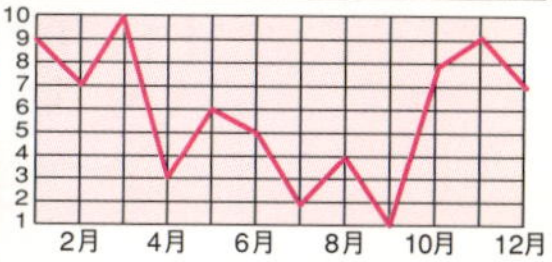

2010年

開花期
投　資

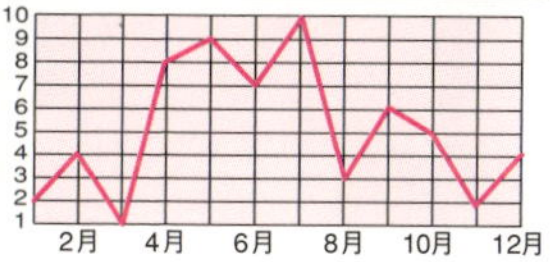

2013年

収穫期
完　結

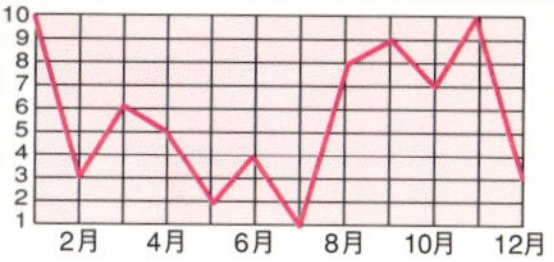

●ポイントが高いほど恋愛運も良好です

「落ちつきのない猿」の仕事ぶり

損得がはっきりわかる仕事が向く

トップに立つより、小回りを生かして場面設定する仕事に向いています。その場の雰囲気を察知し、みんなを乗せてその気にさせるのが得意。仕事への意欲は損得に大きく左右されるので、利益の大小がはっきりわかる仕事を選ぶとよいでしょう。

適職

市議会議員、スポーツ選手、コンパニオン、歌手、保険セールス、司会業、スナック経営、飲食店、金融業、理・美容業界

不適職

警察官、教師、弁護士、医師、作家、秘書、クリーニング店、葬儀屋、ホテル、旅館、事務職、経理、宗教関係、農業

ホワイトエンジェル
48 品格のあるチータ

ブラックデビル
18 デリケートなゾウ

ラッキーカラー
赤

●ホワイトエンジェルはベストパートナー、ブラックデビルは避けたほうがいいキャラです

「落ちつきのない猿」の有名人

●浅見れいな
●内田有紀
●岡本 綾
●奥田民生
●ガッツ石松
●黒木 瞳
●周防 進
●氷川きよし

9 大きな志をもった猿

旺盛な好奇心で何ごともクリア。まじめすぎて人づきあいは苦手

いろいろなことに興味を抱き、積極的に取り組みます。それを苦労と思わないのは、何に対しても素早くコツをつかみゲーム感覚で楽しむことができるから。かた苦しさを嫌い、楽しく過ごすのが大好きな一方、警戒心が強く神経が細やかなので、人といると疲れがち。まじめで他人に迷惑をかけたくないと思い、頼ったり甘えたりできません。自分の選んだ世界では、周りなど気にせずに邁進し、一流のプロにのぼり詰める可能性を秘めていますが、結果をあせるのが弱点。

「大きな志をもった猿」はこんなタイプが好き

♀ 静かで控えめな人に注意深く見守られると感激します。年上のシャイな人に甘えると元気になれます。

♂ 静かに見守り、疲れたときには手をさしのべてくれる人が好き。自分の世界をもつ自立したお姉さんタイプが○。

●30～31ページに見方の説明があります

6年間の恋の行方（リズム）

海洋《オーシャン》

2008年
収穫期
転換

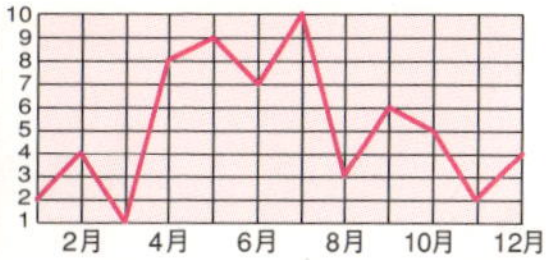

2009年
収穫期
完結

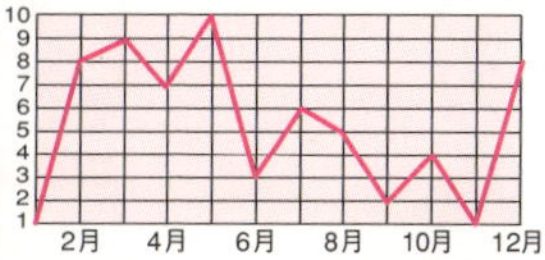

2010年
開墾期
整理

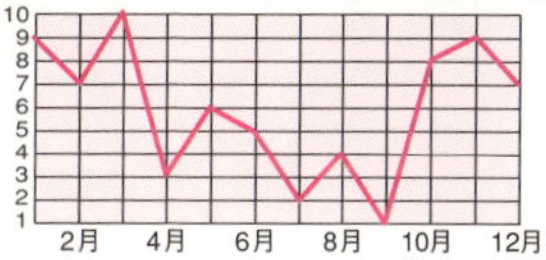

2011年
開墾期
学習

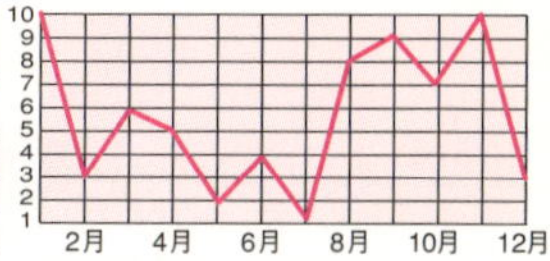

2012年
発芽期
活動

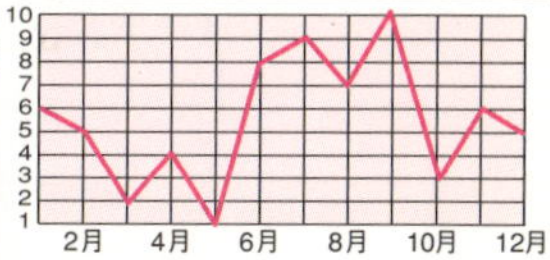

2013年
発芽期
浪費

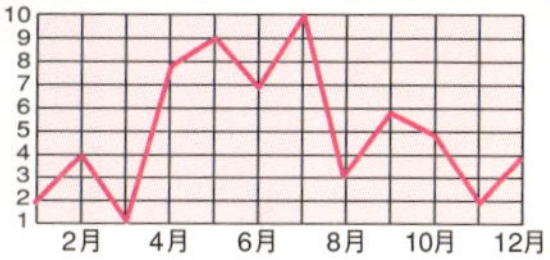

●ポイントが高いほど恋愛運も良好です

「大きな志をもった猿」の仕事ぶり

長所、特技を磨いて独自の道を完成させる

才能を認めて、長い目で育ててくれる職場が最適です。誰にでもできる仕事ではなく、特技や天性のセンスを生かせる場所で技術とカンを磨きましょう。目指すはその道の第一人者。妥協したり守りに入ると力は半減します。

適職　アナウンサー、歯科技工士、ジャーナリスト、パイロット、スチュワーデス、電車の運転士、舞台俳優、看護婦、理・美容業界、旅行業

不適職　管理人、司法書士、コンサルタント、事務職、経理、保険会社、飲食店、金融業、小売業、農業、漁業、食品加工業、清掃業

ホワイトエンジェル
54 楽天的な虎

ブラックデビル
24 クリエイティブな狼

●ホワイトエンジェルはベストパートナー、ブラックデビルは避けたほうがいいキャラです

ラッキーカラー　黒

「大きな志をもった猿」の有名人

●aiko
●浅倉大介
●内村光良
●及川光博
●柏原 崇
●佐藤浩市
●関口 宏
●つるの剛士
●つんく
●長嶋茂雄
●宮沢りえ
●山崎まさよし

⑮ どっしりとした猿

天性のカンと先どり精神で活躍。周囲との調和が成功のカギ

　多彩な分野に興味をもち、天性のカンを生かして、短期間に多くのことを器用にマスターします。何ごとにもこだわらないおおらかな性格ですが、早とちりも多く、尊大な態度が裏目に出ることもあり、周囲から孤立することもあるでしょう。自信が揺らぐと突然、弱気になりますが、反面、立ち直りも早く猛烈な意欲でチャレンジを開始します。結果を出すまで労力を惜しみません。１人では力を生かしきれず、優秀な仲間に恵まれれば楽しい人生が送れます。

「どっしりとした猿」はこんなタイプが好き

♀ 家庭に閉じこめず、活躍できる広い世界に押し出してくれる男性がピッタリ。社会的なステイタスがあればさらに○。

♂ 欠点に目をつぶる、おだて上手な彼女が必要。落ちついていて、ときどき意見してくれるお姉さん的な人にコロリ。

●30～31ページに見方の説明があります

6年間の恋の行方（リズム）

山岳《マウンテン》

2008年 発芽期 活動

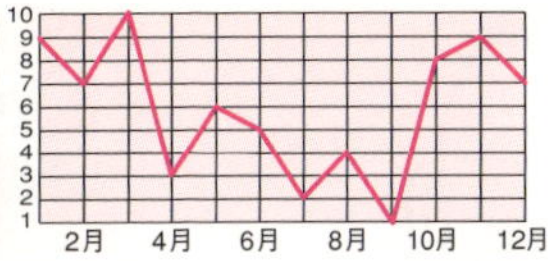

2009年 発芽期 浪費

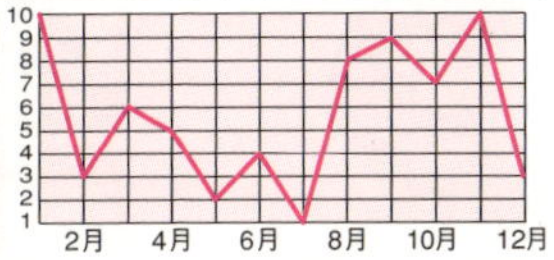

2010年 成長期 調整

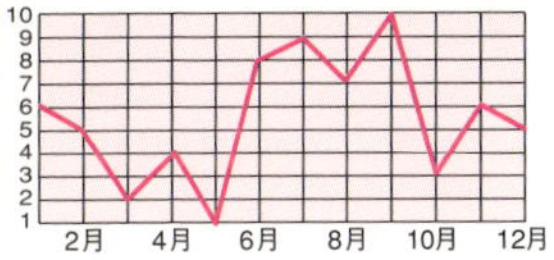

2011年 成長期 焦燥

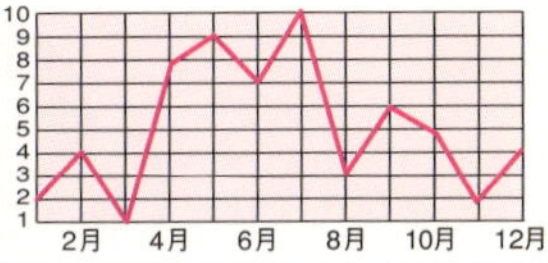

2012年 開花期 投資

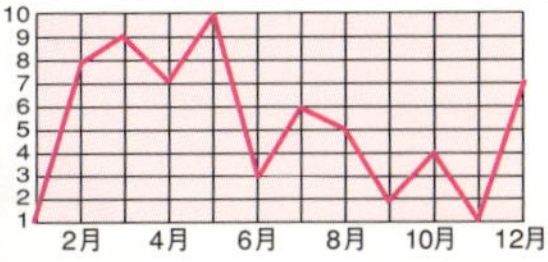

2013年 開花期 成果

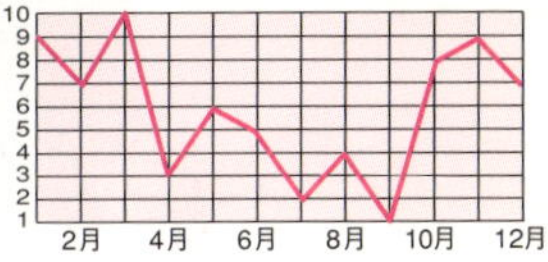

●ポイントが高いほど恋愛運も良好です

「どっしりとした猿」の仕事ぶり

1つを選んでねばり強く。自分を殺さず、適度に発散を

器用貧乏と言えるほど得意なことが多く、職業選択には迷いがいっぱい。誰かにアドバイスしてもらうのが正解です。合理的な性格なので、周囲から浮かないようにとがまんを重ねると、あとで大爆発。適度なガス抜きが必要かも。

適職

デザイナー、野球選手、理・美容師、カラーコーディネーター、飲食店経営、物品セールス、旅行会社、金融業、小売業

不適職

公務員、漫画家、作家、画家、アナウンサー、パイロット、弁護士、茶道・華道師範、着付け教師、音楽業界

ホワイトエンジェル

60 慈悲深い虎

ブラックデビル

30 順応性のある狼

ラッキーカラー　茶

●ホワイトエンジェルはベストパートナー、ブラックデビルは避けたほうがいいキャラです

「どっしりとした猿」の有名人

●稲垣吾郎
●ミハエル・シューマッハ
●SAYAKA
●笑福亭笑瓶
●ジョージ・ルーカス
●中島美嘉
●名倉 潤
●萩原聖人
●北斗 晶
●山下智久
●YOSHIKI

㉞ 気分屋の猿

気が弱く物静か。
争いは大嫌いで、穏やかに回避

　気どらず、軽やかな人づきあいができますが、初対面では相手の出方を待つ気弱なタイプ。深いつきあいを望まずに、自分の感情が左右されない程度の適度な距離を保とうとします。競ったり、言い争ったりするのが大嫌いなので、どんな場面でも穏やかに振るまい、なんとなくうまくやってしまいます。打算や策略とは無縁で、心の安定を大事にする一方、場当たり的な行動に出てしまい後悔することも。無理をせず淡々と過ごすのが理想です。

「気分屋の猿」はこんなタイプが好き

♀ 大人の雰囲気でやさしく包みこんでくれる人が理想。自分のことは自分で解決する成熟度のある男性。

♂ 理想や夢を語る彼に耳を傾け、励ましながら、じっくりつきあってくれる人が好み。気分屋や自己中心的な女性は×。

●30～31ページに見方の説明があります

6年間の恋の行方（リズム）

キャンドル
灯火

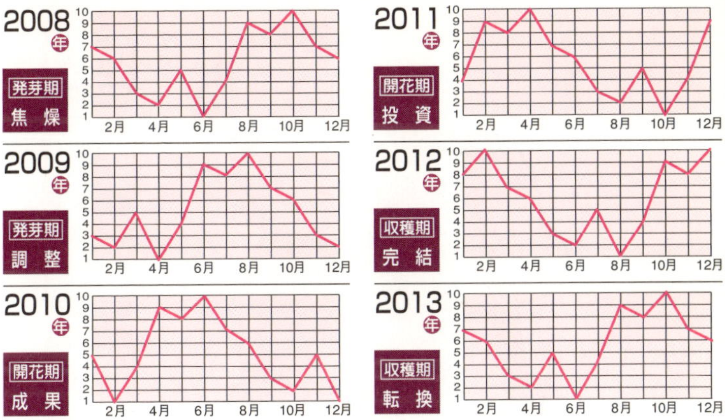

●ポイントが高いほど恋愛運も良好です

「気分屋の猿」の仕事ぶり

仕事の内容よりも職場の雰囲気を重視

気の合った仲間と和気あいあいに働くと成果が上がるので、職種よりも人間関係で職場を選ぶと長続きします。与えられたことを器用にしっかりこなす能力に恵まれているため、才能を認めてくれる人の援助で思いがけない成功を手にすることも。

適職　専門店の販売員、美術品販売、美容師、露天商、管理人、電気店、カメラ屋、日用品販売、書店、レジャー産業、芸能界

不適職　栄養士、コピーライター、自衛官、警察官、政治家、官僚、受付、商社、金融業、不動産業、建設業、宗教関係

ホワイトエンジェル

29 チャレンジ精神旺盛なひつじ

ブラックデビル

59 束縛をきらう黒ひょう

●ホワイトエンジェルはベストパートナー、ブラックデビルは避けたほうがいいキャラです

ラッキーカラー　オレンジ

「気分屋の猿」の有名人

●小野伸二
●小島奈津子
●高橋尚子
●田中美佐子
●浜崎あゆみ
●古舘伊知郎
●松田龍平
●森 英恵
●吉野紗香

40 尽くす猿

敏感に状況を察知する感受性。親切さと面倒見のよさは抜群

人の気持ちを正確にくみとることができる、親切で面倒見がよいタイプ。敏感に状況を察知し、理性的に判断して行動するので、マメにいろいろな雑用をこなすのも得意です。社交や近所づきあいでもこの能力を発揮して、大活躍することも。女性は、家庭と仕事を見事に両立させます。誰からも頼られますが、自分の感情を上手に出すことがヘタなので心の負担を抱えがちに。また、時間的な余裕を失うとパニックになり、被害妄想に陥ることも。

「尽くす猿」はこんなタイプが好き

♀ 頼りたいときにいつでも対応してくれる頭のよい男性が好みです。

♂ サービス精神満点の彼を和ませてあげられるやわらかな雰囲気の女性が○。

●30～31ページに見方の説明があります

6年間の恋の行方（リズム）

レインドロップ
雨露

2008年
収穫期
完結

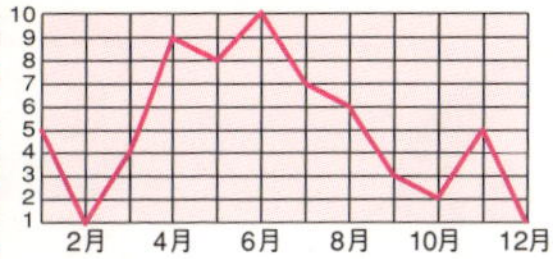

2011年
開墾期
整理

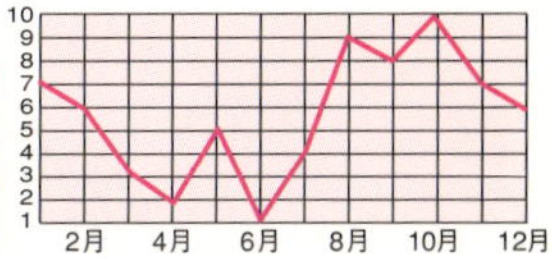

2009年
収穫期
転換

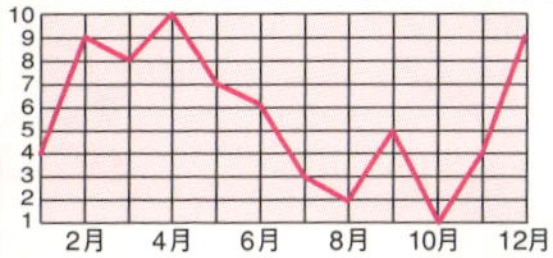

2012年
発芽期
浪費

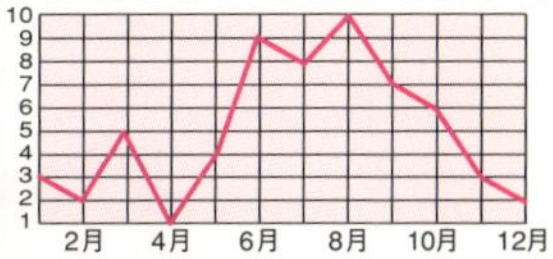

2010年
開墾期
学習

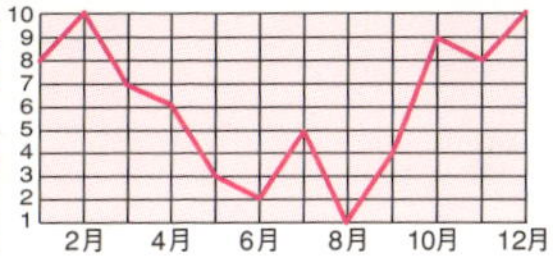

2013年
発芽期
活動

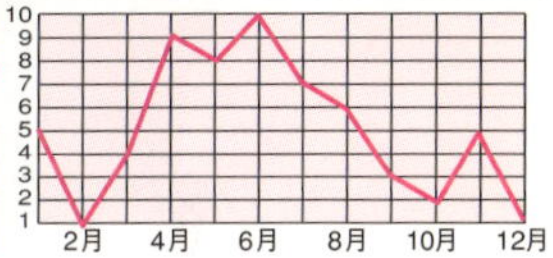

●ポイントが高いほど恋愛運も良好です

「尽くす猿」の仕事ぶり

情報収集と状況判断は一流。1人で進められる仕事向き

　細かなことに気がつきすぎるので、大成を目指すならチームプレーより、1人で動き回る分野が向きます。不特定多数の相手を説得したり、自己の能力を売ったりする仕事で認められると精神的にも充実。個性的な一匹狼と言えるでしょう。

適職

調理師、料理人、美容師、タレント、デザイナー、セールス、設計士、とび職、司法書士、バー経営、建設業

不適職

教職員、公務員、保母、看護婦、易者、研究者、学者、政治家、保険勧誘員、スーパーマーケット、農業、福祉関係、音楽関係

ホワイトエンジェル

35 頼られるとうれしいひつじ

ブラックデビル

5 面倒見のいい黒ひょう

ラッキーカラー　紫

●ホワイトエンジェルはベストパートナー、ブラックデビルは避けたほうがいいキャラです

「尽くす猿」の有名人

●天野ひろゆき
●池脇千鶴
●大野 智
●さとう珠緒
●加賀まりこ
●高見沢俊彦
●中山エミリ
●原田泰造
●三村勝和
●三宅裕司
●柳沢慎吾

46 守りの猿

社交上手で野心満々の自信家。背伸びしすぎて疲れることも

野心を抱いた自信家タイプです。生活の安定を第一に考え、物事を合理的に判断して最も効果の上がる方法を選びます。社交的で人づきあいもうまく、人から信頼されますが、気が大きくなるとホラを吹くクセが出ます。また、プライドが高く、背伸びをしすぎて落ちこむこともあります。ただし破綻は少なく、地に足のついたしっかりした生き方をします。常識的で打算も働く分、人づきあいは表面的で、腹を割った関係には発展しづらい傾向も。

「守りの猿」はこんなタイプが好き

♀ 見た目のカッコよさや、プレゼント、マメな態度に押されます。楽しい話題が豊富で、あきさせない男性がベスト。

♂ もちつもたれつ、踏みこみすぎずに互いの世界を生きる、やや距離を感じさせる人が○。自分好みの美人に一目惚れ。

●30～31ページに見方の説明があります

6年間の恋の行方（リズム）

フィールド
大地

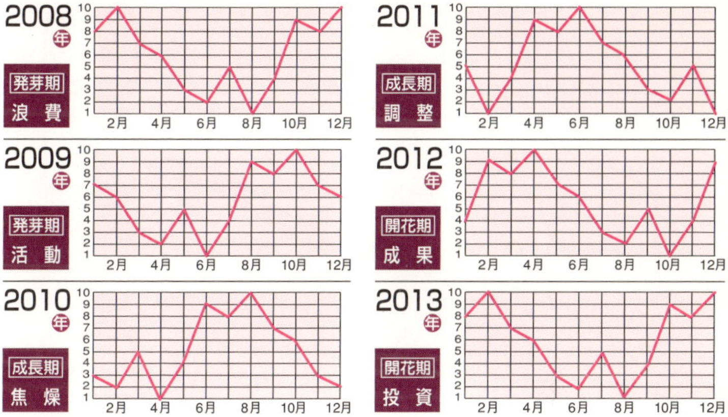

●ポイントが高いほど恋愛運も良好です

「守りの猿」の仕事ぶり

成功が目に見える 見返りの大きい仕事を

そつのない人づきあいをしますが、仕事に結びつかない人間関係には興味なし。野心が大きく損得勘定が働くので、ステイタスの高い仕事、見返りの大きい仕事でやりがいを感じ成功します。落ちこんだときのサポート役がいると○。

適職　秘書、ホステス、開業医、新聞記者、タレント、化粧品販売、レジャー産業、不動産業、金融業、介護医療関連、服飾関係、配送業

不適職　ミュージシャン、作家、カウンセラー、弁護士、事務職、寝具店、広告代理店、伝統工芸、個人商店、宗教関係、造園業、農業

ホワイトエンジェル

41 大器晩成のたぬき

ブラックデビル

11 正直なこじか

●ホワイトエンジェルはベストパートナー、ブラックデビルは避けたほうがいいキャラです

ラッキーカラー　黄

「守りの猿」の有名人

- 青山テルマ
- アントニオ猪木
- 稲森いずみ
- 河本香織
- 小柳ゆき
- 田中康夫
- 保坂尚希
- 本木雅弘
- 山本未来
- 薬丸裕英
- 吉田拓郎

1 長距離ランナーのチータ

プライドの高さも魅力のうち。あきらめずに何度でもチャレンジ

スマートな身のこなしと華やかなムードで、異性をひきつける独特のオーラをもっている人です。自分の努力以上に周囲の人が引き立ててくれるという、生まれながらの幸運にも恵まれています。人生の目標を大きくもち、世界中を飛び回って活躍するような、ダイナミックな人生を送るのが夢。達成するまでチャレンジし続ける意志の強さがあるので、環境が整えばチャンスをつかむことができそうです。ただし、自信過剰になると気が大きくなって見通しが甘くなる傾向も。

「長距離ランナーのチータ」はこんなタイプが好き

♀ 自分と同じように、スマートな感覚と態度を身につけた人が好み。ワイルドな人よりデリケートな人が○。

♂ 人目を引くようなハデさのある女性が好み。プライドの高さのなかに、かわいらしさがかいま見えるともうイチコロ。

●30～31ページに見方の説明があります

6年間の恋の行方（リズム）

ビッグツリー
大樹

2008年
開花期
投資

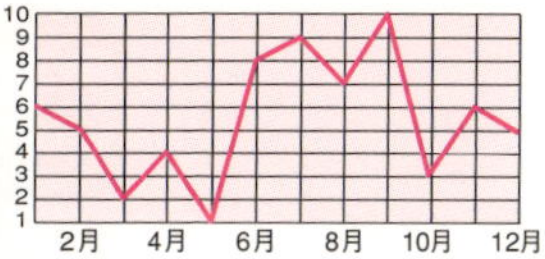

2011年
収穫期
完結

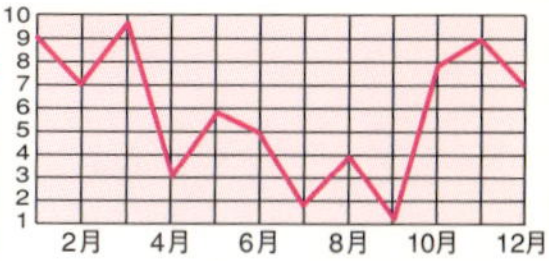

2009年
開花期
成果

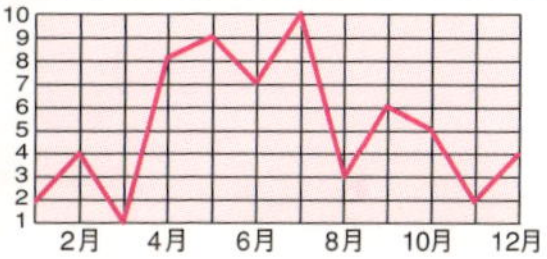

2012年
開墾期
整理

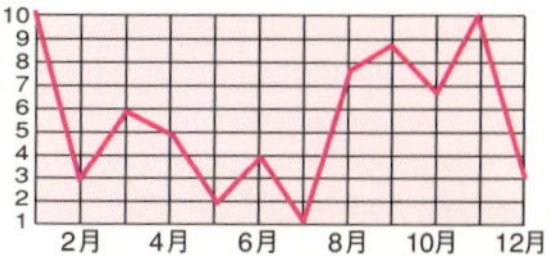

2010年
収穫期
転換

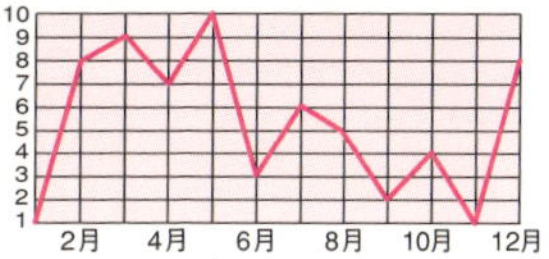

2013年
開墾期
学習

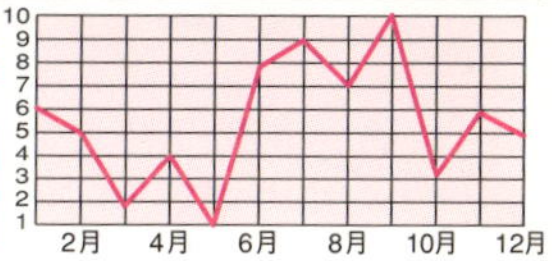

●ポイントが高いほど恋愛運も良好です

「長距離ランナーのチータ」の仕事ぶり

華やかな役回りが似合う人。味方をつければ実力を発揮

几帳面で分析力があり、金銭感覚も確かなので、全体を見きわめる位置で活躍できます。華があり、周囲の注目を浴びますが、融通がきかない面もあるのでサポート役が必要。警戒心が弱いので、口のかたさが必要とされる役職には不向きです。

適職

政治家、開業医、大学教授、作家、パイロット、外交官、プロスポーツ選手、俳優、広告代理店、出版業界、芸能界

不適職

警察官、検事、自衛官、弁護士、秘書、裁判官、整備士、不動産鑑定士、税理士、会計士、金融業、情報産業、印刷関係

ホワイトエンジェル

26 ねばり強いひつじ

ブラックデビル

56 気どらない黒ひょう

ラッキーカラー
深緑

●ホワイトエンジェルはベストパートナー、ブラックデビルは避けたほうがいいキャラです

「長距離ランナーのチータ」の有名人

- ●大鶴義丹
- ●木村心美
- ●工藤静香
- ●佐野史郎
- ●椎名桔平
- ●田中裕二
- ●TERU
- ●濱口　優
- ●ビビアン・スー
- ●古沢　悠

7 全力疾走するチーター

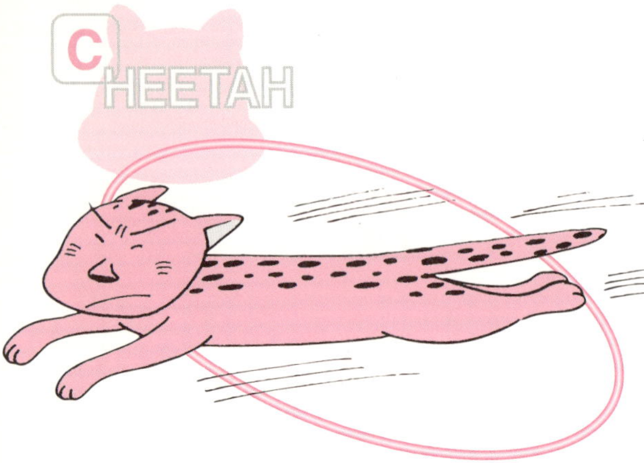

繊細でシャープな感性のもち主。前向きな発想で飛躍のチャンス

何ごとにも全力で打ちこむ努力家。正義感が強く、相手を許せないと思うと真っ向から立ち向かっていくタイプですが、ちょっとでも立ち止まったり迷ったりすると、とたんに弱気になってしまいます。かなり神経質でピリピリしているのに、周囲からは「シャープな人」と好意的に見られているのは、外見の品のよさにカバーされているから。超プラス指向で、ピンチでもチャンスととらえて大きく飛躍する可能性があります。妥協をきらうハッキリした性格で、がんこな面も。

「全力疾走するチーター」はこんなタイプが好き

♀ 落ちつきがあってインテリジェンスな男性が好み。そのうえ鋭い感性をもちあわせていれば言うことなし。

♂ 節度をわきまえた繊細な女性が好み。大切にしている自分の世界に、土足で踏みこむような無神経な人は絶対×。

●30〜31ページに見方の説明があります

6年間の恋の行方（リズム）

鉱脈《メタル》

2008年
開墾期
整理

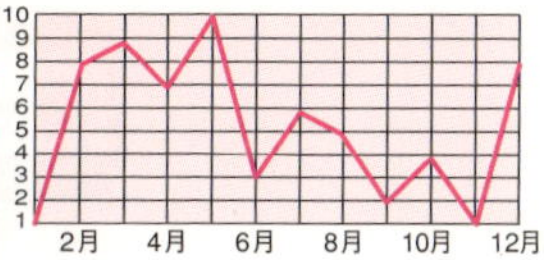

2011年
発芽期
浪費

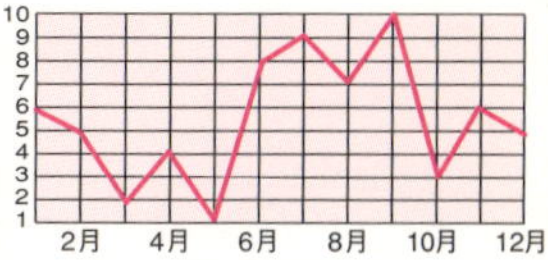

2009年
開墾期
学習

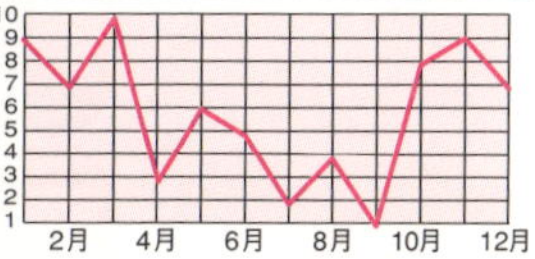

2012年
成長期
調整

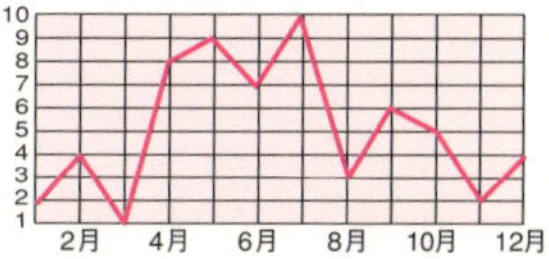

2010年
発芽期
活動

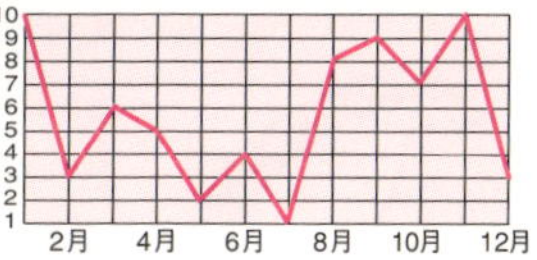

2013年
成長期
焦燥

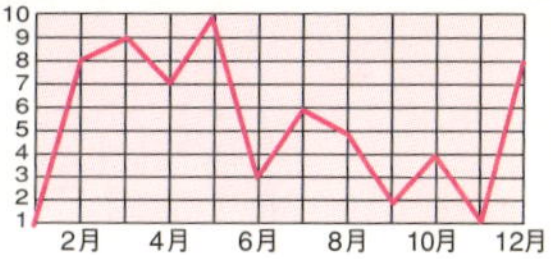

●ポイントが高いほど恋愛運も良好です

「全力疾走するチータ」の仕事ぶり

束縛されるのは大の苦手。自由な雰囲気で夢を実現

どんな仕事に対しても努力を怠らず、きちんとこなすまじめなタイプです。スケールの大きな仕事を思いどおりにやらせてくれる環境なら大活躍できるでしょう。古いルールにこだわったり、束縛を強いるような職場では実力を出せません。

適職　学者、添乗員、ファッションデザイナー、政治家、外科医、国家公務員、外資系企業、商社、貿易関係、マスコミ関係

不適職　警察官、自衛官、教職員、薬剤師、政治家秘書、指圧師、警備保障会社、鉄鋼関係、土木・建築関係、小売業、金融業

ホワイトエンジェル

32 しっかり者のこじか

ブラックデビル

2 社交家のたぬき

●ホワイトエンジェルはベストパートナー、ブラックデビルは避けたほうがいいキャラです

ラッキーカラー　グレー

「全力疾走するチータ」の有名人

- 石田純一
- 大杉蓮
- 河相我聞
- 酒井法子
- 千原ジュニア
- 中島史恵
- 仲間由紀恵
- ほしの あき
- 布袋寅泰
- 真中 瞳
- MISIA
- 三宅 健

42 足腰の強いチータ

夢と理想に向かってまっしぐら。裏方では満足しない花形タイプ

頭の回転が早く、思いついたら即実行。テキパキと行動的なタイプです。人の心を見抜くカンと知的な説得力が武器。カッコよく自分を演出するのが得意で、みんなから注目を浴びる環境であればあるほど力を発揮します。一方で、人に指図されたり、細かく指示されたりするのが嫌いなため、つい反発してしまうことも。あまり強く出すぎると孤立してしまうので、ときには謙虚さも必要です。中年期以降は、ゆとりのある落ちついた考え方になり、精神的に充実してきます。

「足腰の強いチータ」はこんなタイプが好き

♀ ゆったりとして、物事にこだわらず、社会的にも成功する確率の高いエリートタイプでないと満足できません。

♂ ファッションセンスのよいスタイリッシュな人。それでいて世話好きで、やすらぎを与えてくれるやさしい人が好き。

●30〜31ページに見方の説明があります

6年間の恋の行方（リズム）

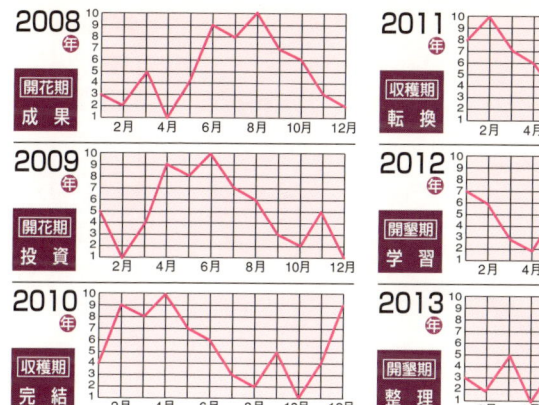

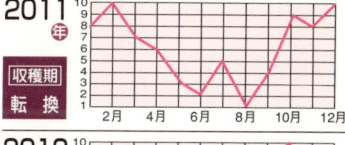

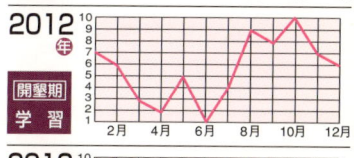

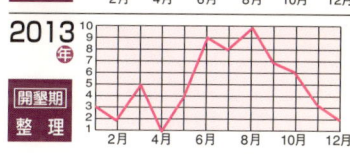

サンフラワー
草花

2008年
開花期
成果

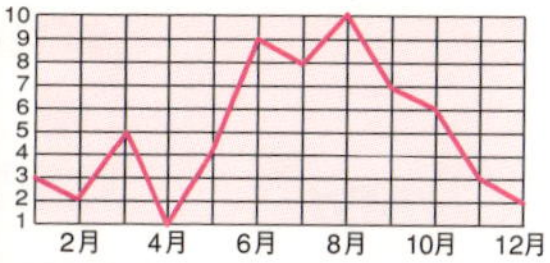

2011年
収穫期
転換

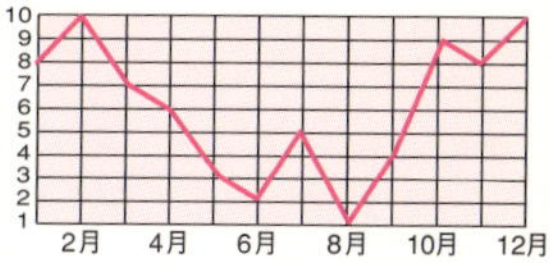

2009年
開花期
投資

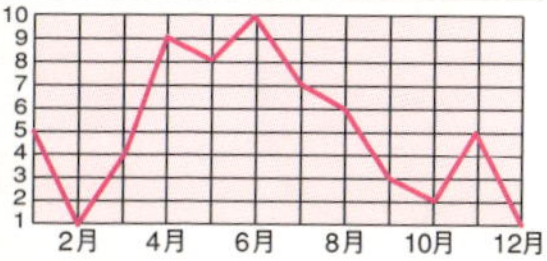

2012年
開墾期
学習

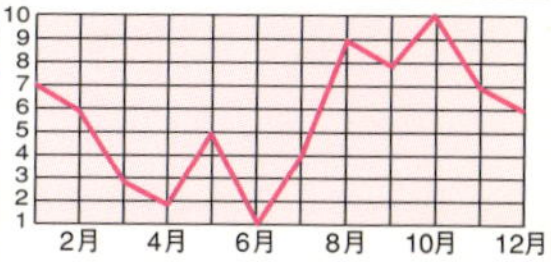

2010年
収穫期
完結

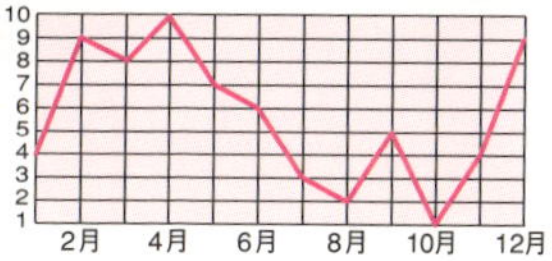

2013年
開墾期
整理

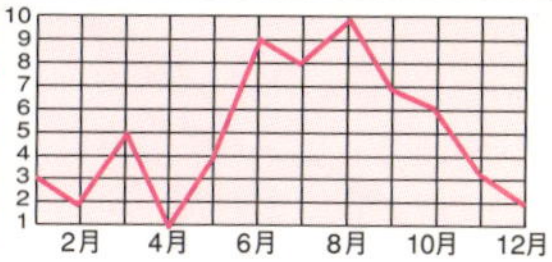

●ポイントが高いほど恋愛運も良好です

「足腰の強いチータ」の仕事ぶり

敵も多ければ味方も多い。ファイトで乗り切る情熱家

もち前の社交性で、臨機応変に接することができるので、当たって砕けろ的な実力本位の職業がピッタリ。人の下で働くよりも、早く独立したほうが、のびのびと自由に仕事ができます。長期的に進めなければならない仕事は不向き。

適職

政治家、開業医、裁判官、企業コンサルタント、美術商、セールス、ガソリンスタンド経営、不動産関係、金融業

不適職

薬剤師、教職員、国家公務員、警察官、行政書士、図書館司書、歯科技工士、コンピュータープログラマー、経理・庶務、農業

ホワイトエンジェル
57 感情的なライオン

ブラックデビル
27 波乱に満ちたペガサス

ラッキーカラー
黄緑

●ホワイトエンジェルはベストパートナー、ブラックデビルは避けたほうがいいキャラです

「足腰の強いチータ」の有名人

●安東弘樹
●ISSA
●榎本加奈子
●奥菜 恵
●釈 由美子
●鈴木保奈美
●高田純次
●花田 勝
●前田亜季
●光浦靖子
●森 公美子

48 品格のあるチータ

ユーモアがあり明るく開放的。感覚任せの行動が波瀾万丈を招く

明るく誰とでもすぐにうちとける親しみやすい性格です。世話好きで楽天的ですが、あわてん坊なのでカンとひらめきを頼りに即、実行に移して失敗も。そんなことなど気にもかけず、いつでも自信たっぷりにマイペースで行動します。目標の達成のためならすべてを賭けて一途に打ちこみます。でもヒートアップすると冷静さを失い、周囲の状況が見えなくなることも。人前では強気に出て、ストレートな発言で反感を買いがちです。

「品格のあるチータ」はこんなタイプが好き

♀ どんな苦難をも乗りこえる英知とたくましさをもち、自らの理想どおりに社会的成功を果たすような人でないと×。

♂ 自分と同じように、夢に向かってひたむきにチャレンジする熱い心をもった女性。ピュアで無邪気な人もタイプ。

●30～31ページに見方の説明があります

6年間の恋の行方（リズム）

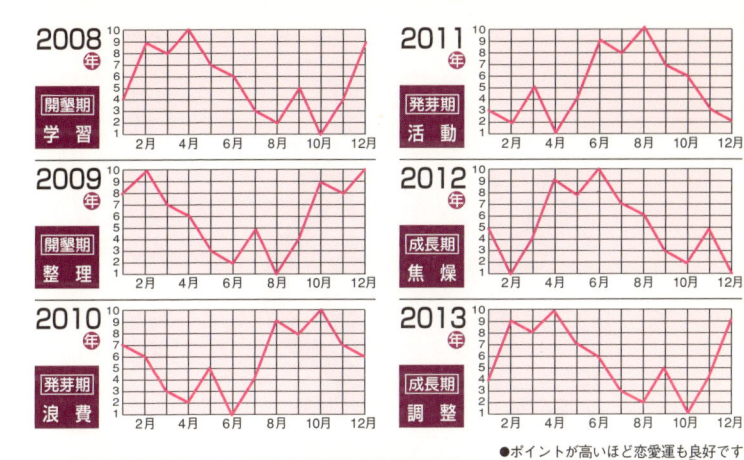

宝石《ジュエリー》

2008年 開墾期 学習

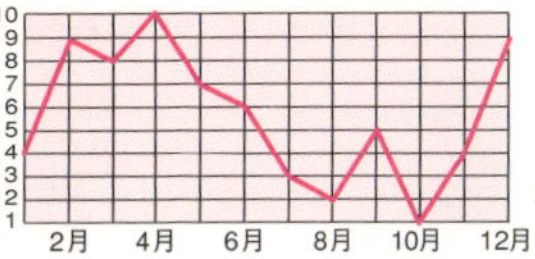

2009年 開墾期 整理

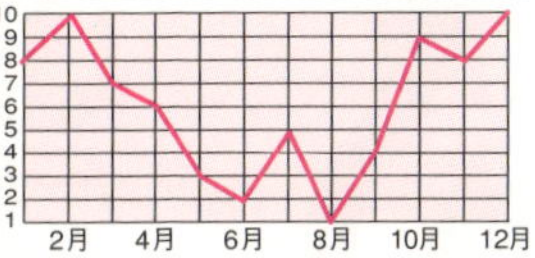

2010年 発芽期 浪費

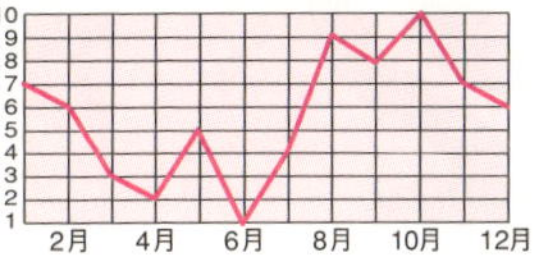

2011年 発芽期 活動

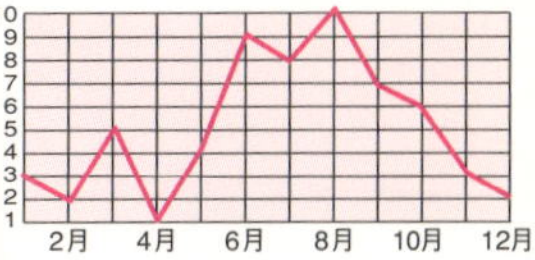

2012年 成長期 焦燥

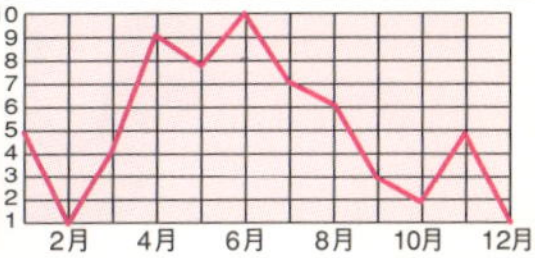

2013年 成長期 調整

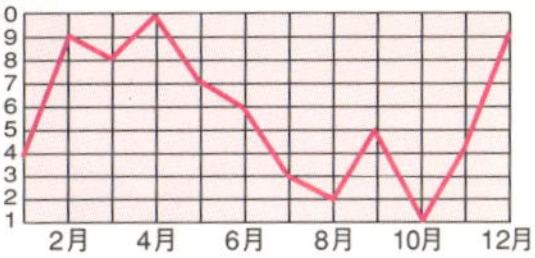

●ポイントが高いほど恋愛運も良好です

「品格のあるチータ」の仕事ぶり

負けん気と前向きな姿勢で運気を引き寄せれば成功

順応性があるので、どんな分野でも活躍できます。ファイトと努力がもち味のチャレンジャーとして、常に前向きな姿勢で取り組めば成功するでしょう。ただし、仕事相手を好き嫌いで選別したり、相手の権力や地位で態度を変えるのはマイナス。

適職　弁護士、政治家、開業医、貿易商、スーパー経営、ブティック経営、自営業、ジュエリーショップ、不動産関係

不適職　測量士、芸能人マネージャー、スポーツインストラクター、秘書、コンビニエンスストア、大学病院勤務、商社、ゼネコン、印刷関係

ホワイトエンジェル

3 落ちつきのない猿

ブラックデビル

33 活動的な子守熊

●ホワイトエンジェルはベストパートナー、ブラックデビルは避けたほうがいいキャラです

ラッキーカラー　白

「品格のあるチータ」の有名人

- 石田ゆり子
- 江角マキコ
- 織田裕二
- 菅野美穂
- 草彅剛
- クルム伊達公子
- 鈴木一真
- 滝沢秀明
- TAKURO
- 藤木直人
- 藤谷美紀
- リリー・フランキー

5 面倒見のいい黒ひょう

スタイリッシュな楽天家。逆境に強く、独立心も旺盛

外見はスタイリッシュで知的ですが、細かいことには無頓着でのびのびとした明るい性格。世話好きで、頼まれると断れないお人好しな一面も。見た目は穏やかだけど、多少の困難にはくじけない強い信念と高いプライドのもち主で、孤独には強く、独立心も旺盛です。女性はのんびりしたムードがあり、物事に白黒つけたり即断するのは苦手。「自分は他人とは違う。みんなが自分に興味をもつのは当然」という楽天的で悪意のない思いこみが逆に魅力となる得なタイプ。

「面倒見のいい黒ひょう」はこんなタイプが好き

♀ 自分と感覚が合って、一緒にいて自慢できるようなおしゃれな人が好き。美的センスのない人には興味なし。

♂ 繊細でさりげない気づかいができる人、知的で感性豊かな人が好み。対等に話ができない粗暴で横柄な人はＮＧ。

●30～31ページに見方の説明があります

6年間の恋の行方（リズム） 山岳《マウンテン》

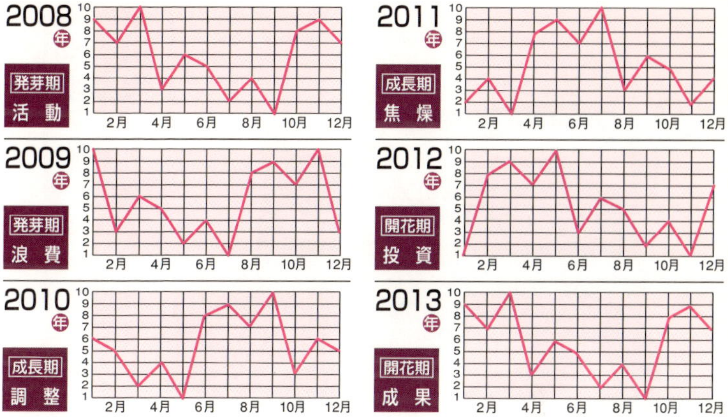

●ポイントが高いほど恋愛運も良好です

「面倒見のいい黒ひょう」の仕事ぶり

独自のセンスと発想力で高い理想にも果敢に挑戦

正義感が強く周囲に媚びるのが苦手なので、自分らしさを発揮できない環境はストレスに。独自のセンスや発想を生かせる仕事が適職です。チャレンジ精神も旺盛だけど、相手の心理を読むのは不得意で最後のツメも甘いのが玉にきず。

適職

デザイナー、フライトアテンダント、外交官、弁護士、画家、モデル、独立起業家、広告・マスコミ関連、ファッション業界

不適職

教師、政治家、ドライバー、電気工事などの技術者、獣医、水商売、飲食店、学習塾、清掃業、旅館業、解体業

ホワイトエンジェル
10 母性豊かな子守熊

ブラックデビル
40 尽くす猿

ラッキーカラー
茶

●ホワイトエンジェルはベストパートナー、ブラックデビルは避けたほうがいいキャラです

「面倒見のいい黒ひょう」の有名人

●今井 翼
●衛藤利恵
●押尾 学
●金原ひとみ
●葛山信吾
●佐野瑞樹
●堂本光一
●松岡昌宏
●Reina

44 情熱的な黒ひょう

きさくで人あたりもソフト。芯はリーダー気質の情熱家

外面はきさくで親しみやすく、人あたりもソフト。女性はしっとりとしたはかなげな雰囲気が魅力的で、内面は勝ち気で情熱的なしっかり者。男女ともに社交的で説得力があり、新しいことに挑戦する行動力もあります。順応性もあり、さまざまな分野でリーダーになる素質を秘めていますが、好き嫌いや感情に左右されやすいので、他人には不可解な言動をとったり理想と現実のギャップに悩むことも。かなりの情報通で、時代の先端をいくトレンドをいち早くキャッチします。

「情熱的な黒ひょう」はこんなタイプが好き

♀ 無邪気で愛嬌のあるタイプが理想。包容力があればなおベター。センスさえ合えば、直感で恋に落ちることも。

♂ 個性的で自分の想像力を広げてくれる、クリエイティブな人が好き。お天気屋な面を理解してくれない相手は×。

●30〜31ページに見方の説明があります

6年間の恋の行方（リズム）

キャンドル
灯火

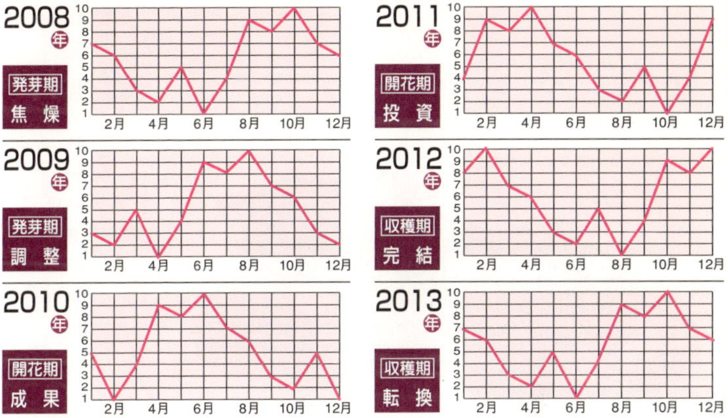

●ポイントが高いほど恋愛運も良好です

「情熱的な黒ひょう」の仕事ぶり
独創性と説得力はピカー。ムラ気を直せば鬼に金棒

新しいアイディアを生み出す独創性に優れ、話し合いで相手を説得するのも大得意。頭がよくて情報収集力もあるので、せっぱつまった状況にも冷静に対処できますが、感情のムラが仕事に悪影響を与えることもありそうです。

適職　美容師、企業コンサルタント、水商売、服飾・装飾デザイナー、インテリア関係、情報産業、広告・マスコミ関係、編集企画

不適職　教師、学校・団体職員、建築設計士、大工、ドライバー、公務員、会計士、行政書士、タイムキーパー、病院、不動産業、宗教関係

ホワイトエンジェル

19 放浪の狼

ブラックデビル

49 ゆったりとした悠然の虎

●ホワイトエンジェルはベストパートナー、ブラックデビルは避けたほうがいいキャラです

ラッキーカラー　オレンジ

「情熱的な黒ひょう」の有名人

- 宇多田ヒカル
- えなりかずき
- 大貫亜美
- 堂本 剛
- 平井 堅
- 深津絵里
- 降谷健志
- 堀内 健
- 本上まなみ
- 松田聖子
- 松村邦洋
- 水野真紀

50 落ちこみの激しい黒ひょう

温厚だけど芯は強く強情。葛藤も努力と根性でカバー

大人っぽい穏やかな人に見えますが、人に何を言われても自分の主張を貫き通す芯の強さがあります。とくに女性はしとやかな外見と違って、男まさりで強い性格のもち主。男女とも機転がきき、直感とひらめきで行動する実践派なので、どんな環境にも柔軟に対応。優れた直観力と柔軟性で時流をとらえるのも得意。でも客観的な冷静さはなく、知的な分析も苦手。悩みが多く心に葛藤を抱えがちですが、独立心旺盛で、好きなことは最後までやりぬく努力と根性があります。

「落ちこみの激しい黒ひょう」はこんなタイプが好き

♀ 積極的でロマンチックな雰囲気を作ってくれる人にひかれがち。ひらめき型なので、複数の人に目移りすることも。

♂ 独立心が強く人生に意欲的な人、信頼し尊敬できる相手が理想。友情から恋に発展するパターンが多いタイプ。

●30～31ページに見方の説明があります

6年間の恋の行方（リズム）

雨露《レインドロップ》

2008年
収穫期
完結

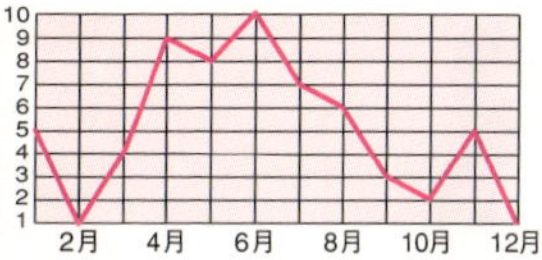

2011年
開墾期
整理

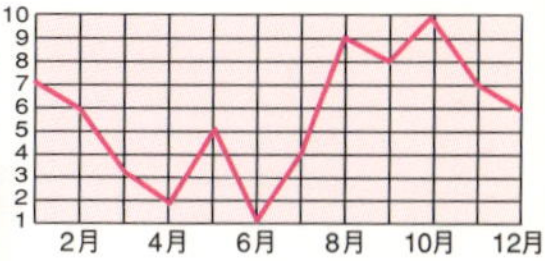

2009年
収穫期
転換

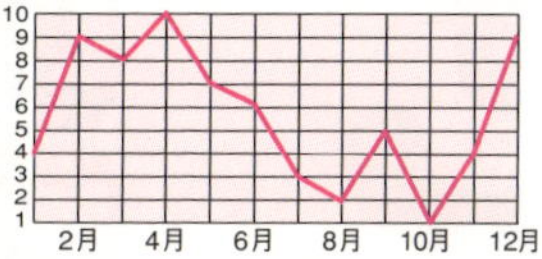

2012年
発芽期
浪費

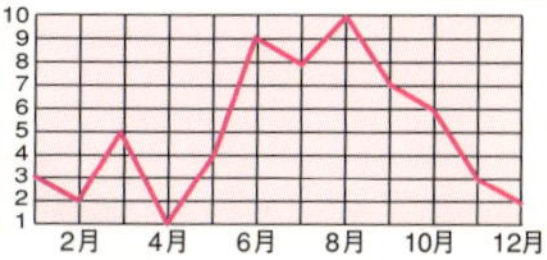

2010年
開墾期
学習

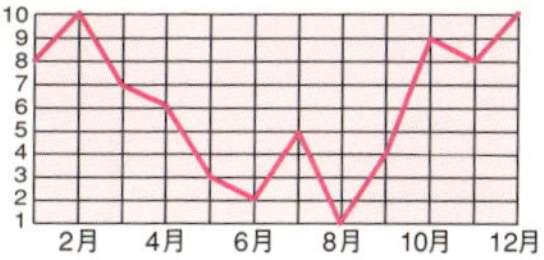

2013年
発芽期
活動

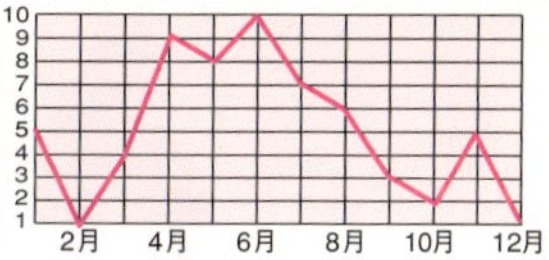

●ポイントが高いほど恋愛運も良好です

「落ちこみの激しい黒ひょう」の仕事ぶり

直観力で時流をつかむ。経営者の素質も十分！

新商品の企画開発など、時流をつかむ直観力を生かせる仕事に向いています。独立心旺盛なので、責任者や経営者としても活躍するタイプ。ただ、熱しやすく冷めやすいので、気ままな八方美人と思われてしまうことも。

適職

俳優、経営コンサルタント、教師、コンパニオン、スポーツインストラクター、セールス、マスコミ・出版関係、貿易関係

不適職

政治家、作家、公務員、自衛官、旅館・料亭の従業員、看護人、神官、管理人、事務職、伝統工芸関係、農業

ホワイトエンジェル

25 穏やかな狼

ブラックデビル

55 パワフルな虎

ラッキーカラー　紫

●ホワイトエンジェルはベストパートナー、ブラックデビルは避けたほうがいいキャラです

「落ちこみの激しい黒ひょう」の有名人

●今井絵理子
●上島竜兵
●京野ことみ
●徳井 優
●野村佑香
●袴田吉彦
●藤波辰爾
●水川あさみ
●宮崎 駿
●保田 圭
●ラサール石井
●りょう

53 感情豊かな黒ひょう

やさしく素直で純粋一途。でも、束縛は嫌いな自由人

　やや線が細く情緒的な雰囲気のもち主。初対面の人と話すのは苦手ですが、人柄はやさしく純粋。情にもろく他人の善意を疑いません。自分の欠点を素直に認め、目標に向かってひたむきに努力できる人です。女性は妖精のような茶目っけとピュアな心をもった美人が多く、お嫁さん候補ナンバーワン。でも、好き嫌いははっきりしていて、束縛されるのは大嫌い。気ままであきっぽく優柔不断な面はありますが、頭の回転も物事の処理も早いので、何でも器用にこなします。

「感情豊かな黒ひょう」はこんなタイプが好き

♀ 社交的で太陽のように明るくおおらかな人、まじめでさわやかな人が理想。遊びの恋はできないので、軽い男性は×。

♂ 個性的でカッコいいやさしい人、お互いを高め合える人にひかれます。一緒に夢に向かって努力できない人はダメ。

●30～31ページに見方の説明があります

6年間の恋の行方（リズム）

太陽《サンシャイン》

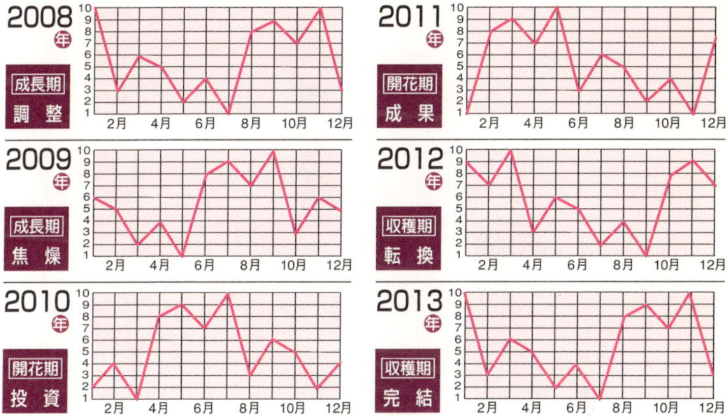

●ポイントが高いほど恋愛運も良好です

「感情豊かな黒ひょう」の仕事ぶり

ひらめきとシャープな感性で「一流」目指して全力投球

　理想を追い求める純粋で一途な性格や、自分の非を反省する素直さは大きな長所。ひらめきとシャープな感性、芸術的センスに優れ、クリエイティブな分野で才能を発揮。気ままな自由人ですが、常に一流を目指して全力を尽くします。

適職　栄養士、料理人、漫画家、ダンサー、保育士、保母、秘書、看護人、医師、税理士、ファッション・デザイン関連

不適職　漫才師、宗教家、家具製造職人、司会者、フロアマネージャー、営業、宅配便、呉服店、食料品店、接客業、貿易関係

ホワイトエンジェル

58 傷つきやすいライオン

ブラックデビル

28 優雅なペガサス

●ホワイトエンジェルはベストパートナー、ブラックデビルは避けたほうがいいキャラです

ラッキーカラー　赤

「感情豊かな黒ひょう」の有名人

- 石井正則
- 上戸彩
- 小川知子
- 神取 忍
- 高嶋政宏
- 田原総一郎
- 森高千里
- レオナルド･ディカプリオ
- 山田五郎

56 気どらない黒ひょう

誠実で義理人情に厚い人格者。ひらめきで即実行の行動派

誰に対しても誠実で、利害関係や打算に左右されずに公平な態度で接する人格者。女性は母性愛豊かで、献身的に相手に尽くすタイプ。男女ともに義理人情に厚く包容力もありますが、自分の世界にむやみに踏みこまれるのは嫌いなので、交際範囲は限定されがち。気の合った少数の友人と仲間意識の強いつきあい方をします。じっとしているのが苦手で、ひらめいたらすぐ実行の行動派。偏屈な面はありますが、鋭いカンともち前の根性で、夢に向かって自分の信念を貫きます。

「気どらない黒ひょう」はこんなタイプが好き

♀ ベタベタ干渉されるのが嫌いなので、依存心のないさっぱりした人が理想。互いに自立し信頼し合える相手なら◎。

♂ 結婚願望が強いため、物怖じしない堂々としたタイプが好み。同じ目標に向かって歩んでいける同志的な人が理想。

●30～31ページに見方の説明があります

6年間の恋の行方（リズム）

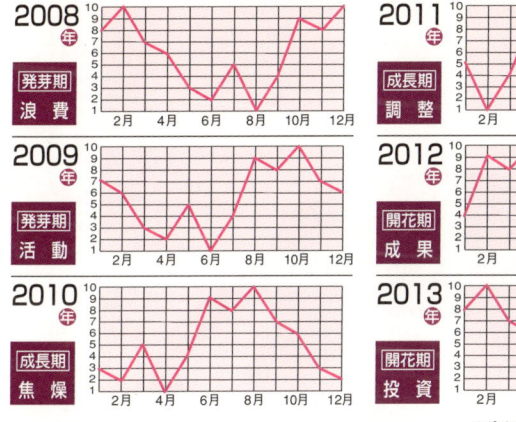

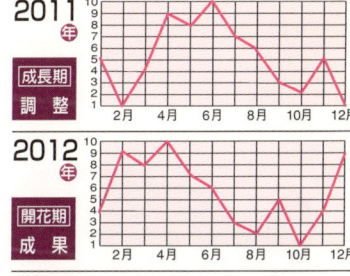

フィールド 大地

2008年
発芽期 浪費

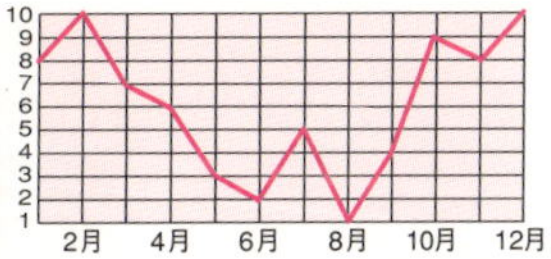

2011年
成長期 調整

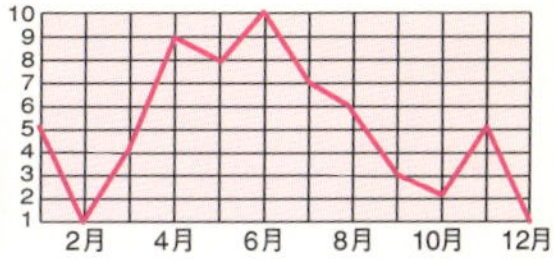

2009年
発芽期 活動

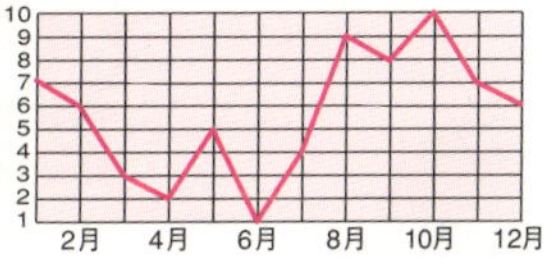

2012年
開花期 成果

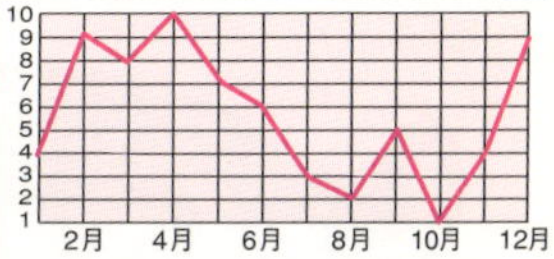

2010年
成長期 焦燥

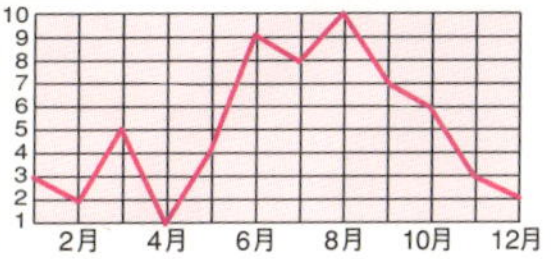

2013年
開花期 投資

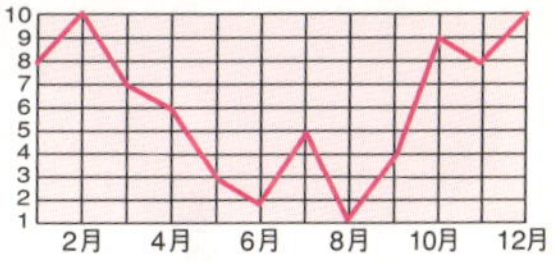

●ポイントが高いほど恋愛運も良好です

「気どらない黒ひょう」の仕事ぶり

美的センスと色彩感覚抜群。かた苦しい組織には不向き

好奇心旺盛で新しいもの好き。何ごとにも積極的で根性も抜群。芸術的なセンスもあり色彩感覚に優れているので、それを生かせる仕事が向いています。駆け引きは不得意で押す一方という面もあるので、かた苦しい組織には不向き。

適職

カメラマン、インテリアデザイナー、イベントプロデューサー、作曲家、作家、歌手、評論家、弁護士、美容業界、情報産業

不適職

調理師、栄養士、ドライバー、芸人、設計士、添乗員、貿易商、公務員、小売業、飲食店、水商売、ホテル・旅館業

ホワイトエンジェル
31 リーダーとなるゾウ

ブラックデビル
1 長距離ランナーのチータ

ラッキーカラー
黄

●ホワイトエンジェルはベストパートナー、ブラックデビルは避けたほうがいいキャラです

「気どらない黒ひょう」の有名人

●東 幹久
●加藤登紀子
●加藤晴彦
●研ナオコ
●草野マサムネ
●高嶋政伸
●辻 仁成
●戸田菜穂
●パパイヤ鈴木
●濱口 優
●矢田亜希子

59 束縛をきらう黒ひょう

礼儀正しい不言実行タイプ。鋭いカンで相手の心を読む

礼儀正しく、落ちついた印象の穏やかな人。1つのことをきわめていく性格なので、何ごともよく考えたうえで行動し、浅はかな失敗とは無縁です。口数は少なく、不言実行を地でいくタイプ。理論的な説明は苦手ですが、直観力はかなりのもの。事実を積み上げた直線的な駆け引きや説得は得意です。その場の相手の心理を鋭いカンで見抜けるので、次に打つ手が即座に頭に浮かびます。義理人情にも厚く、人のためにとことん尽くすため、周囲の人望や信頼を集めます。

「束縛をきらう黒ひょう」はこんなタイプが好き

♀ 知的で洗練されたエリートに第一印象でアプローチ。甘えられ頼れる人が好みだけど、束縛されるのは絶対に×。

♂ 恋や結婚も夢とロマンを重視するので、天使のような夢見る美人が理想の相手。生活感のある現実的なタイプはＮＧ。

●30〜31ページに見方の説明があります

6年間の恋の行方（リズム）

オーシャン
海洋

2008年
収穫期
転換

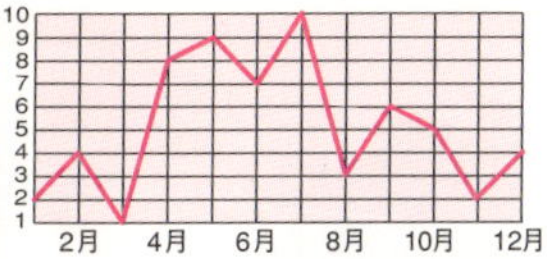

2011年
開墾期
学習

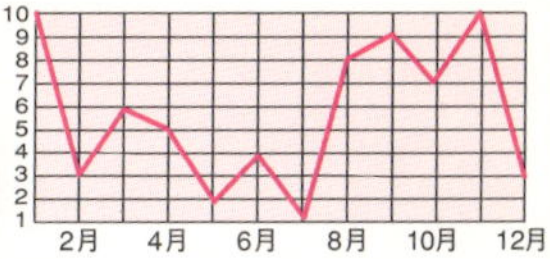

2009年
収穫期
完結

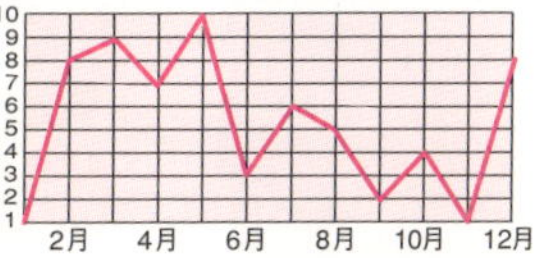

2012年
発芽期
活動

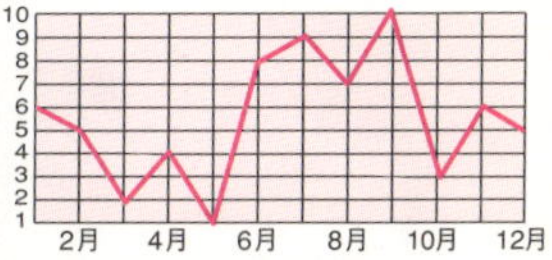

2010年
開墾期
整理

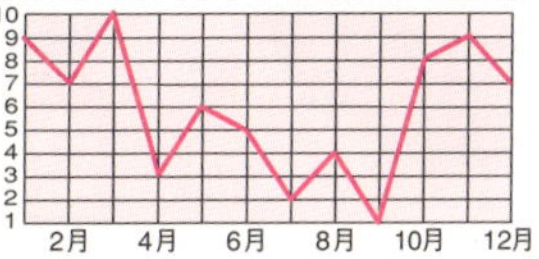

2013年
発芽期
浪費

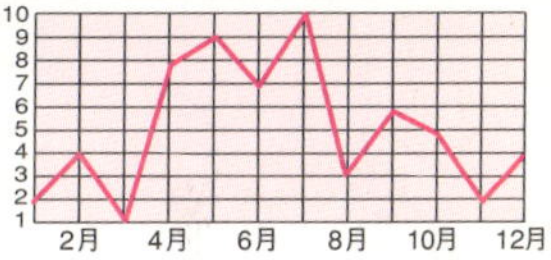

●ポイントが高いほど恋愛運も良好です

「束縛をきらう黒ひょう」の仕事ぶり

何ごともじっくりきわめるが客観的判断や計画力なし

何ごともじっくり研究し、実行力もあるのでどんな分野でも実績を残せる人。客観的な考え方は苦手で、気分的な好き嫌いや直感的判断に頼りがちなので、計画性が要求される仕事や状況を分析して結論を出すような仕事は不向き。

適職 服飾デザイナー、スタイリスト、看護士、保育士、作家、画商、警察官、モデル、税理士、薬剤師、スポーツ選手、レジャー関連

不適職 劇団員、コンパニオン、ホステス・ホスト、露天商、コンビニ・ファーストフード店、ドラッグストア、楽器店、宗教関係

ホワイトエンジェル

4 フットワークの軽い子守熊

ブラックデビル

34 気分屋の猿

●ホワイトエンジェルはベストパートナー、ブラックデビルは避けたほうがいいキャラです

ラッキーカラー 黒

「束縛をきらう黒ひょう」の有名人

- 綾瀬はるか
- 坂本龍一
- さくらももこ
- 佐々木主浩
- 里田まい
- 遠山景織子
- 仲村トオル
- 福井謙二
- 藤井貴彦
- 吉川ひなの
- 和久井映見
- 渡辺真理

51 我が道を行くライオン

妥協を許さない完ぺき主義者。物事は自分中心に考える

まさに我が道を行く王者の気質をもった人です。プライドが高く負けず嫌いで、自分が信念をもって決めたことは“絶対”。誰の意見も聞き入れません。それだけに、決して弱音を吐かない意志の強さと、自分にも他人にも妥協を許さない完ぺき主義の精神をもっています。外面的には素朴な雰囲気があり、社交家なので、周囲から頼られることも多いでしょう。でも内面は警戒心が強く、他人などまったくアテにしないで、自分の運命は自分で切り開く独立心旺盛な努力家です。

「我が道を行くライオン」はこんなタイプが好き

♀ 堅実で安定した生活力をもっていることが第一条件。そのうえで、明るく大きく包みこんでくれる人がタイプです。

♂ 自分の思いどおりでないと気がすまない性格なので、控えめでこまめに世話を焼いてくれる家庭的な女性を求めます。

●30〜31ページに見方の説明があります

6年間の恋の行方（リズム）

ビッグツリー
大樹

2008年
開花期
投資

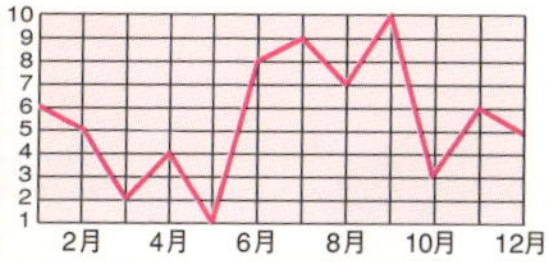

2011年
収穫期
完結

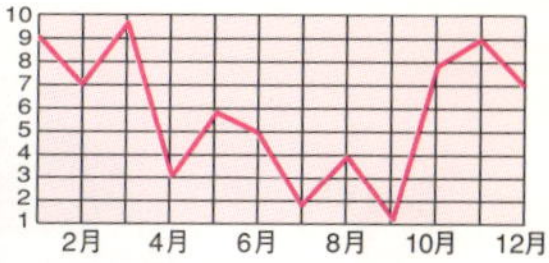

2009年
開花期
成果

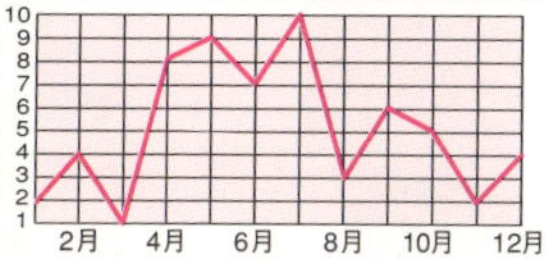

2012年
開墾期
整理

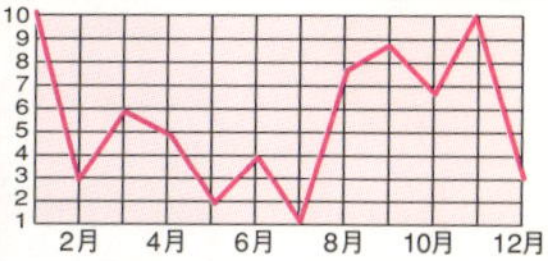

2010年
収穫期
転換

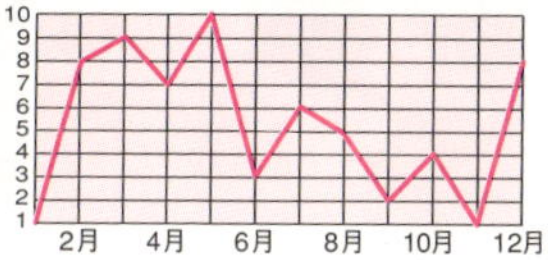

2013年
開墾期
学習

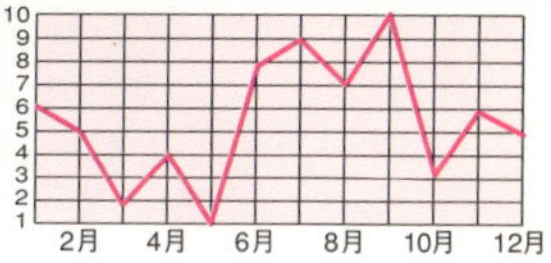

●ポイントが高いほど恋愛運も良好です

「我が道を行くライオン」の仕事ぶり

何ごとも全力で取り組む。やや融通がきかないのが難点

　仕事熱心な努力家。知的で理論的な仕事では抜群の成果を上げることができますが、アート系の仕事は不向きです。官僚的な仕事に就くと、もち前の指導力や統率力を発揮し、リーダーとして周囲から頼りにされる存在に。

適職

警察官、教職員、国家公務員、エンジニア、クラブオーナー、書店店主、造園業、レジャー産業、芸能界

不適職

グラフィックデザイナー、美容師、カメラマン、インテリアコーディネーター、セールス、スナック経営、運送業

ホワイトエンジェル
36 好感をもたれる狼

ブラックデビル
6 愛情あふれる虎

ラッキーカラー
深緑

●ホワイトエンジェルはベストパートナー、ブラックデビルは避けたほうがいいキャラです

「我が道を行くライオン」の有名人

- 小沢健二
- 河合美智子
- 清原和博
- 酒井美紀
- 中井貴一
- 浜田雅功
- 吹石一恵
- 松本人志
- 森口博子
- Lina

52 統率力のあるライオン

見た目は謙虚でも心の中は百獣の王。人間よりも自然が好きなロマンチスト

　外面的にはあまり自分の意志や感情を出さず、相手の言い分をおとなしく聞く謙虚で穏和な印象です。けれども、自分の考えには絶対の自信あり。最初は相手とイーブンな立場で接しながら、だんだんと自己主張してリーダーシップを発揮していきます。独断的とも言えますが、何ごとも冷静にこなし、自分にも他人にも厳しいので、人からは信頼されるでしょう。でも本当の姿は、警戒心が強く、人間嫌いで孤独を愛する人。叙情的な感性のもち主で、自然や芸術を好みます。

「統率力のあるライオン」はこんなタイプが好き

♀ デリケートで洗練された感受性をもち、気配りのできる人が好き。警戒心を解きほぐしてくれるやさしさにホロリ。

♂ おとなしくしとやかでありながら、恋をすると大胆かつ積極的にアプローチしてくるような意外性のある人が好み。

●30〜31ページに見方の説明があります

6年間の恋の行方（リズム）

サンフラワ
草花

2008年
開花期
成果

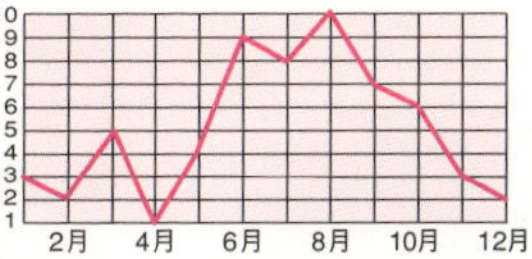

2009年
開花期
投資

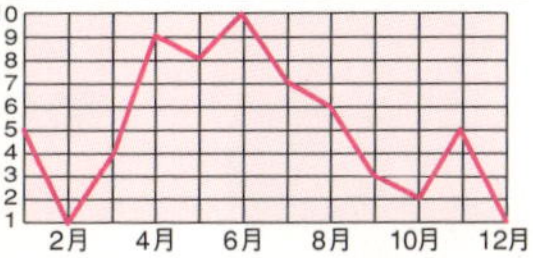

2010年
収穫期
完結

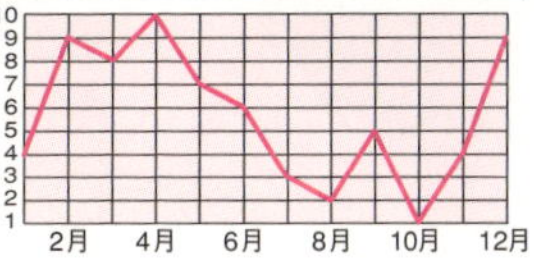

2011年
収穫期
転換

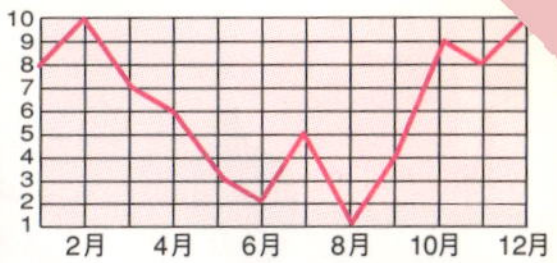

2012年
開墾期
学習

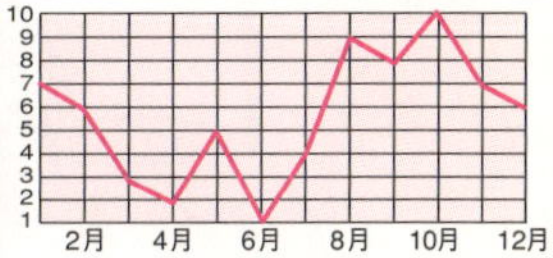

2013年
開墾期
整理

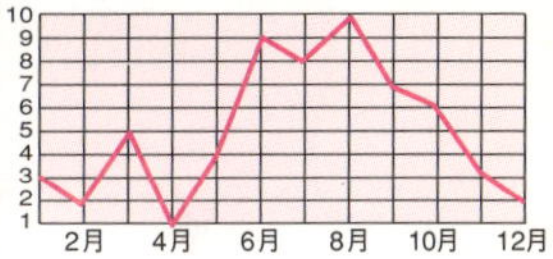

●ポイントが高いほど恋愛運も良好です

「統率力のあるライオン」の仕事ぶり

専門職や研究職が向く。統率力の発揮が成功の秘訣

がんじがらめの組織の中では実力を発揮できません。本来は専門職や研究職のほうが向いていますが、自由に振るまえる環境が整った職場でなら、もち前のリーダーシップを存分に発揮して成果を上げることができるでしょう。

適職　勤務医、官僚、国家公務員、大学研究員、華道・茶道教室、警備保障会社、電気・機械関係、重化学産業、コンピューター関連

不適職　セールス、テレビ局勤務、学習塾経営、レストラン経営、スナック経営、広告代理店、レジャー産業、サービス業、金融業

ホワイトエンジェル

47 人間味あふれるたぬき

ブラックデビル

17 強い意志をもったこじか

●ホワイトエンジェルはベストパートナー、ブラックデビルは避けたほうがいいキャラです

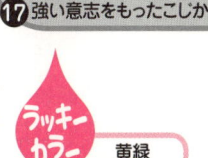

ラッキーカラー　黄緑

「統率力のあるライオン」の有名人

- 酒井彩名
- 柴咲コウ
- ジム・キャリー
- 高橋留美子
- 谷 亮子
- 豊川悦司
- 新垣仁絵
- 野田秀樹
- 福原 愛
- 山田花子

情的なライオン

機嫌のいいときと悪いときの差が激しい。面倒見のいいリーダー的存在

徹底的に努力して、物事を１人でコツコツとやりとげる強い意志のもち主。何ごとも人任せにできないうえ感情の起伏が激しいので、普段は努めて自分をおさえ人に気をつかっていますが、ときどき感情を爆発させてキツイ意見を言ってしまうことも。でも、後輩や弱い立場の人を守る気持ちが強いので周囲の信頼は厚く、親友の前では甘えん坊な一面を見せることもあるでしょう。強気ながら慎重なので大きな失敗はありませんが、おだてに弱いので安請け合いには注意。

「感情的なライオン」はこんなタイプが好き

♀ 世間の枠に収まりきれないような独特の個性をもったスケールの大きな人がタイプ。さらに包容力があれば◎。

♂ ファッションセンスがよく、テキパキと行動するスタイリッシュな人。夢に向かって努力している人が好きです。

●30～31ページに見方の説明があります

6年間の恋の行方（リズム）

メタル
鉱脈

2008年
開墾期
整理

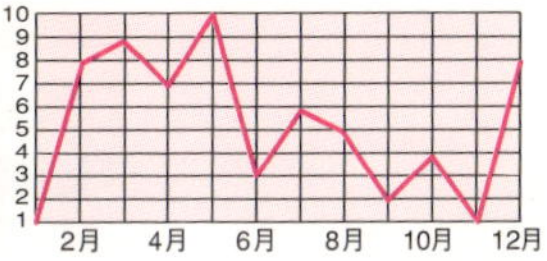

2011年
発芽期
浪費

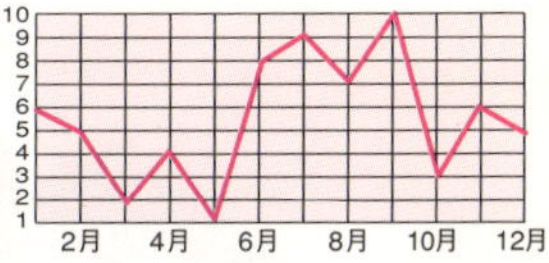

2009年
開墾期
学習

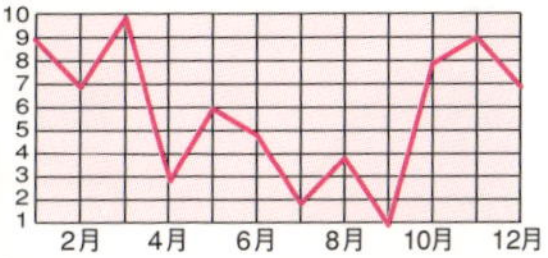

2012年
成長期
調整

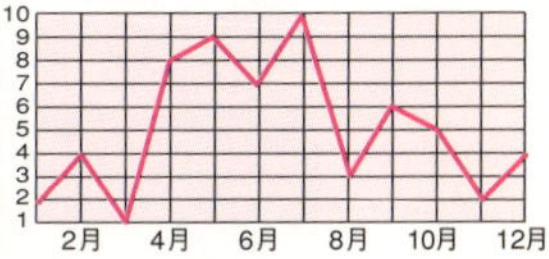

2010年
発芽期
活動

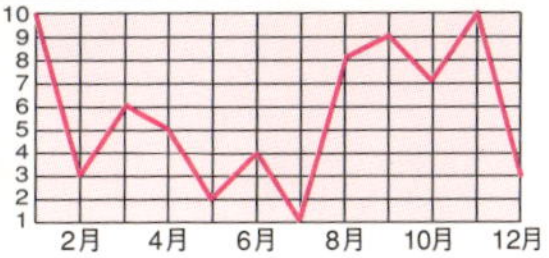

2013年
成長期
焦燥

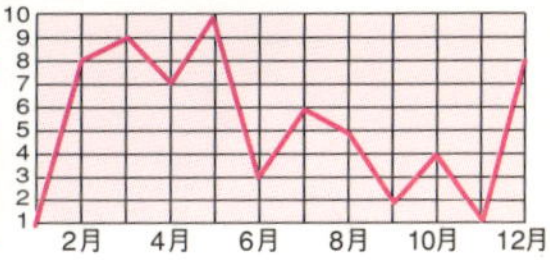

●ポイントが高いほど恋愛運も良好です

「感情的なライオン」の仕事ぶり

自分の考えには絶対の自信。ずば抜けた実行力で突き進む

人に指図されたり頼るのが苦手なので、チームワークが必要な仕事で周囲と横並びになるよりは、独立して行動したほうが成功のチャンスがあります。資格をとってパワーアップすると効果的。運気はかなり強運で、金運もあり。

適職

会計士、税理士、経営コンサルタント、俳優、高級レストラン経営、自営業、商社、貿易業務、貴金属店、マスコミ関係

不適職

スチュワーデス、自衛官、警察官、保母、セールス、勤務医、介護士、看護婦、レジャー関連、土木・建築関係

ホワイトエンジェル

42 足腰の強いチータ

ブラックデビル

12 人気者のゾウ

ラッキーカラー　グレー

●ホワイトエンジェルはベストパートナー、ブラックデビルは避けたほうがいいキャラです

「感情的なライオン」の有名人

- 安倍なつみ
- 五十嵐公太
- 岩城滉一
- 川原亜矢子
- 川本真琴
- 妻夫木 聡
- 陣内貴美子
- 田中裕子
- 羽賀研二
- Mina
- 本仮屋ユイカ

58 傷つきやすいライオン

秩序を重んじる古風なタイプ。何げないひと言で傷つきやすい

道をきわめようというこだわりがあり、理想の生き方を心に描いて、いつも堂々と振るまっています。石橋をたたいて渡る堅実さのもち主で、目的を達成するためには、直感に頼らずあらゆる分野の情報を収集。賢明な判断力と確かなデータをもとに打つ手を考え、確実な成果を上げて信頼を得ます。上下関係や権威を重んじ、常識や秩序を乱されるのが嫌い。融通のきかないがんこ者ですが、とても繊細な面があるので、何げないひと言で密かに傷つくこともあるでしょう。

「傷つきやすいライオン」はこんなタイプが好き

♀ 個性的で独自の人生観をもっている男性が好み。それでいて、現実社会で地に足のついたまじめな人でないとダメ。

♂ 空想好きで、茶目っけたっぷりのかわいらしい女性。自分にはない芸術的センスのある人にもひかれてしまいます。

●30〜31ページに見方の説明があります

6年間の恋の行方（リズム）

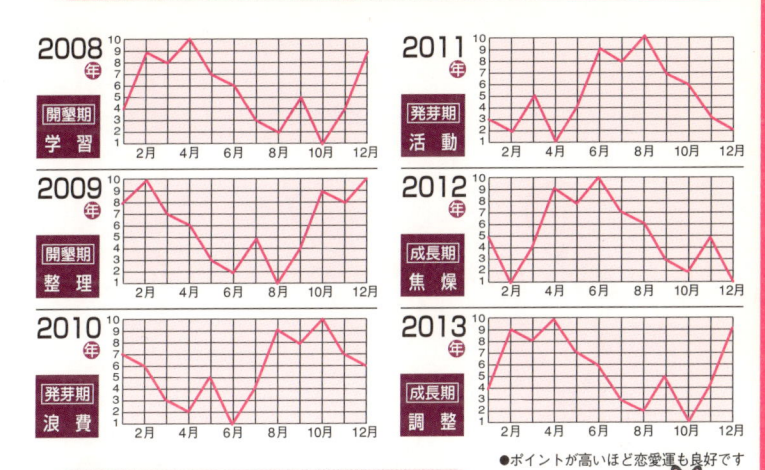

宝石《ジュエリー》

2008年
開墾期
学習

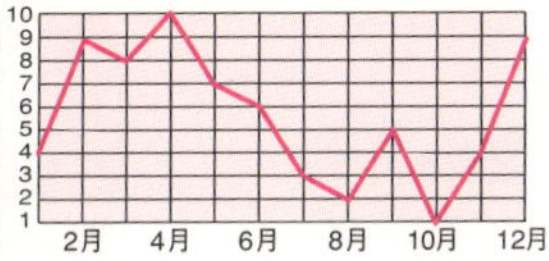

2009年
開墾期
整理

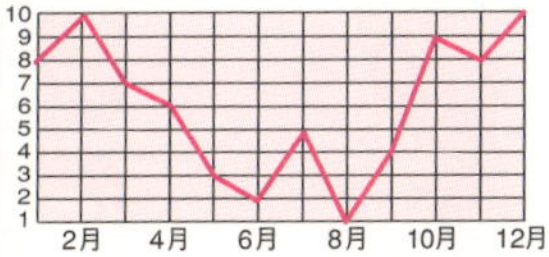

2010年
発芽期
浪費

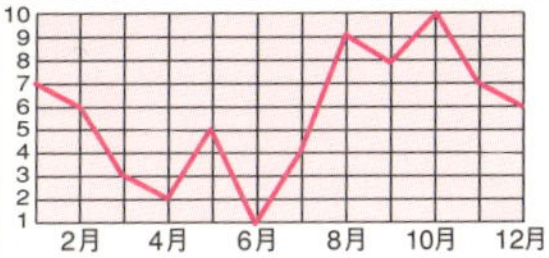

2011年
発芽期
活動

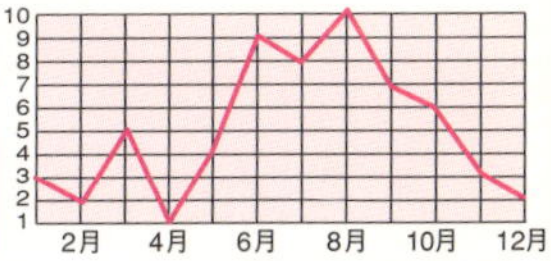

2012年
成長期
焦燥

2013年
成長期
調整

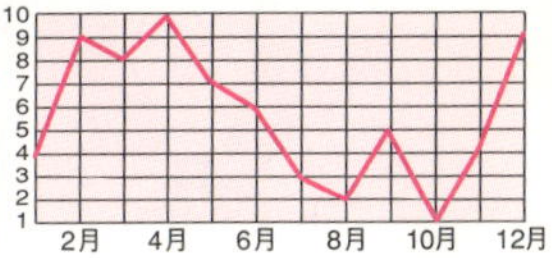

●ポイントが高いほど恋愛運も良好です

「傷つきやすいライオン」の仕事ぶり

仕事の熱中度は人一倍。ときには妥協も必要

惚れこんだ仕事や人には、とてつもないパワーを注ぎこみます。責任あるポストを任せられると実力以上の成果を上げるでしょう。独立するよりも、安定した会社にいたほうが長続きします。人間関係は、適当な距離を置くことが大切。

適職　中堅企業のサラリーマン、政治家、建築設計士、警察官、自衛官、測量士、技術者、国家公務員、ゼネコン、鉄鋼関係、マスコミ関係

不適職　大学教授、グラフィックデザイナー、芸能マネージャー、料理研究家、看護婦、作家、自営業、農業、漁業、宗教関係

ホワイトエンジェル

53 感情豊かな黒ひょう

ブラックデビル

23 無邪気なひつじ

●ホワイトエンジェルはベストパートナー、ブラックデビルは避けたほうがいいキャラです

ラッキーカラー　白

「傷つきやすいライオン」の有名人

- 上川隆也
- 辛島美登里
- 川村亜紀
- 菊川怜
- 北野井子
- 小泉純一郎
- 陣内孝則
- デーブ・スペクター
- トータス松本
- 松嶋尚美

6 愛情あふれる虎

ソフトで温かい自信あふれる人情家。体力と気力に満ちたタフな大物

人あたりがやわらかで、誰にでも親切、ソフトでやさしい印象です。ゆったりとした雰囲気は、大物の素質十分。家庭や職場などでは、自分のテリトリーを大切にします。プライドが高く、頭脳明晰でかなりの自信家。やすやすと他人の言いなりにはなりません。信念に反することには理屈っぽくなり、体力に任せて怒るので、はた迷惑なことも。この剛と柔の二面性は天性のバランス感覚からくるもの。ニコニコしながら、キツーイひと言をさらりと言ってのけられる才能あり。

「愛情あふれる虎」はこんなタイプが好き

♀ 頭がよくてやさしく、真摯に受け止めてくれる人が好み。繊細な気持ちで恋愛にのぞむロマンチストにあこがれます。

♂ 細かいことにこだわらず、楽天的で自由奔放な女性が好み。さわやかに歯切れよく話す、情の細やかな人にひかれます。

●30～31ページに見方の説明があります

6年間の恋の行方（リズム）

フィールド
大地

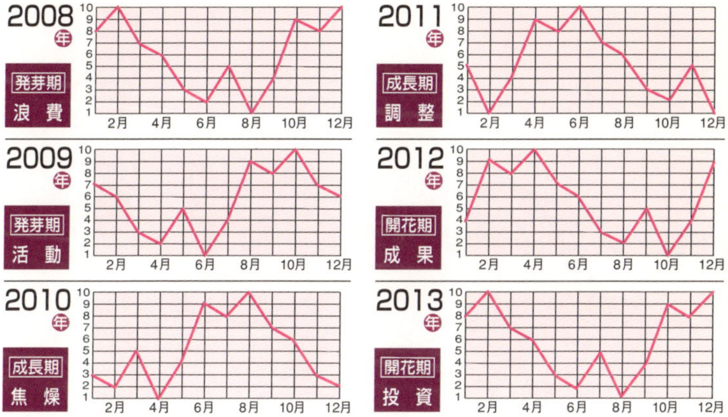

●ポイントが高いほど恋愛運も良好です

「愛情あふれる虎」の仕事ぶり

義理がたくてまじめ。平等主義で確実さ抜群

自己主張や信念を曲げるのは大嫌いなので、自身の努力が認められる職場が○。たくさんの人とつきあう仕事は苦手ですが、少数の人たちとなら分け隔てのない関係が築けます。継続性のある職や時間をかけて取り組む職に適応。

適職

教師、警察官、裁判官、弁護士、司法書士、政治家、公務員、検事、学者、研究者、スポーツ選手、作家、医療・福祉関連

不適職

音楽家、コンパニオン、旅行添乗員、受付、理・美容師、司会業、証券会社、コンピューター関連、テレビ関係

ホワイトエンジェル

21 落ちつきのあるペガサス

ブラックデビル

51 我が道を行くライオン

ラッキーカラー
黄

●ホワイトエンジェルはベストパートナー、ブラックデビルは避けたほうがいいキャラです

「愛情あふれる虎」の有名人

●秋元 康
●飯島直子
●井ノ原快彦
●江口洋介
●大泉洋
●加藤あい
●財前直美
●酒井雄二
●萩原健司
●萩原次晴
●松岡 充

43 動きまわる虎

デリケートで頭脳明晰な知性派。並はずれた負けず嫌い

いつも悠然と落ちつきはらったマイペースの人という印象。でもその内側に繊細な神経と優れた観察眼をもち、心の中は猛スピードで回転しています。情報の整理が得意で、天性のカンとひらめきは切れ味抜群。極端な負けず嫌いで、義務や他人の尺度には合わせず、納得しないうちは動きません。自分の価値観をすべての人に当てはめるので、辛辣になることが多く、敵を作りやすいタイプです。機嫌のよいときにおだてられると、子どものように単純に喜ぶお人好しな面も。

「動きまわる虎」はこんなタイプが好き

♀ やさしくのんびりとして多少のことでは動じない男性が好みです。彼女の独断に理性的に対処してくれればさらに○。

♂ 察しが早く従順で、相手を立てることのできる女性が好み。価値観を受け入れてくれる素直な彼女を求めています。

●30〜31ページに見方の説明があります

6年間の恋の行方（リズム）

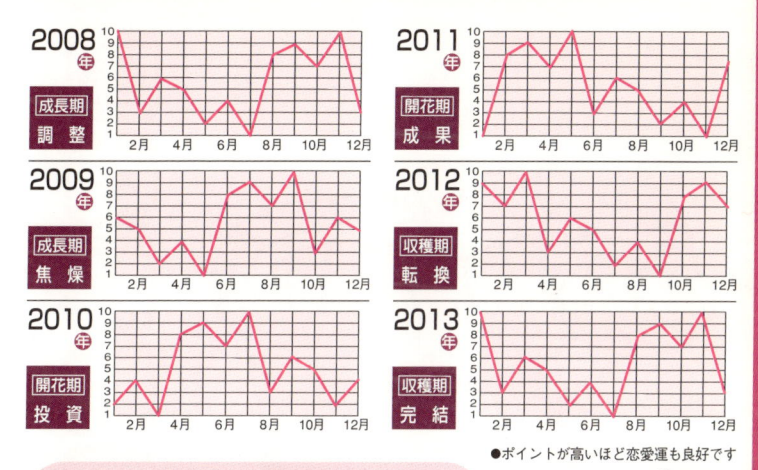

太陽《サンシャイン》

2008年
成長期
調整

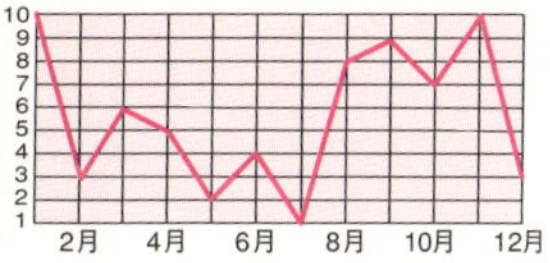

2009年
成長期
焦燥

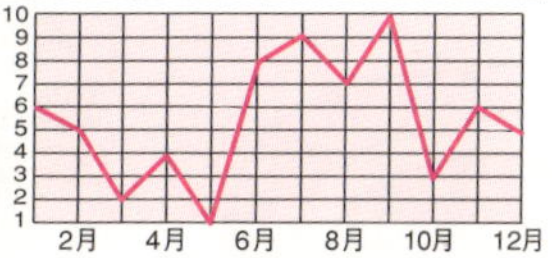

2010年
開花期
投資

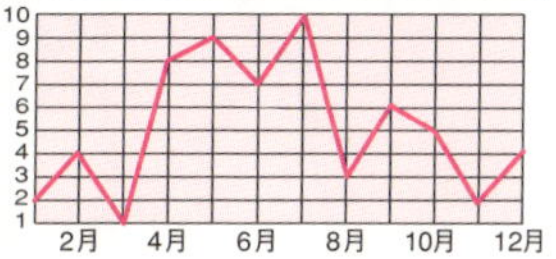

2011年
開花期
成果

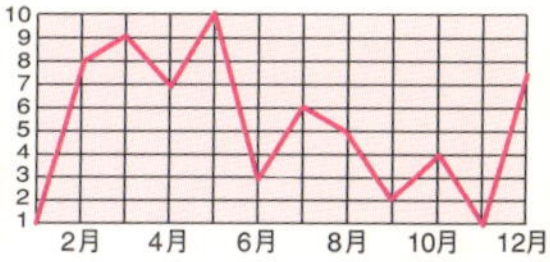

2012年
収穫期
転換

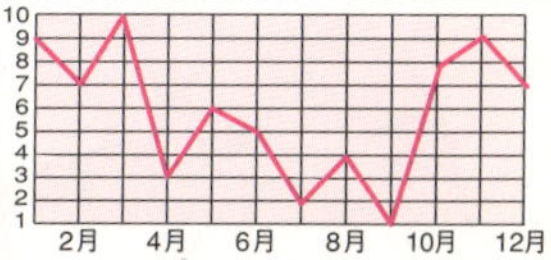

2013年
収穫期
完結

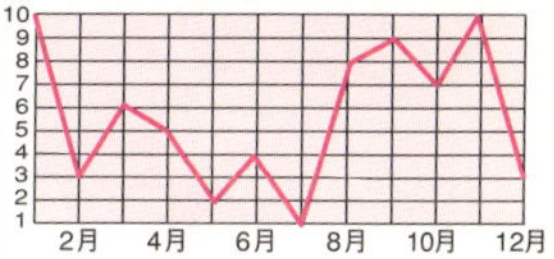

●ポイントが高いほど恋愛運も良好です

「動きまわる虎」の仕事ぶり

命令されるのは大嫌い。人の上に立つと成功運あり

生まれつきの独立運と人の上に立って成功する素質をもっています。負けず嫌いで命令されたり指図されるのが嫌いですから、独立系、ベンチャー系を開拓するのが○。荒波の中で能力をフル回転させていると大きな生きがいを感じます。

適職　政治家、弁護士、開業医、美容院経営、貴金属店、アパレル産業、コンピューター関連、情報産業、マスコミ、音楽業界、不動産業

不適職　保母、教職員、建築家、医療事務、飲食店、スーパーマーケット、デパート、小売業、ホテル業界、土木関係、介護福祉関係、農業

ホワイトエンジェル

8 磨き上げられたたぬき

ブラックデビル

38 華やかなこじか

●ホワイトエンジェルはベストパートナー、ブラックデビルは避けたほうがいいキャラです

ラッキーカラー　赤

「動きまわる虎」の有名人

- 石川亜沙美
- 伊藤隆太
- 乙葉
- 嘉門達夫
- 木梨憲武
- 国分太一
- 宍戸錠
- 鈴木 杏
- 前田日明
- MEGUMI

49 ゆったりとした悠然の虎

仕事も趣味も器用に幅広くこなす。理性的すぎて、ときに冷たい人に

ゆったりした雰囲気をもち、誰とでもすぐに親しくなれる魅力的な人です。包容力や母性的な受容性にあふれ、多くの人と円満な人間関係を作ります。幅広い趣味をもち、興味あることには積極的に打ちこんで何でもこなしてしまう器用な人。多くのことをこなす理性と冷静さももちあわせています。でも、自分ができるヤツなだけに、能力がないと思う相手には冷たくなりがち。好き嫌いがはっきりしているので、いったん失望すると見捨ててしまい、回復はほとんど不可能に。

「ゆったりとした悠然の虎」はこんなタイプが好き

♀ 正直で頭がよく、いつでもどこでも彼女を支持し、讃えてくれる彼が必要。安定した家庭をもちたい男性ならベスト。

♂ 理性的に突っ走る彼を振り向かせ、むだなことも大切と教えることのできるアーティスティックな女性にひかれます。

●30～31ページに見方の説明があります

6年間の恋の行方（リズム）

海洋《オーシャン》

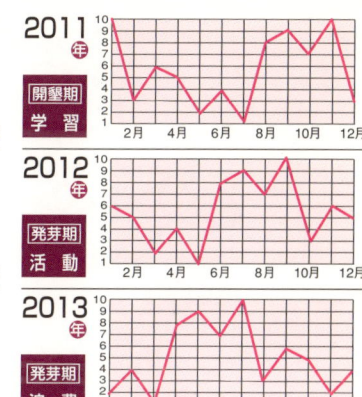

2008年
収穫期
転換

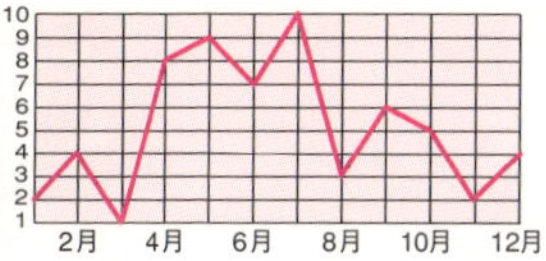

2011年
開墾期
学習

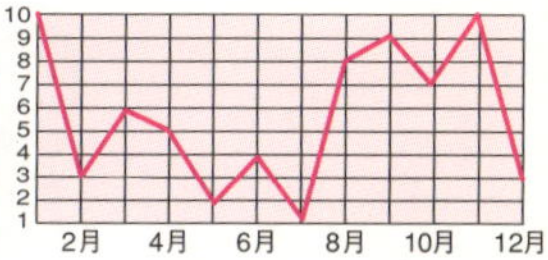

2009年
収穫期
完結

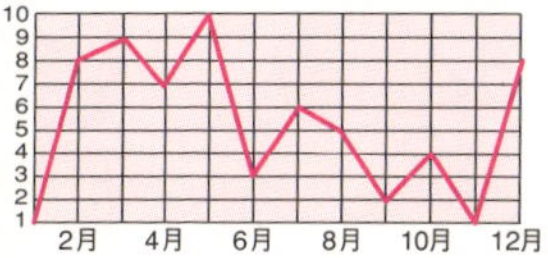

2012年
発芽期
活動

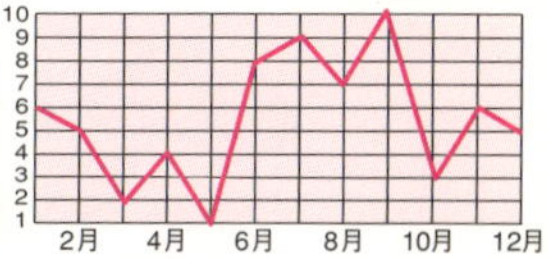

2010年
開墾期
整理

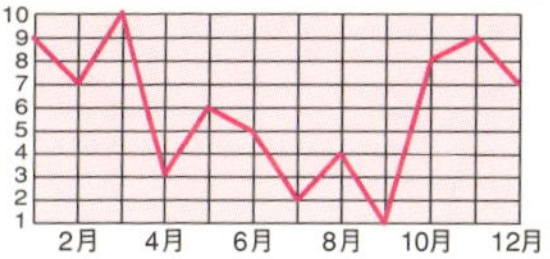

2013年
発芽期
浪費

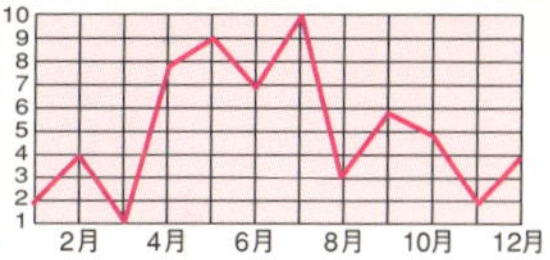

●ポイントが高いほど恋愛運も良好です

「ゆったりとした悠然の虎」の仕事ぶり

全体を見渡す位置に立てば能力を発揮して大活躍

　仕事も人間関係も多彩で幅広いのが財産。理性的、合理的に整理ができ、適材適所の人事は得意技。全体を見渡してデザインするタイプで、一歯車でいては成功できません。技術系など、信頼し合って仕事をする職場が向いています。

適職

作曲家、タレント、俳優、評論家、政治家、インテリアショップ、絵画販売、書店、マスコミ、不動産業、土木建築関係

不適職

司会者、公務員、薬剤師、占い師、広告代理店、飲食店、ホテル・旅館、花屋、デパート、宅配業

ホワイトエンジェル

14 強調性のないひつじ

ブラックデビル

44 情熱的な黒ひょう

ラッキーカラー　黒

●ホワイトエンジェルはベストパートナー、ブラックデビルは避けたほうがいいキャラです

「ゆったりとした悠然の虎」の有名人

●浅田美代子
●黒田美礼
●郷ひろみ
●斉藤 暁
●椎名へきる
●庄司智春
●杉山 愛
●時任三郎
●ともさかりえ
●福山雅治

54 楽天的な虎

やさしく、平凡を愛する安定型。頼まれたらいやと言えないお人好し

気どらず開けっぴろげで、警戒せずに人とつきあいます。親しみやすいので、相談事をもちかけられることも多いはず。やさしく親切に答えているうちに自分のことをあと回しにしてしまうお人好しです。自分なりの価値観をしっかりもち、正しい道を進むのが生きがいなので、曲がったことは絶対に拒否。押しつけられるとヘソを曲げてしまいます。それだけに、ずるさを求められる複雑な立場や地位とは無縁。明るく正しい世界で、まじめな生き方をするでしょう。

「楽天的な虎」はこんなタイプが好き

♀ 冷静でスマート、静かに見守ってくれる男性が好みです。いざというとき的確なアドバイスでリードされると♡に。

♂ 体育会系のさっぱりした明るい彼女がピッタリ。彼の気持ちをくんでときにはサポートに回る柔軟な心のもち主が○。

●30〜31ページに見方の説明があります

6年間の恋の行方（リズム）

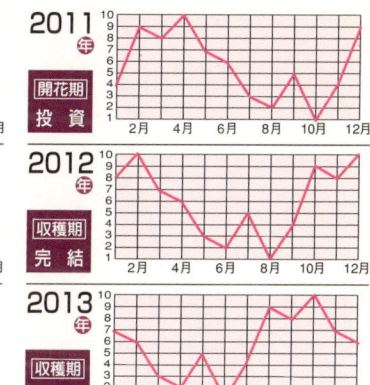

キャンドル
灯火

2008年
発芽期
焦 燥

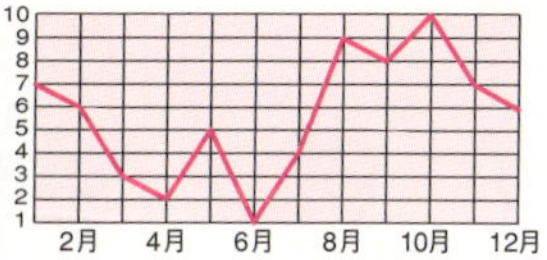

2009年
発芽期
調 整

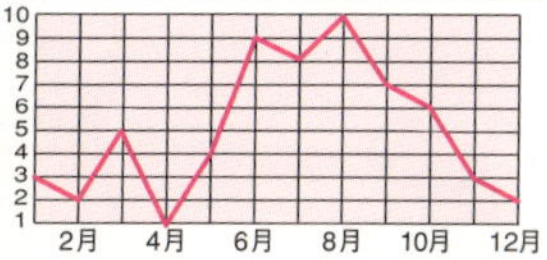

2010年
開花期
成 果

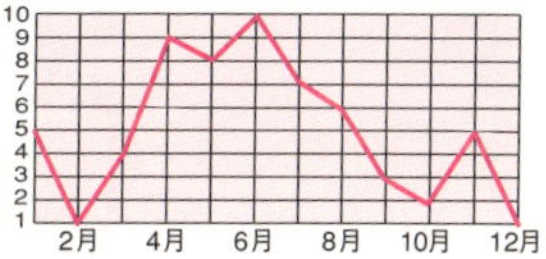

2011年
開花期
投 資

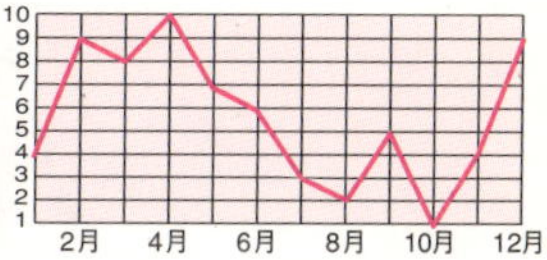

2012年
収穫期
完 結

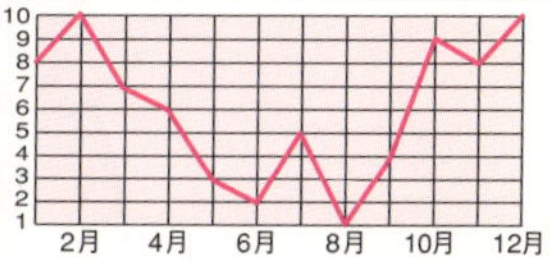

2013年
収穫期
転 換

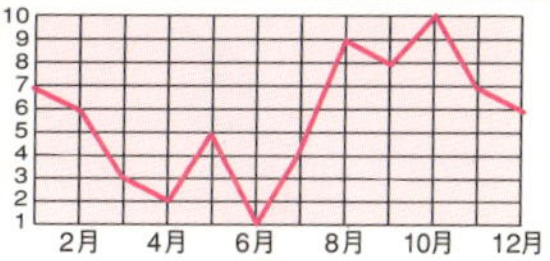

●ポイントが高いほど恋愛運も良好です

「楽天的な虎」の仕事ぶり

グループの調整役。地道な仕事で成果あり

庶民派なので高い地位や権力には意欲がわかず、身近な人と家族的な雰囲気で仕事をするのに向いています。細かく手間のかかる仕事もねばり強くクリア。短期間に集中力を発揮して成功します。

適職
政治家、検事、アナウンサー、脚本家、農場経営、機械技師、写真技術者、服飾メーカー、コンピューター関連、印刷業、出版業

不適職
コンサルタント、漫画家、教職員、自衛官、商店経営、クリーニング店、水商売、ホテル・旅館関係、宗教関係、芸能関係、不動産業

ホワイトエンジェル
9 大きな志をもった猿

ブラックデビル
39 夢とロマンの子守熊

●ホワイトエンジェルはベストパートナー、ブラックデビルは避けたほうがいいキャラです

ラッキーカラー オレンジ

「楽天的な虎」の有名人

- ●伊武雅刀
- ●大貫亜美
- ●小西真奈美
- ●徳光和夫
- ●中村俊輔
- ●肥後克広
- ●松本零士
- ●持田真樹
- ●山口紗弥加

55 パワフルな虎

理想に向かって突き進む正義派。まっすぐすぎてぶち当たる壁も多い

　堂々として迫力があり、大人びた強さをもつ人。幼い頃から落ちついていてかわいらしさには欠けるかもしれませんが、生まれついての自信のもち主で、説得力では誰にも負けません。見かけどおり、誰かに意見されるのは大嫌い。見方によってはわがままですが、正義感が強いので、弱いものを見ると放っておけず、先頭に立って戦います。でもパワーが並たいていでないため、怒りが大きいと大変な事態に。困難なことでもめげずに取り組むので、偉業を達成する可能性も。

「パワフルな虎」はこんなタイプが好き

♀ はがねのように強靱で、少々のことでは妥協しない男性が好み。

♂ 彼のパワフルな話に耳を傾け、尊敬してくれる女性が好み。芯が強く、彼の暴走にうまくブレーキをかけられる人が◎。

●30〜31ページに見方の説明があります

6年間の恋の行方（リズム）

山岳《マウンテン》

2008年
発芽期
活動

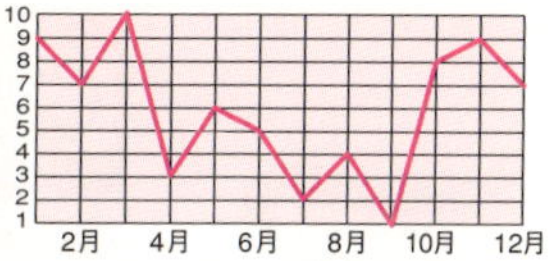

2011年
成長期
焦燥

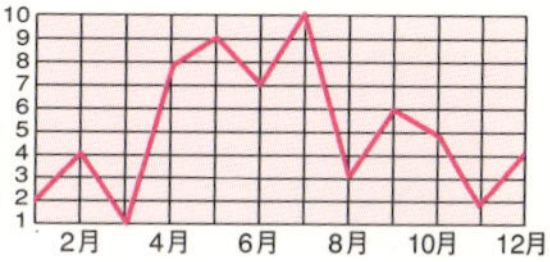

2009年
発芽期
浪費

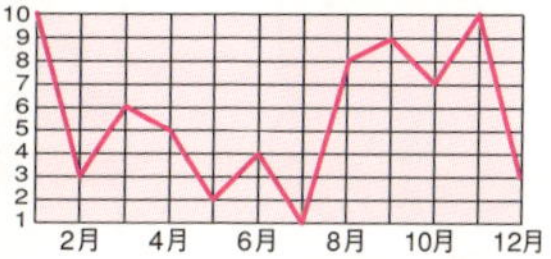

2012年
開花期
投資

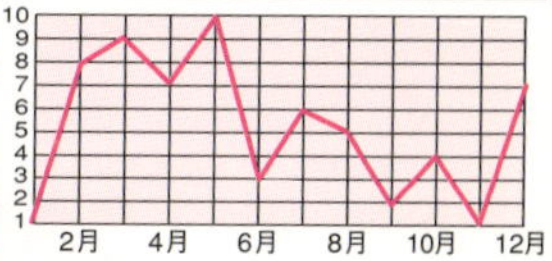

2010年
成長期
調整

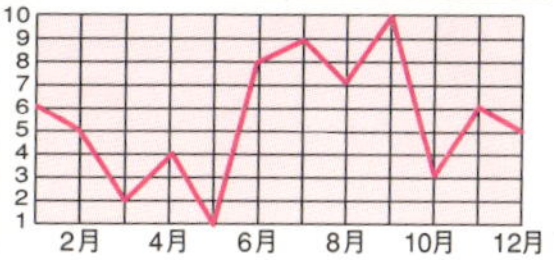

2013年
開花期
成果

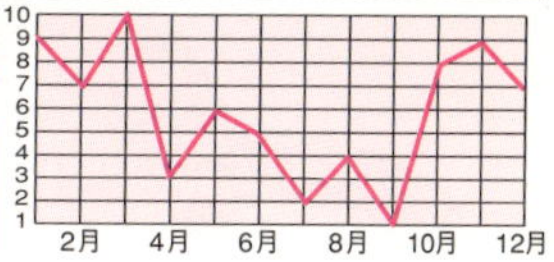

●ポイントが高いほど恋愛運も良好です

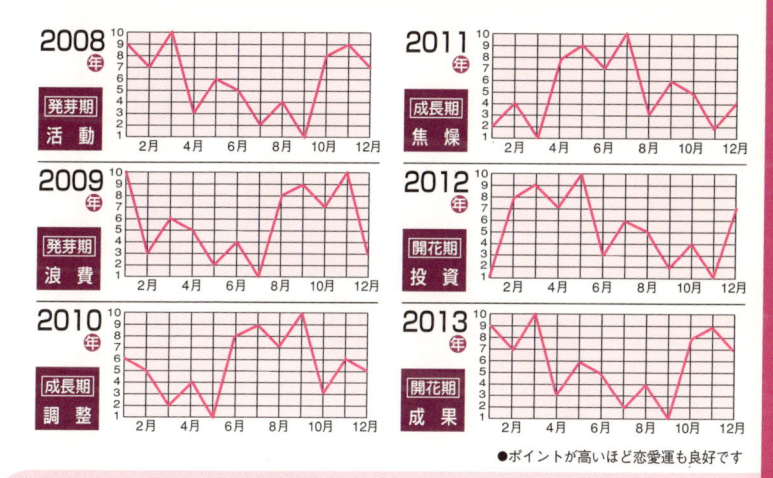

「パワフルな虎」の仕事ぶり

白黒はっきりできる仕事。ごまかしのない結果主義

曲がったことが許せない、あいまいも嫌い、はっきりものを言う熱血派ですから結果が明確な仕事が適しています。対人関係で頑張るよりも、計算したり規則を守ることで成果の上がる分野で力を発揮。アドバイザーがいれば○です。

適職

スポーツ選手、教職員、レポーター、作詞・作曲家、俳優、医師、作家、ドライバー、警察官、学習塾、農業

不適職

スチュワーデス、秘書、芸能マネージャー、セールス、事務職、飲食店、喫茶店、マスコミ、介護福祉関連

ホワイトエンジェル

20 もの静かなひつじ

ブラックデビル

50 落ちこみの激しい黒ひょう

ラッキーカラー　茶

●ホワイトエンジェルはベストパートナー、ブラックデビルは避けたほうがいいキャラです

「パワフルな虎」の有名人

- 飯田圭織
- 石川梨華
- 内山理名
- 加藤 茶
- KEN
- 坂口憲二
- 新庄剛志
- 知念里奈
- 葉月里緒菜
- みのもんた
- 森田 剛

60 慈悲深い虎

親切で、文句なしの人気者。理想をかかげるロマンチストの面も

慈悲深く、繊細な気づかいができるので、交友関係は広く、とくに年上の人にかわいがられます。温かな人柄は周囲をホッとさせ、同性にも異性にも人気者。いつも高い理想を抱き、積極的にアプローチしますが、理想をはばむ者に対しては向こう見ずに立ち向かってケガをすることも。また目的を果たすことにこだわりすぎると視野が狭くなり、自己顕示欲ばかりが目立って仲間から浮いてしまう危険大。お金の計算が上手で、貯めるのも使うのも合理的。バランス感覚抜群です。

「慈悲深い虎」はこんなタイプが好き

♀ 謙虚で控えめだけれどじつは能力が高い、という人が好み。彼女のよさをお世辞抜きの的確な言葉でほめる人も大歓迎。

♂ 理想に向かって一緒に頑張ってくれる元気な彼女が好みです。頭がよく、前向きでこだわらない性格ならベスト。

●30〜31ページに見方の説明があります

6年間の恋の行方（リズム）

レインドロップ
雨露

2008年
収穫期
完　結

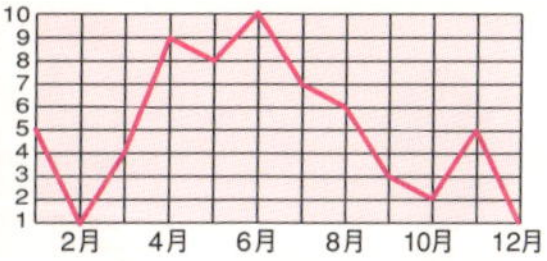

2011年
開墾期
整　理

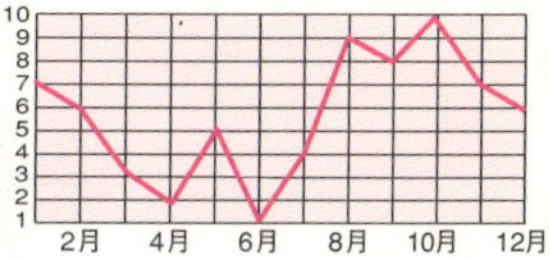

2009年
収穫期
転　換

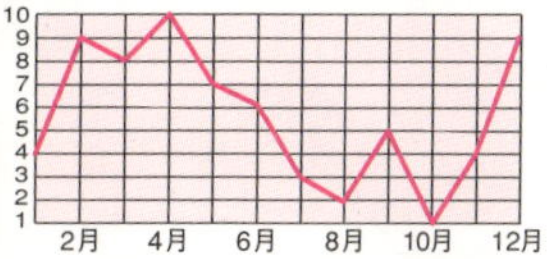

2012年
発芽期
浪　費

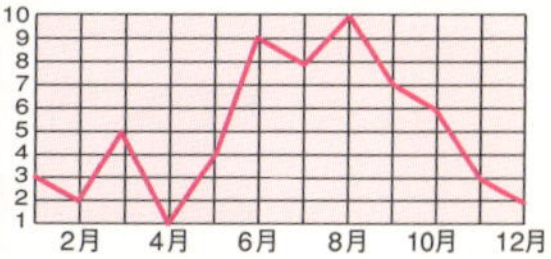

2010年
開墾期
学　習

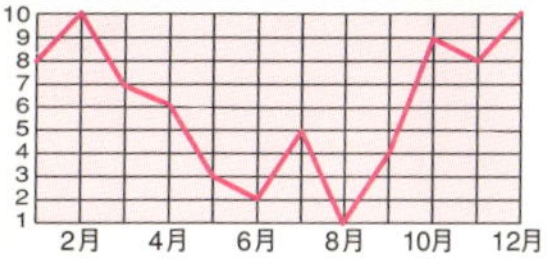

2013年
発芽期
活　動

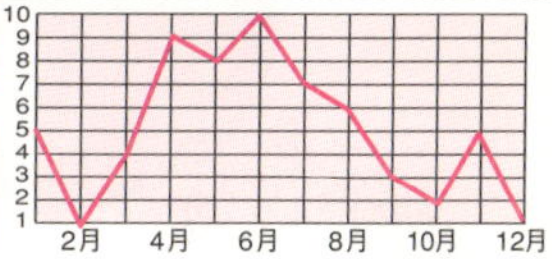

●ポイントが高いほど恋愛運も良好です

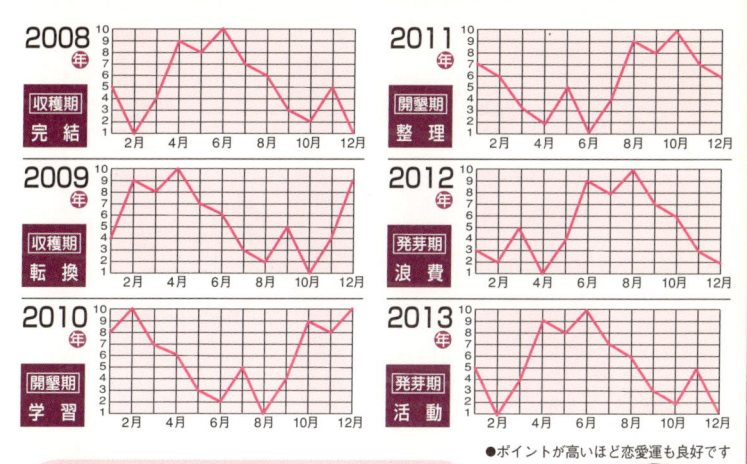

「慈悲深い虎」の仕事ぶり

人に使われるより ささやかでもまずは独立

指図されたり、下積みの仕事ではストレスをためてしまうタイプです。小規模でも独立して、若いうちから自分の理想に沿った働き方を。経営者を目指しても、独自の世界をきわめても成功できます。金銭感覚のセンスを生かす仕事も成果○。

適職　俳優、開業医、評論家、政治家、税理士、会計士、弁護士、弁理士、警察官、ドライバー、個人事業主、自営業、音楽関係、金融関係

不適職　スチュワーデス、コンパニオン、保母、公務員、秘書、管理人、食料品店、衣料品店、花屋、書店、スーパー経営、造園業、宗教関係

ホワイトエンジェル

15 どっしりとした猿

ブラックデビル

45 サービス精神旺盛な子守熊

●ホワイトエンジェルはベストパートナー、ブラックデビルは避けたほうがいいキャラです

ラッキーカラー　紫

「慈悲深い虎」の有名人

●明石家さんま
●王貞治
●桑田佳祐
●ケイゴ
●鈴木亜美
●タモリ
●中谷美紀
●錦織 圭
●原沙知絵
●HISASHI
●松雪泰子

2 社交家のたぬき

まじめで飾りけのない人柄。自制心、警戒心が強くがんこな一面も

　穏やかで人あたりのよい人。見かけのカッコよさより、伝統あるものにひかれます。自制心が強く、相手に合わせて自分の出方を考えるので、弱気でひっこみ思案に見られがちですが、実際は自説を絶対曲げないがんこ者。相手が自分にとってプラスかどうかを冷静に見抜き、表面だけ合わせているということも。でも本質的にはとても温かな人柄。ボランティア精神にあふれ、辛抱強く人に尽くします。ちょっと抜けたところがあるのも愛嬌で、みんなにかわいがられます。

「社交家のたぬき」はこんなタイプが好き

♀ 信念をもって独自の道を歩んでいく快活な人が好き。どちらかといえば、母性本能をくすぐる年下にひかれます。

♂ 小さなことを気にせず、度胸あるサッパリとした人が好み。独立心旺盛で、努力しながら突き進む姿にあこがれます。

●30〜31ページに見方の説明があります

6年間の恋の行方（リズム）

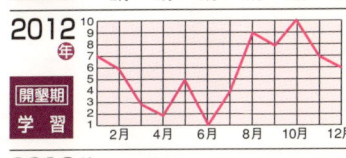

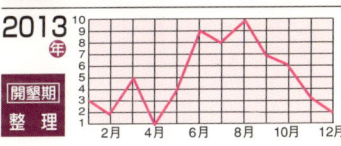

サンフラワー
草花

2008年
開花期
成果

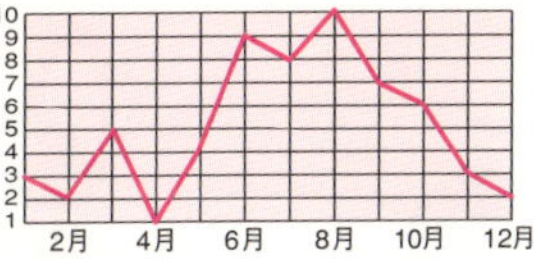

2011年
収穫期
転換

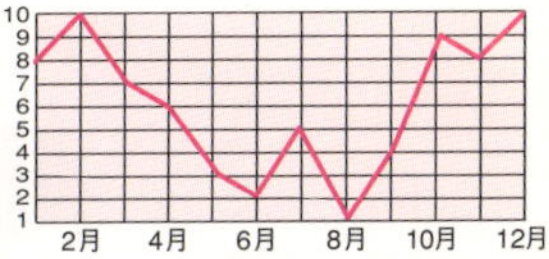

2009年
開花期
投資

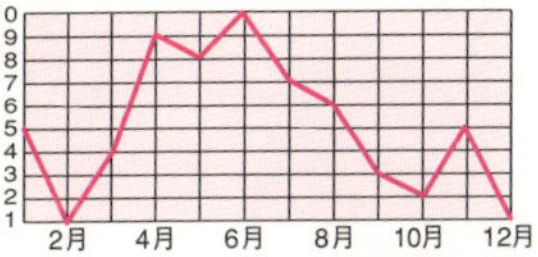

2012年
開墾期
学習

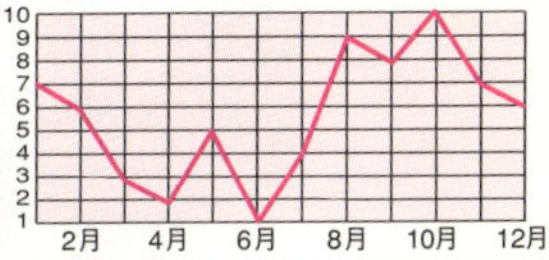

2010年
収穫期
完結

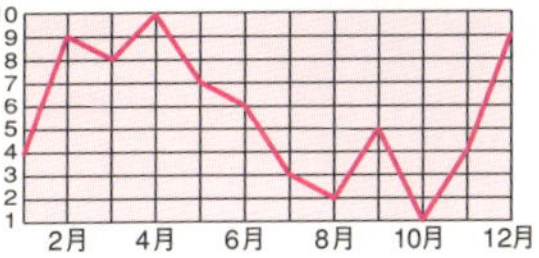

2013年
開墾期
整理

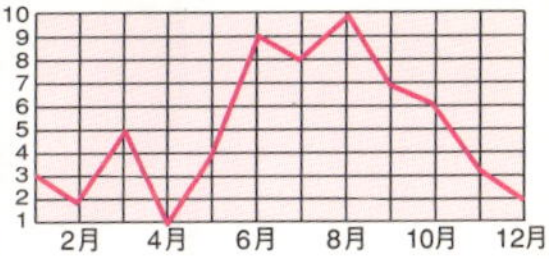

●ポイントが高いほど恋愛運も良好です

「社交家のたぬき」の仕事ぶり

手がたい仕事ぶりに高い評価。慎重すぎるとチャンスを逃す

まじめにコツコツと１つのことに打ちこむ姿勢は、上司から高く評価されます。縁の下の力もち的な仕事に就くと、寝食を忘れて一生懸命に取り組み、自分の能力をフルに発揮できるでしょう。スピードや即断が必要な仕事は×。

適職

教師、学習塾講師、国家公務員、書道家、華道家、落語家、占い師、料理研究家、服飾デザイン関連

不適職

セールス、コピーライター、スーパー経営、広告代理店、ディスカウントショップ経営、証券会社、金融業

ホワイトエンジェル

37 まっしぐらに突き進むゾウ

ブラックデビル

7 全力疾走するチータ

ラッキーカラー　黄緑

●ホワイトエンジェルはベストパートナー、ブラックデビルは避けたほうがいいキャラです

「社交家のたぬき」の有名人

●安藤政信
●蟹江敬三
●KAN
●後藤真希
●小宮悦子
●舘ひろし
●野島千桂
●前田 愛
●マドンナ
●綿矢りさ

8 磨き上げられたたぬき

見えないところでの努力が信条。出番を待って着々と成果を上げる

愛想のよい温和な印象です。上下関係をはっきりつけて対人関係に気をつかい、いやなことがあっても顔に出しません。でも実際は人を鋭く見抜いてしまうので、内心の好き嫌いは激しく、本音と建前を上手に使い分けます。プライドが高く、独自の人生観があり、自分だけを信じる人。将来の成功を確信し、負ける勝負はたくみに避け、物事にねばり強く取り組みます。日頃から仕事や人間関係でがまんを重ねているだけに、まれに本来の短気な性質が一気に爆発することも。

「磨き上げられたたぬき」はこんなタイプが好き

♀ デリケートで冴えわたる知性をもった男性にひかれます。笑顔を絶やさず見守っていてくれるやさしさに弱い面も。

♂ 見た目のカッコよさよりも、知的で繊細、現実を見きわめる確かな目をもった古風で奥ゆかしい女性が好みです。

●30〜31ページに見方の説明があります

6年間の恋の行方（リズム）

宝石《ジュエリー》

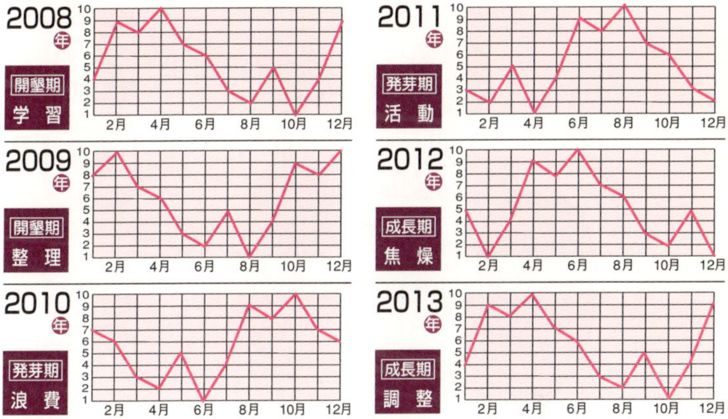

●ポイントが高いほど恋愛運も良好です

「磨き上げられたたぬき」の仕事ぶり

ねばり強さで成功をつかむ。組織の中では参謀的存在

若いうちに自分の才能や特性に気づくことで、社会的に大きな成功をつかみます。ただし、何でもできると過信していると、仕事が定まらなくなるので要注意。穏やかな印象で争いを好まないため、組織の中で上手に地位を築いていけます。

適職　大学教授、予備校講師、アナウンサー、経営コンサルタント、書道家、中小企業経営者、大企業サラリーマン、宗教関係

不適職　スポーツインストラクター、エンジニア、開業医、パイロット、評論家、外資系企業、寝具店、貿易業、コンピューター関係

ホワイトエンジェル

43 動きまわる虎

ブラックデビル

13 ネアカの狼

●ホワイトエンジェルはベストパートナー、ブラックデビルは避けたほうがいいキャラです

ラッキーカラー　白

「磨き上げられたたぬき」の有名人

●赤井英和
●安住紳一郎
●石塚義之
●今田耕治
●北川悠仁
●島袋寛子
●鈴木紗理奈
●土井敏之
●とよた真帆
●長谷川理恵
●優香

41 大器晩成のたぬき

あせらず確実に実力を蓄積。待ちの姿勢で成功する大物の器

いつも控えめで温かい雰囲気をもっているので、誰からも好かれます。相手の気持ちを気にしすぎて心は常に疲れがちですが、優れた直感力や洞察力で相手を見ることは忘れません。理屈っぽい人生観をもたずに経験を尊重する現実派で、よくも悪くも執着心のなさが特徴。権力に逆らわず、過去にこだわらず、淡々と前向きに進んでいきます。野心がないとも言えますが、吸収力はあるので、ねばり強く実力を蓄えれば年齢を重ねるほどに成長し、やがては影の実力者に。

「大器晩成のたぬき」はこんなタイプが好き

♀ こまやかな気づかいができ、落ちついた雰囲気をもった人が好み。社会的に実力のある年配の男性にひかれます。

♂ 積極的で活発、ユーモアにあふれたチャーミングな女性が大好き。自分のことを頼りにしてくれると喜びます。

●30～31ページに見方の説明があります

6年間の恋の行方（リズム）

大樹《ビッグツリー》

2008年　開花期　投資

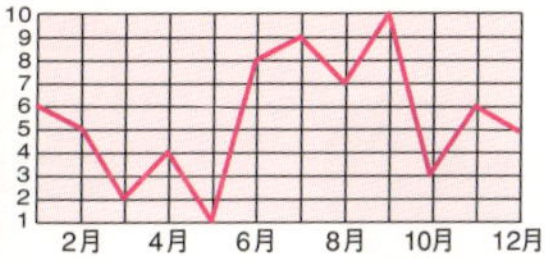

2009年　開花期　成果

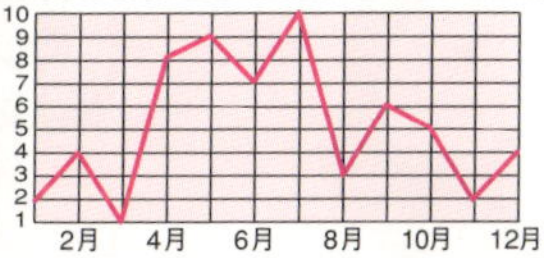

2010年　収穫期　転換

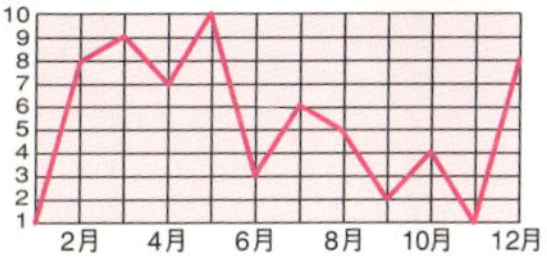

2011年　収穫期　完結

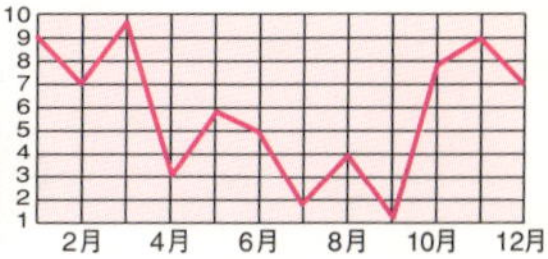

2012年　開墾期　整理

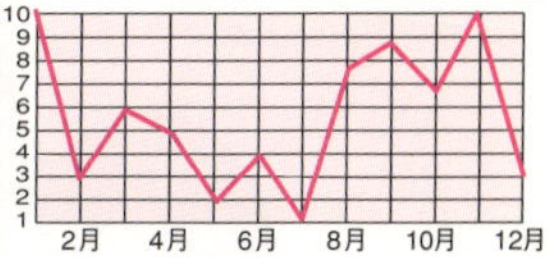

2013年　開墾期　学習

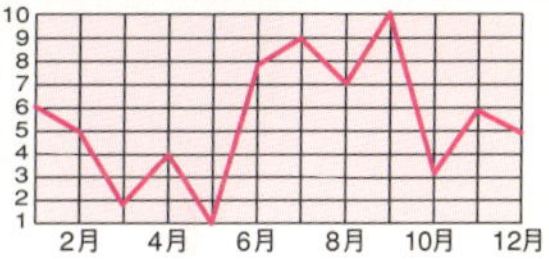

●ポイントが高いほど恋愛運も良好です

「大器晩成のたぬき」の仕事ぶり

組織の中で順応できる。中年期以降に運気が到来

　自然の流れに身を任せて、組織の中で波風立てずに順応できるタイプなので、上司から重宝がられます。大きな失敗もなく、無難に仕事をこなしていけば中年期以降の運気は開けるでしょう。体よりも頭を使う仕事が向いています。

適職

教職員、ピアノ教師、国家公務員、作家、大企業サラリーマン、政治家、学習塾経営、囲碁将棋教室、法律関係

不適職

ファッションモデル、スチュワーデス、プロスポーツ選手、外科医、パイロット、警備保障会社、運送業、サービス業、広告営業

ホワイトエンジェル

46　守りの猿

ブラックデビル

16　子守熊のなかの子守熊

ラッキーカラー　深緑

●ホワイトエンジェルはベストパートナー、ブラックデビルは避けたほうがいいキャラです

「大器晩成のたぬき」の有名人

- ●市川染五郎（7代）
- ●金子賢
- ●唐沢美帆
- ●金城綾乃
- ●小雪
- ●関根 勤
- ●竹内結子
- ●玉城千春
- ●中山史奈
- ●野々村真
- ●東野幸治
- ●恵 俊彰

47 人間味あふれるたぬき

テキパキ機敏な行動力を発揮。控えめに見えてじつは熱い人

礼儀正しく、「誠実、勤勉、忍耐」がモットーの模範的な人。学校や会社では無難なまとめ役として厚い信頼を得るでしょう。表面的にはもの静かで繊細な印象ですが、内には燃えるようなファイトがみなぎる努力家で、少々のダメージにもへこたれずにガッツで突き進みます。名声や地位を得るためにではなく、勉強することや仕事することそのものを楽しむうちに成功してしまうタイプ。芸術的な才能にも恵まれているので、いつのまにか周囲に一目置かれる存在に。

「人間味あふれるたぬき」はこんなタイプが好き

♀ 自然体で、仕事も恋愛もひたすら情熱を傾ける一途な人が好きです。独自の世界観をもったユニークな人もＯＫ。

♂ 礼節をわきまえた古風でまじめな人が好み。ルックスよりも性格重視で、おおらかで明るい人がベストです。

●30～31ページに見方の説明があります

6年間の恋の行方（リズム）

鉱脈《メタル》

2008年

開墾期

整理

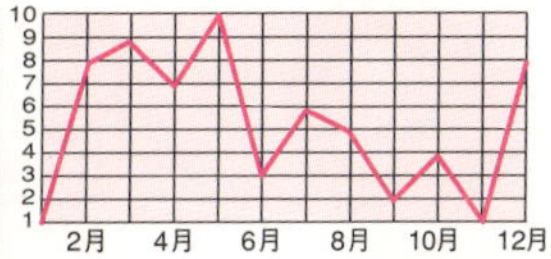

2011年

発芽期

浪費

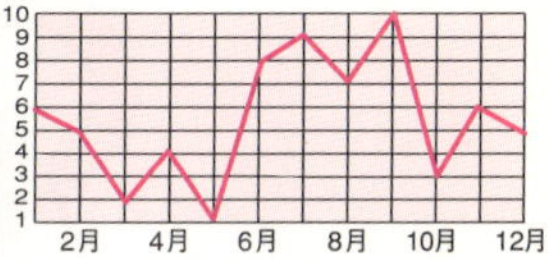

2009年

開墾期

学習

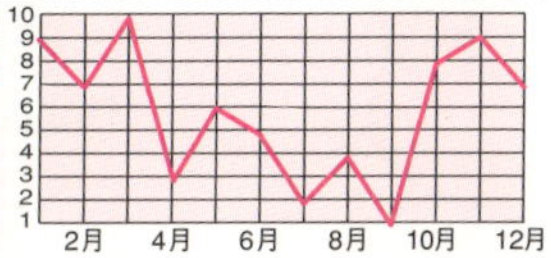

2012年

成長期

調整

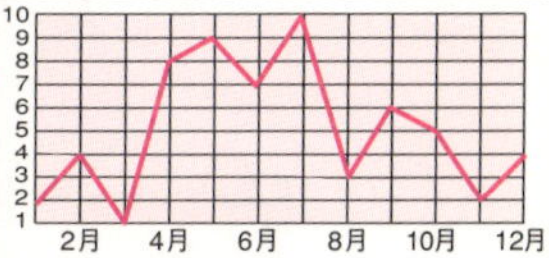

2010年

発芽期

活動

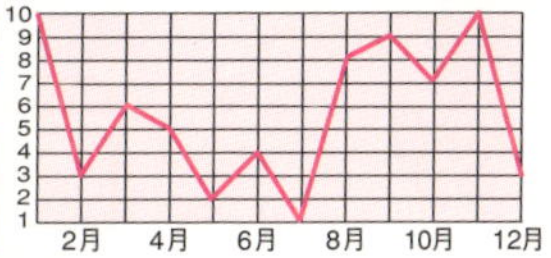

2013年

成長期

焦燥

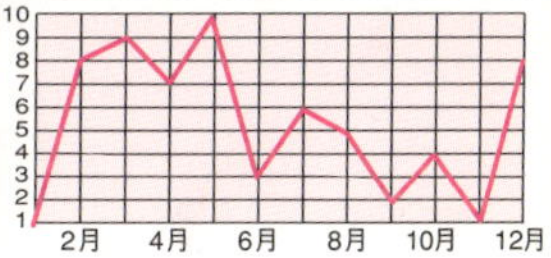

●ポイントが高いほど恋愛運も良好です

「人間味あふれるたぬき」の仕事ぶり

ねばりと根性で仕事をこなす。情の厚さが心労のもとに

　興味のある仕事は徹底的にこだわって一途に取り組みます。とくに後輩の指導や教育をするような立場になると、より実力を発揮。上司からも部下からも信頼されますが、情が厚いので、心情的に上と下の板ばさみになって苦労することも。

適職　国家公務員、教職員、薬剤師、コンピュータープログラマー、風水師、インストラクター、自動車教習所教員、医療・看護業

不適職　馬主、プロスポーツ選手、フリーライター、証券会社、広告代理店、芸能界関係、水商売、レジャー産業、不動産関係、マスコミ関係

ホワイトエンジェル

52 統率力のあるライオン

ブラックデビル

22 強靭な翼をもつペガサス

●ホワイトエンジェルはベストパートナー、ブラックデビルは避けたほうがいいキャラです

ラッキーカラー　グレー

「人間味あふれるたぬき」の有名人

●上村愛子
●片山虎之助
●坂本昌行
●佐藤仁美
●TAKURO
●中村玉緒
●藤井フミヤ
●藤崎奈々子
●山瀬まみ
●YOU

4 フットワークの軽い子守熊《コアラ》

意志の強い頑張り屋さん。
鋭い直感で人を見抜く

おとなしそうな外見に似合わず、きびきびと活動し、調子がよく、社交的。せっかちなので早とちりや失言も多いのですが、憎めない存在です。内面は、好き嫌いが激しく負けず嫌い。理想を実現するための意志もがんこな自信家です。鋭い計算力で事の本質を見きわめ、相手の心を見抜いて先手を打つ直感力の鋭さはピカイチ。そのため、警戒心や猜疑心が強く、人の話を簡単には信じませんが、生来の楽天性が顔を出すとカンの冴えを失います。金銭はしっかり締める倹約家。

「フットワークの軽い子守熊」はこんなタイプが好き

♀ 物事にこだわらない明るくおおらかな男性が好み。新しいことに果敢にチャレンジする姿に惚れこみます。

♂ 好みはかなりマニアック。スマートな生き方が似合う魅惑的な女性やちょっと生意気で勝ち気な人にひかれます。

●30〜31ページに見方の説明があります

6年間の恋の行方（リズム）　灯火《キャンドル》

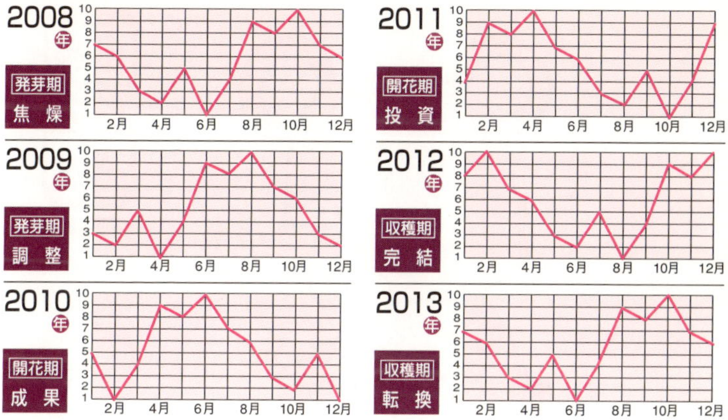

●ポイントが高いほど恋愛運も良好です

「フットワークの軽い子守熊」の仕事ぶり

頭を使う仕事で実力発揮。上司に恵まれると安定

　人を見る目があるので人事や管理部門の仕事が適職。でも先行きの見通しには甘い面があるので、独立するのは考えものです。挫折しても再びチャンスが訪れるという強運のもち主。目上の言葉に耳を傾けると運気が開けます。

適職

添乗員、作家、宗教家、占い師、国家公務員、水商売、人事・総務関係、保険会社、化粧品会社、料理業界

不適職

ドライバー、弁護士、外交官、警察官、セールス、マスコミ関係、運送業、土木建築関係、レジャー関係

ホワイトエンジェル

59 束縛をきらう黒ひょう

ブラックデビル

29 チャレンジ精神旺盛なひつじ

ラッキーカラー　オレンジ

●ホワイトエンジェルはベストパートナー、ブラックデビルは避けたほうがいいキャラです

「フットワークの軽い子守熊」の有名人

- 秋山真一郎
- 浅野忠信
- 伊藤大介
- 太田 光
- ケンタロウ
- 寺門ジモン
- 東儀秀樹
- 永作博美
- ハリソン・フォード
- 役所広司

10 母性豊かな子守熊《コアラ》

母性豊かな世話好きで信頼感あり。二面性のギャップも魅力のうち!?

　ものわかりがよく世話好きで、とくに年下からの信頼が厚い人です。でもプライドが高く、猜疑心も強いので、物事は常に自己中心。中傷や障害に出合うと、温厚な外見からは想像できない激しさをあらわします。それは友人のプライドが傷つけられたときも同じで、名誉挽回に必至に奔走。行動力抜群で頭の回転も早いので、思い立ったらじっとしていられません。人の意表を突く大胆なことをして周囲を振り回したり、仲間とテンポが合わずに自分自身が苦労することも。

「母性豊かな子守熊」はこんなタイプが好き

♀ インテリジェンスあふれる聡明さと落ちついた態度で、やさしく相談に乗ってくれる大人の男性にあこがれます。

♂ のびのびとして明るく活発な女性が好み。頭の回転がよく、自分のテンポに即ついてこられる人ならさらにgood。

●30～31ページに見方の説明があります

6年間の恋の行方（リズム）

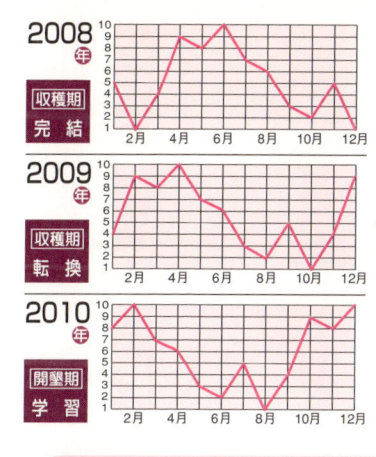

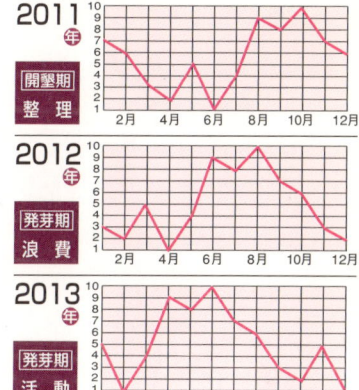

雨露《レインドロップ》

2008年　収穫期　完結

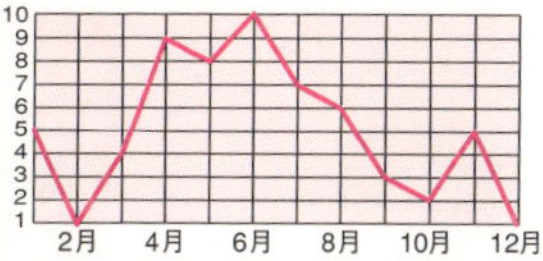

2009年　収穫期　転換

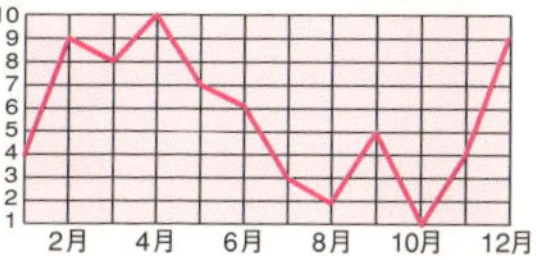

2010年　開墾期　学習

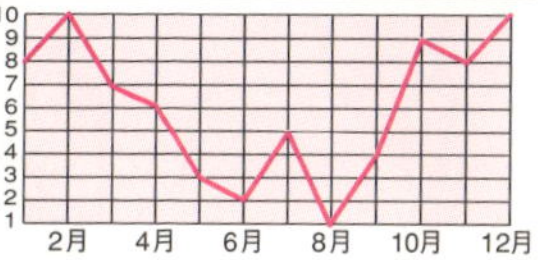

2011年　開墾期　整理

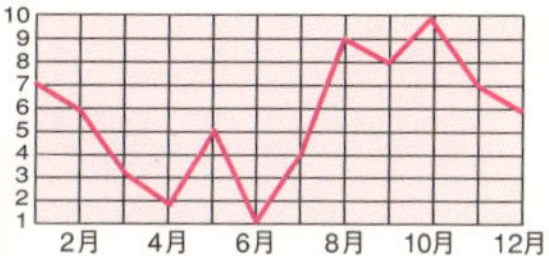

2012年　発芽期　浪費

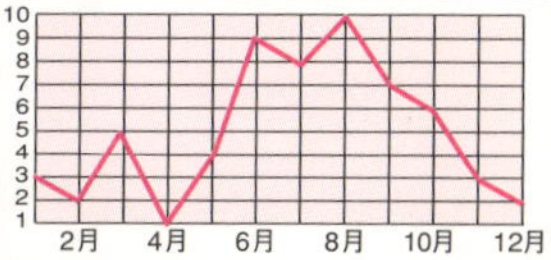

2013年　発芽期　活動

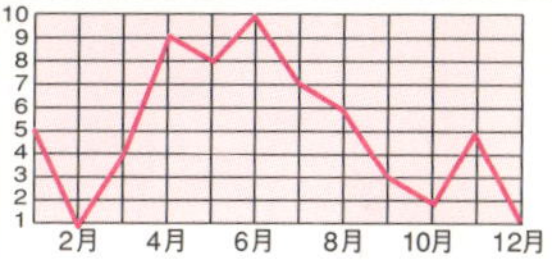

●ポイントが高いほど恋愛運も良好です

「母性豊かな子守熊」の仕事ぶり

能率主義で確実な成果。周囲との協調を心がけて

　仕事の効率や合理化を重んじる努力家で、成功するチャンスに恵まれます。でも自己中心的で感情の起伏が激しく、競争心も負けん気も強いので、敵を作ってしまう恐れ大。的確なアドバイスが引き出せる人脈を作っておけば安心です。

適職　茶道・華道の師範、ドライバー、スポーツ選手、スポーツインストラクター、教育者、学習塾経営、広告代理店、飲食関係

不適職　コンピュータープログラマー、グラフィックデザイナー、メイクアップアーティスト、企画開発、マスコミ関係、農業、漁業

ホワイトエンジェル

5 面倒見のいい黒ひょう

ブラックデビル

35 頼られるとうれしいひつじ

●ホワイトエンジェルはベストパートナー、ブラックデビルは避けたほうがいいキャラです

ラッキーカラー　紫

「母性豊かな子守熊」の有名人

- 神田うの
- 樹木希林
- 真田広之
- 鈴木史朗
- 富田靖子
- 中川敬輔
- 長瀬智也
- 長野　博
- 野茂英雄
- 宮崎あおい

16 子守熊《コアラ》のなかの子守熊《コアラ》

臆病だけど楽天的。好き嫌いが激しく気まぐれな面も

明るく素直で若々しく、人あたりがやわらかいので好感をもたれます。神経が細く臆病ですが、案外、世渡り上手。しっかり金銭を管理し、転んでもタダでは起きないちゃっかり屋です。お人好しなので頼まれると断れずに窮地に追われることもありますが、内心の好き嫌いははっきりしていて、いやな人がどんなに困っていても知らんぷりということも。慎重で律儀な面と楽天的で気まぐれな面をあわせもちます。長期的に物事を考え、最後に笑うのは自分だと思っています。

「子守熊のなかの子守熊」はこんなタイプが好き

♀ 知性と落ちつきをもった父親のような頼りがいある人が好き。それでいて、年下の面倒を見て愛してしまうことも。

♂ 臆病な自分とは反対の、物怖じしないハツラツとした女性、無邪気でかわいらしいタイプが大好きです。

●30～31ページに見方の説明があります

6年間の恋の行方（リズム）

フィールド
大地

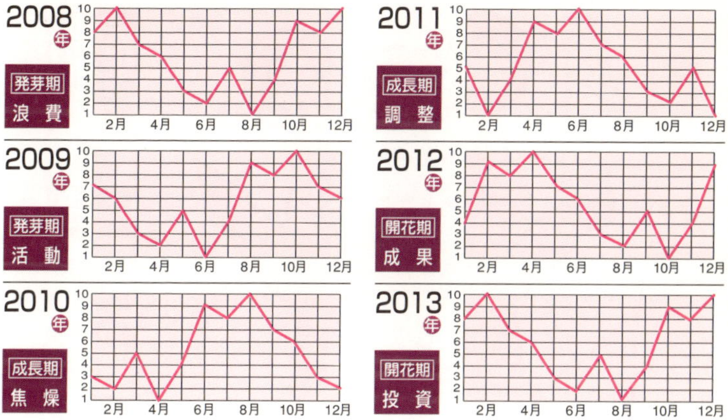

●ポイントが高いほど恋愛運も良好です

「子守熊のなかの子守熊」の仕事ぶり

仕事では器用と堅実がウリ。人づきあいはほどほどに

世渡り上手で何でもそつなくこなす器用さがあるので組織の中で堅実な立場を築くのが○。度胸はないので、表舞台に立つよりフォロー役に回ったほうが成功します。人間関係に神経をすり減らし、ヘトヘトにならないよう注意を。

適職

国家公務員、マネージャー、税理士、ドライバー、警察官、行政書士、造園業、ホテル・旅館業、水商売

不適職

政治家、カメラマン、アナウンサー、司会業、コンサルタント、広告代理店、貿易業、商社、芸能界関係

ホワイトエンジェル

11 正直なこじか

ブラックデビル

41 大器晩成のたぬき

ラッキーカラー 黄

●ホワイトエンジェルはベストパートナー、ブラックデビルは避けたほうがいいキャラです

「子守熊のなかの子守熊」の有名人

- 岩崎ひろみ
- 上原浩治
- 軽部真一
- 岸谷五朗
- 久米 宏
- 椎名純平
- 高橋由伸
- 中田英寿
- 原田龍二
- 村上てつや
- 米倉涼子

33 活動的な子守熊《コアラ》

俊敏な行動力で時代を先どり。外見は素朴でも損得には敏感

外見は素朴でおとなしい雰囲気ですが、頭の回転が早く要領もいいので、周囲の印象は「デキる人」。社会の動きに敏感に反応し、時代を先どりしながら、常にトップをねらう活動的な勝負師です。本心は涙もろい演歌の人なのに、神経質で自己中心的な面があり、利害関係やコストパフォーマンスにはとても敏感。人を能力だけで判断するなど、損得計算だけで物事を考え、冷酷さが目立ってしまうことも。目標達成への執着心は人一倍ですが、カンに頼るので失敗もあり。

「活動的な子守熊」はこんなタイプが好き

♀ 悠然と落ちついた態度で理想を追い求めていく静かなる情熱家がタイプ。ワイルドな人よりスマートな人が好き。

♂ 甘えん坊で自分を頼ってくれる女性に弱いけれど、本心ではどっしりと肝のすわった姉御肌の女性にあこがれます。

●30～31ページに見方の説明があります

6年間の恋の行方（リズム）　太陽《サンシャイン》

2008年

成長期
調整

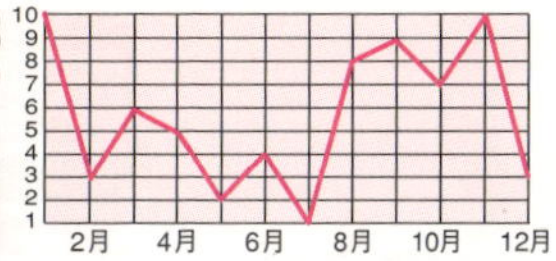

2011年

開花期
成果

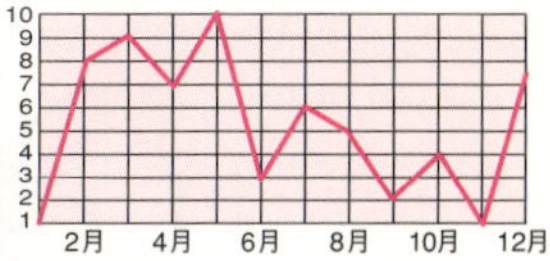

2009年

成長期
焦燥

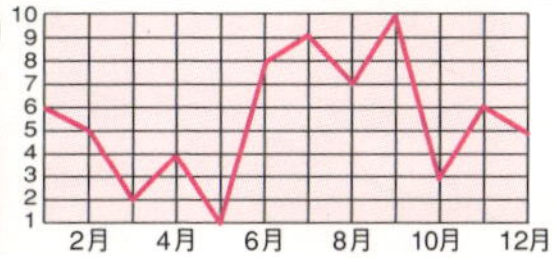

2012年

収穫期
転換

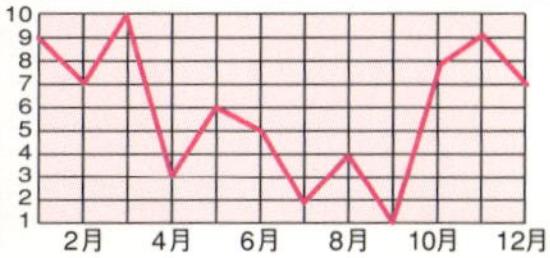

2010年

開花期
投資

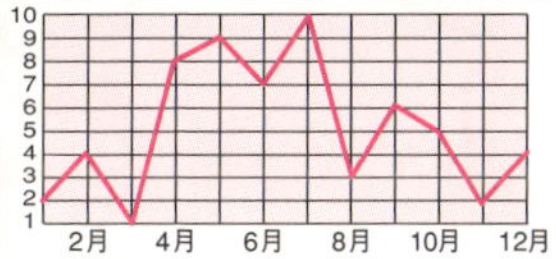

2013年

収穫期
完結

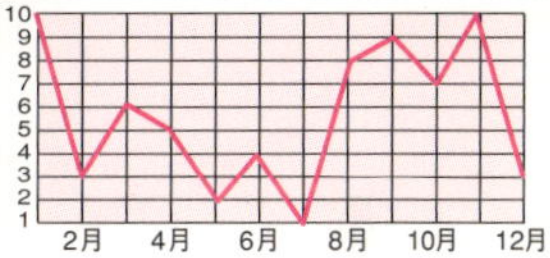

●ポイントが高いほど恋愛運も良好です

「活動的な子守熊」の仕事ぶり

慎重さを身につけコツコツと。芸術的センスもキラリ

　度胸、押し出しの強さ、活動力、堂々とした態度など成功する条件は生まれながらにそろっています。あとは根気と慎重さを身につければ鬼に金棒。政治力もあり、人を率先するリーダーとなれるでしょう。芸術方面に隠れた才能あり。

適職　調理師、作家、研究家、俳優、旅行会社、コンビニエンスストア経営、日用雑貨店、服飾関係、マスコミ関係、コンピューター関係

不適職　スポーツ選手、フライトアテンダント、警察官、国家公務員、検事、弁護士、貴金属店、フラワーショップ、土木建築関係

ホワイトエンジェル
18 デリケートなゾウ

ブラックデビル
48 品格のあるチータ

●ホワイトエンジェルはベストパートナー、ブラックデビルは避けたほうがいいキャラです

ラッキーカラー　赤

「活動的な子守熊」の有名人

●浅野温子
●泉谷しげる
●岡本健一
●北山陽一
●沢口靖子
●柴田理恵
●手塚治虫
●中江有里
●中山秀征
●柳葉敏郎
●ユースケ・サンタマリア

39 夢とロマンの子守熊《コアラ》

独特の個性が光るロマンチスト。短気を自覚し、思慮深く行動

　孤独が嫌いで、穏やかな対人関係を望む社交上手。内面は、豊かな感受性と空想力で夢の実現に向けて努力するロマンチストで、独特のものの見方や哲学的な考え方が魅力です。純粋で人を裏切ることができないので、親切にされると必ず恩返しをする律儀なところがあり、それが人望を集めるもとに。本来は気が短く衝動的になりやすいことを自分でもわかっているので、いつも自分をおさえる心がけも怠りません。仕事にも遊びにも熱心で、両方をバランスよくこなします。

「夢とロマンの子守熊」はこんなタイプが好き

♀ 知性的で落ちつきのある、やさしい人がタイプ。誰に対しても気配りができ、ユーモアのある人気者にあこがれます。

♂ 素直で純粋、理知的な会話が楽しめる女性が好み。わがままでお高くとまったタイプの女性は最も苦手。

●30〜31ページに見方の説明があります

6年間の恋の行方（リズム）

海洋《オーシャン》

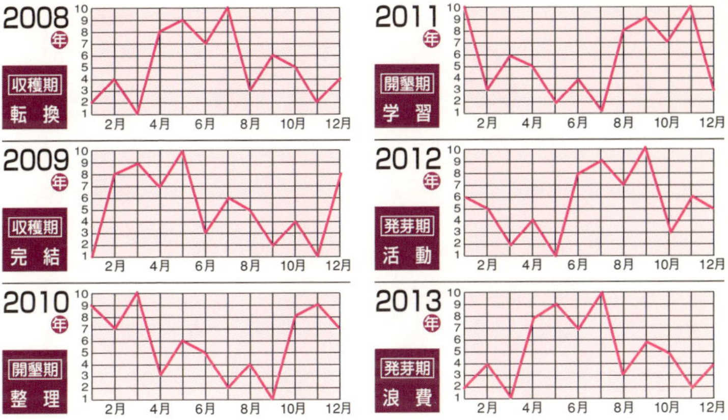

●ポイントが高いほど恋愛運も良好です

「夢とロマンの子守熊」の仕事ぶり

組織の人間関係をスムーズに。周囲に信頼されるまとめ役

金銭感覚に優れ、儲けることにはとても敏感で、仕事に堅実に取り組み実績を上げます。お金の管理もきっちりしているので、管理部門の仕事は最適。組織の相談役としても高い評価を得るでしょう。教育分野にも力を発揮。

適職

教育コンサルタント、保険セールス、スナック経営、貿易商、組織の管理部門・教育部門、不動産業

不適職

スポーツ選手、外交官、官僚、検事、インテリアデザイナー、コンビニエンスストア、芸能界関係、土木建築関係

ホワイトエンジェル 24 クリエイティブな狼

ブラックデビル 54 楽天的な虎

ラッキーカラー 黒

●ホワイトエンジェルはベストパートナー、ブラックデビルは避けたほうがいいキャラです

「夢とロマンの子守熊」の有名人

- 阿部 寛
- 石原さとみ
- 上原多香子
- 川島なお美
- 小西美帆
- 坂井真紀
- 田原健一
- 西川貴教
- 辺見えみり
- 的場浩司
- 渡辺満里奈

45 サービス精神旺盛な子守熊《コアラ》

円満な人間関係を築く、気品と教養をそなえた人格者

ひょうひょうとした態度の中に温かさを感じさせるフランクな人柄です。直感力や美的感覚に優れたロマンチストで、気品と教養もあり、周囲に尊敬の念を抱かせます。穏やかな人間関係を保つために、旺盛なサービス精神を発揮するので、人にはやや八方美人と受け止められがち。でも内には、猛威をふるう権力に対しても、筋が通らないことはキッパリと拒絶する反骨精神にあふれています。霊感的センスがありますが、現実離れした話をすると孤立することにも。

「サービス精神旺盛な子守熊」はこんなタイプが好き

♀ 気どったところがなく素直な人、まじめで信頼感のもてる人が好みです。意見を率直にはっきり言える人も好き。

♂ 理想と現実のバランス感覚に優れている人に好感をもちます。他の人にはない才能をもっている人にはベタボレ。

●30〜31ページに見方の説明があります

6年間の恋の行方（リズム）

山岳《マウンテン》 

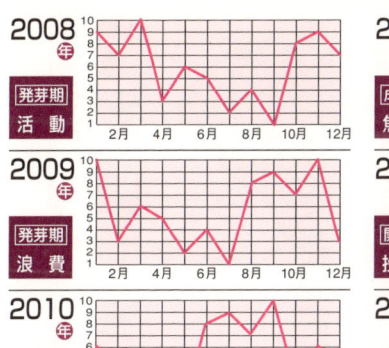

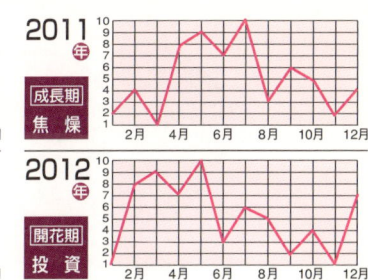

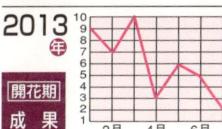

2008年
発芽期 活動

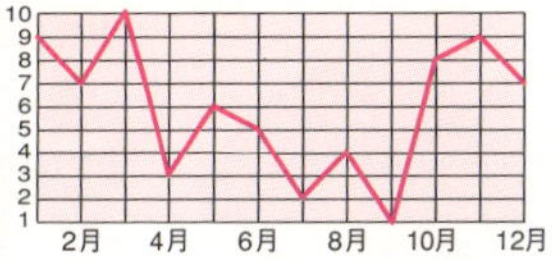

2011年
成長期 焦燥

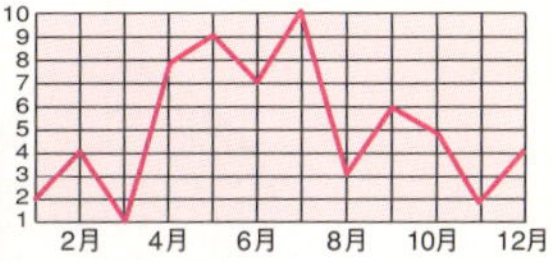

2009年
発芽期 浪費

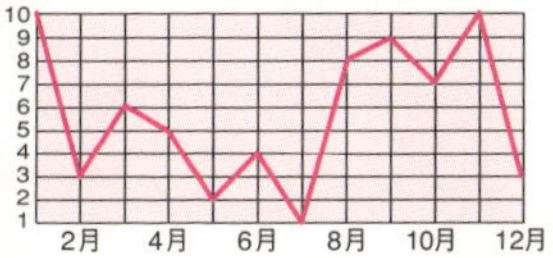

2012年
開花期 投資

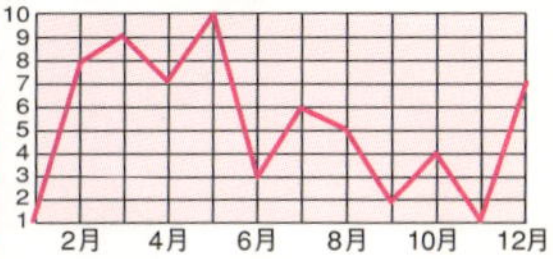

2010年
成長期 調整

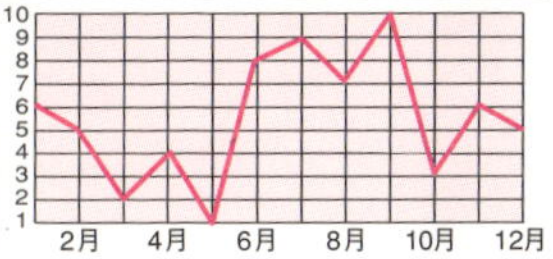

2013年
開花期 成果

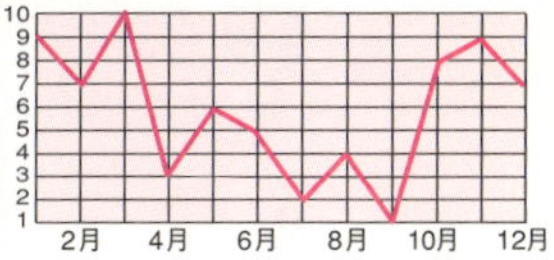

●ポイントが高いほど恋愛運も良好です

「サービス精神旺盛な子守熊」の仕事ぶり

常に一歩引いた冷静さで いつのまにか出世する

カンがいいので、どんな職業でも成果を上げることができます。前に出ようとする気持ちは強いものの、立場をわきまえて1歩引いたところに身を置きます。与えられた仕事は要領よく確実にこなすので、高く評価され信頼されるでしょう。

適職……占い師、中堅企業のサラリーマン、レジャー施設、ホテル・旅館経営、サービス業、マスコミ関係、コンピューター関連

不適職……政治家、アナウンサー、調査員、学者、探偵、評論家、教職員、ドライバー、秘書、冠婚葬祭業、運送業、芸能界関係、情報産業

ホワイトエンジェル

30 順応性のある狼

ブラックデビル

60 慈悲深い虎

●ホワイトエンジェルはベストパートナー、ブラックデビルは避けたほうがいいキャラです

ラッキーカラー 茶

「サービス精神旺盛な子守熊」の有名人

- 秋山 純
- 石井一久
- 河原崎長一郎
- 木村拓哉
- 桜井 翔
- 田中 聖
- 田辺誠一
- 鳥羽 潤
- 羽鳥慎一
- 矢口真里

12 人気者のゾウ

今日できることは必ず今日やる。頼りになる兄貴姉御タイプ

　男性はどこか繊細さのあるインテリ風、女性はサバサバした飾りけのない性格。男女ともに正義感が強く誠実。何ごとにも物怖じせず、積極的にテキパキ行動する、頼りになる兄貴姉御肌です。でも、性格はがんこで人づきあいは苦手。甘えや依存心がないので、誰かに束縛されたりベタベタされる関係を嫌います。いつも沈着冷静で、自分の精神の安定をたくみにキープします。遊びにも熱心ですが、優先するのは仕事で、「今日できることは今日のうちに」がモットーです。

「人気者のゾウ」はこんなタイプが好き

♀ 社会的に成功する可能性を秘めた、情熱的でファイトのある人が好き。ひょうきんでお調子者の男性にも弱い傾向。

♂ 女らしくてキュートな女性が理想。恋愛には不器用なので、甘え上手な女性にコロッと参ってしまうことも。

●30～31ページに見方の説明があります

6年間の恋の行方（リズム）

サンフラワー
草花

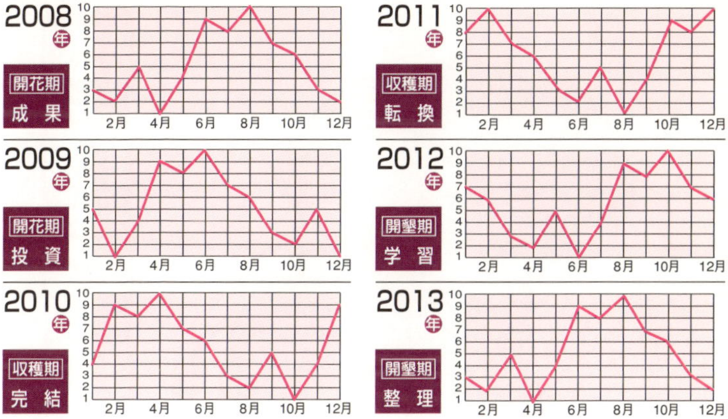

●ポイントが高いほど恋愛運も良好です

「人気者のゾウ」の仕事ぶり

持久力と向学心は人一倍。地道に支える仕事で活躍

他人のご機嫌うかがいが苦手なため、縁の下の力もち的な仕事に向きます。学問や技術面の才能があり、持久力や向学心も旺盛なので、研究職や技術職なども適職。また内面には豊かな感受性をもち、作家など文芸面でも成功しそう。

適職

経営コンサルタント、指圧師、薬剤師、医師、画商、パイロット、調理師、教師、電気・機械技師、コンピューター関連

不適職

警察官、保育士、コピーライター、インテリアデザイナー、マネージャー、ガードマン、水商売、マスコミ関連

ホワイトエンジェル
27 波乱に満ちたペガサス

ブラックデビル
57 感情的なライオン

ラッキーカラー
黄緑

●ホワイトエンジェルはベストパートナー、ブラックデビルは避けたほうがいいキャラです

「人気者のゾウ」の有名人

●石塚英彦
●稲葉浩志
●伊集院光
●高島礼子
●鶴田真由
●永瀬正敏
●畑山隆則
●一青 窈
●細川茂樹
●松任谷由実
●和田アキ子
●渡部篤郎

18 デリケートなゾウ

まじめで、モットーは努力と根性。利害がからむと、人の内緒話に耳ダンボ

冷静沈着でどっしりした風格があり、毅然とした態度に気品があります。女性は清純な印象。男女ともにプライドが高く、潔癖で怒りっぽい面もありますが、根は努力と根性をモットーとするまじめな人。腹を割ったつきあいをするので人の気持ちを察するカンはありませんが、現実的な利害関係には敏感。また、隣の内緒話は聞いているのに、目の前の人の話を聞いていないという変な一面も。考える前にまず行動するタイプなので、1人よがりになりやすい傾向があります。

「デリケートなゾウ」はこんなタイプが好き

♀ 外見より性格重視。物事を合理的に処理できて、堅実な家庭を築ける人が好み。自分がリードできない相手は×。

♂ ひょうひょうとして我が道を行くタイプの女性に弱い傾向が。恋には優柔不断なので、決断力のある相手ならベスト。

●30～31ページに見方の説明があります

6年間の恋の行方（リズム）

ジュエリー
宝石

2008年

開墾期
学習

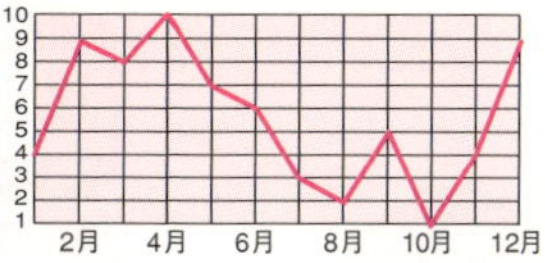

2009年

開墾期
整理

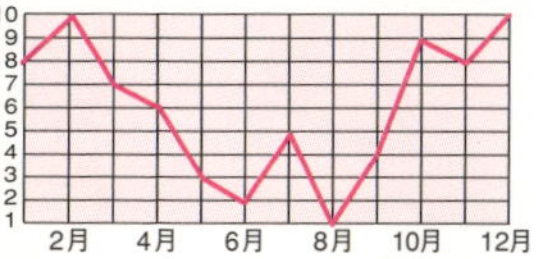

2010年

発芽期
浪費

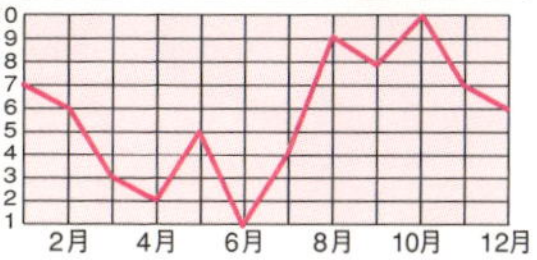

2011年

発芽期
活動

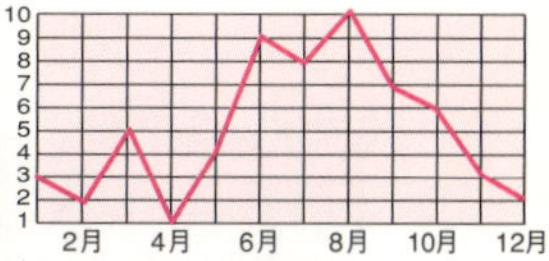

2012年

成長期
焦燥

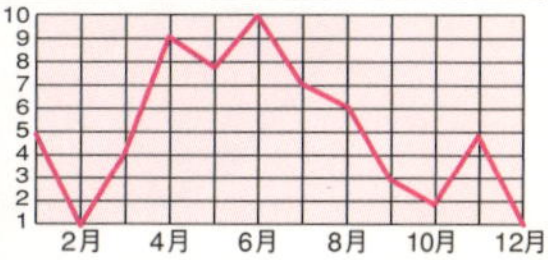

2013年

成長期
調整

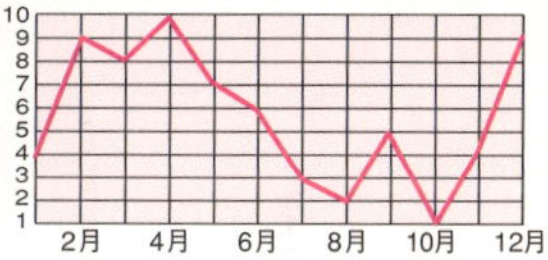

●ポイントが高いほど恋愛運も良好です

「デリケートなゾウ」の仕事ぶり

着実に実績を積み重ねる まじめな創業者タイプ

地味な仕事も嫌がらずに黙々とこなし、着実に実績を重ねて成功します。口よりもまず実行の行動派で、現実的な金銭感覚もあるので、独立創業者になることも多いタイプ。短気なところや内面の尊大さを出さないように注意して。

適職 教師、建築士、保育士、看護婦、勤務医、行政書士、公務員、警察官、作家、指圧師、測量士、電気・機械技師、交通機関関連

不適職 モデル、弁護士、漫画家、司会者、クリエイティブディレクター、編集者、宗教家、広告代理店、楽器店、薬品会社、ホテル・旅館業

ホワイトエンジェル

33 活動的な子守熊

ブラックデビル

3 落ちつきのない猿

●ホワイトエンジェルはベストパートナー、ブラックデビルは避けたほうがいいキャラです

ラッキーカラー 白

「デリケートなゾウ」の有名人

●相葉雅紀
●愛里
●伊藤英明
●KEIKO
●桜井 賢
●篠原涼子
●ＪＩＲＯ
●田中直樹
●中居正広
●武蔵
●矢部浩之
●吉澤ひとみ

31 リーダーとなるゾウ

外面は豪快、内面は素直でひたむき。自分にも他人にも厳しい努力家

　男性は荒削りで豪快。女性は男勝りでしっかりした印象。でも、男女とも内面は素直でひたむき。情緒的な感性はありませんが、愛嬌があって誰とでも分けへだてなくつきあえる人です。勤勉でなまけることが生理的に嫌いな努力至上主義者で、仕事も決して手を抜かず、妥協もしません。ただ、他人にも自分と同じ努力や勤勉さを求めるので、責任感のない人には厳しい面も。また、弱音を吐くのは恥としているので、現実に挫折したときのショックは大きいものがあります。

「リーダーとなるゾウ」はこんなタイプが好き

♀ 我が道を行く個性的でタフな人が好み。共通の趣味や楽しみをもつ仲間の中から未来の恋人候補が出現することも。

♂ 好きなタイプは、明るくのびやかで屈託がない人。独立心旺盛な相手なら、互いに尊敬し合える理想のカップルに。

●30〜31ページに見方の説明があります

6年間の恋の行方（リズム）

ビッグツリー
大樹

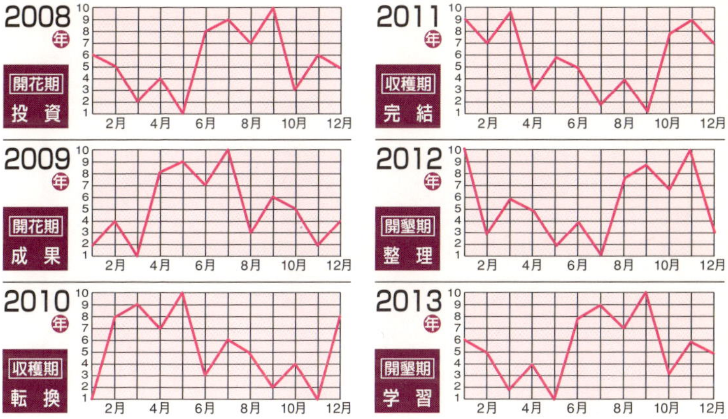

●ポイントが高いほど恋愛運も良好です

「リーダーとなるゾウ」の仕事ぶり

1つのことを深くきわめる徹夜もOKの完ぺき主義者

仕事へのプロ意識が強く、徹夜も平気な完ぺき主義者。スペシャリストを目指す強い意志をもち、1つのことを深く追求するタイプなので、医師や技術者など専門職が適職。情報通で決断力も早いので、独立開業しても成功します。

適職

開業医、政治家、弁護士、評論家、建築士、服飾デザイナー、警察官、貴金属店、牧場、不動産業、貿易業、建設土木業

不適職

レポーター、作曲家、芸人、添乗員、コンパニオン、プランナー、アーチスト、新聞社、マスコミ関連、飲食業、旅行業

ホワイトエンジェル

56 気どらない黒ひょう

ブラックデビル

26 ねばり強いひつじ

ラッキーカラー　深緑

●ホワイトエンジェルはベストパートナー、ブラックデビルは避けたほうがいいキャラです

「リーダーとなるゾウ」の有名人

●石原慎太郎
●五木寛之
●落合博満
●小泉今日子
●ジュード・ロー
●城 彰二
●寺脇康文
●野村萬斉
●水森亜土
●森末慎二

37 まっしぐらに突き進むゾウ

信じた道をまっしぐらに前進。温和で器も大きいけれど、キレたら怖い

折り目正しく上品で、温和な性格。欲のないクリーンな印象です。女性は容姿端麗の美人が多く、色気があるのに媚びないため、同性にも好感をもたれます。男女ともに根気や忍耐力に恵まれた器の大きさが特徴で、どのような環境でも目標に向かってまっしぐらに生きる人。失敗しても落ちこまずに、心を切りかえられる潔さがありますが、内面はデリケートでやや内向的です。かゆいところに手が届くような気配りも上手ながら、身内にはわがままで突然爆発することも。

「まっしぐらに突き進むゾウ」はこんなタイプが好き

♀ 快活で人生に情熱をかけて挑んでいく、知的で積極的な人が好き。でも、体育会系や自己主張の強すぎる人は苦手。

♂ しっとりとした女らしい雰囲気で、どこかもろさを感じさせる人が好み。無神経で大ざっぱな女性はＮＧ。

●30～31ページに見方の説明があります

6年間の恋の行方（リズム）

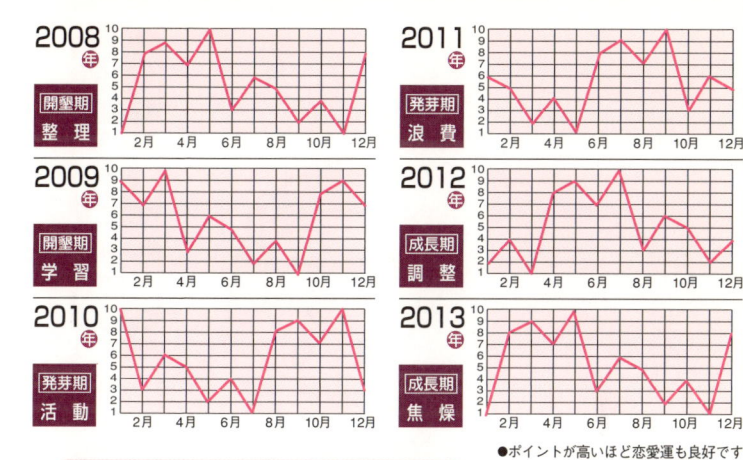

鉱脈《メタル》

2008年

開墾期
整理

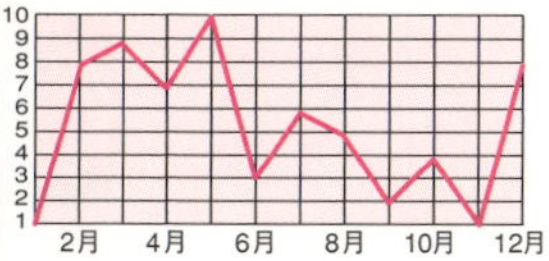

2009年

開墾期
学習

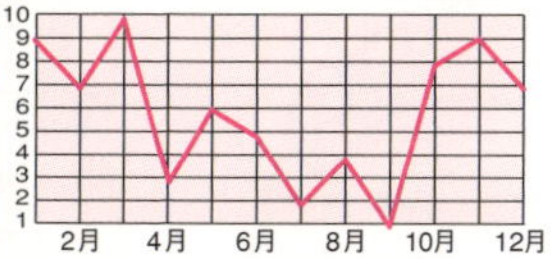

2010年

発芽期
活動

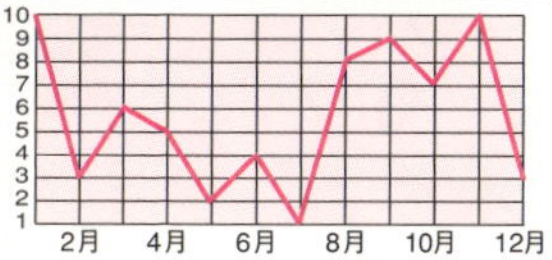

2011年

発芽期
浪費

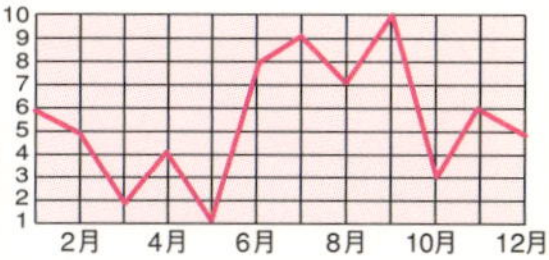

2012年

成長期
調整

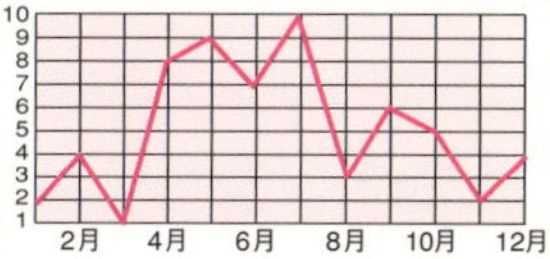

2013年

成長期
焦燥

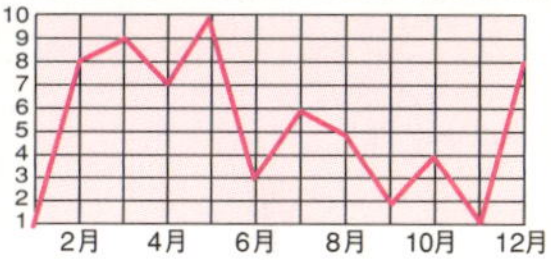

●ポイントが高いほど恋愛運も良好です

「まっしぐらに突き進むゾウ」の仕事ぶり

才能に恵まれた努力家。1人で動ける仕事が適職

時代をとらえるカンがあり、技術や研究分野、芸能面での才能に恵まれた努力家なので、何をやっても成功します。ただ、政治的手腕はあまりなく、組織化は苦手。組織のリーダーよりは、1人で自由に動ける仕事が向くタイプです。

適職　秘書、保育士、添乗員、栄養士、デザイナー、大工、指圧師、警察官、司法書士、電気・機械技師、カメラ店、飲食業、インテリア関係

不適職　看護婦、歯科医、俳優、カウンセラー、ダンサー、ファッションアドバイザー、僧侶、セールス、コンピューター関係

ホワイトエンジェル

2 社交家のたぬき

ブラックデビル

32 しっかり者のこじか

●ホワイトエンジェルはベストパートナー、ブラックデビルは避けたほうがいいキャラです

ラッキーカラー　グレー

「まっしぐらに突き進むゾウ」の有名人

- ●江川達也
- ●遠藤久美子
- ●河村隆一
- ●鈴木京香
- ●速水けんたろう
- ●谷原章介
- ●藤井 隆
- ●水野美紀
- ●山口達也
- ●吉井怜
- ●吉井和哉

14 協調性のないひつじ

ミエをはらず、常にゆったりと。好きになったら一途な激情家の一面も

いつもゆったりとしてミエをはらず、大河の流れのようにゆるやかに生きる人。女性は庶民的で、物腰やわらかなおっとりした性格です。男女とも相手に自分をうまく合わせ、人間関係や考え方にも偏りがありません。面倒見がよく、人から相談されるのも大好き。でも、内面の好みや理想ははっきりしていて、好きなことには一直線になる激情家の一面も。また、表向きは控えめでもプライドは高く、無理な押しつけは拒否。自分の意見を曲げずに、上手に要求を通します。

「協調性のないひつじ」はこんなタイプが好き

♀ スマートに自分をリードしてくれる知的な人が好き。惚れた相手には一途なので、不倫や略奪愛の可能性もあり。

♂ 男勝りで行動的な人が好み。計画性があり経済観念のしっかりした人なら、夢見がちな弱点もフォローしてくれそう。

●30～31ページに見方の説明があります

6年間の恋の行方（リズム）

キャンドル
灯火

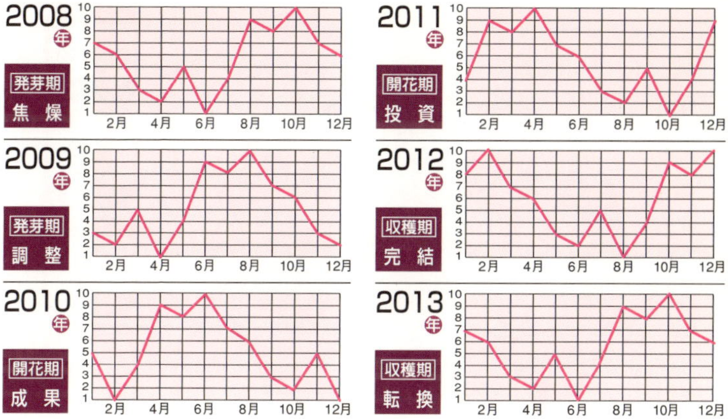

●ポイントが高いほど恋愛運も良好です

「協調性のないひつじ」の仕事ぶり

“平均的”を好む常識人。向上心も強い堅実派

情報収集力と客観的な判断力に優れ、世間からはみ出さない常識派。大きな計画を率先して実行するのは苦手ですが、向上心は強く、堅実な仕事に向いています。芸術的感性や創造力もあり、ねばり強く努力すればアート系での成功も。

適職

公務員、教師、勤務医、作家、俳優、助産婦、幼稚園教諭、保育園経営、経理、飲食業、寺院・神社関係、福祉関連

不適職

評論家、政治家、税理士、司法書士、大工、ドライバー、プログラマー、オペレーター、旅行業、不動産業、接客販売業

ホワイトエンジェル
49 ゆったりとした悠然の虎

ブラックデビル
19 放浪の狼

ラッキーカラー
オレンジ

●ホワイトエンジェルはベストパートナー、ブラックデビルは避けたほうがいいキャラです

「協調性のないひつじ」の有名人

●唐沢寿明
●栗山千明
●後藤理沙
●鈴木誠
●長渕 剛
●西川きよし
●hitomi
●深沢邦之
●水島新司
●山田まりや

20 もの静かなひつじ

穏やかな慎重派。でも、内面は自我が強いがんこ者

人の意見に逆らわずに、穏やかな人間関係を保ち、安全な道を行く慎重派。社会の動きに敏感で、損得計算や駆け引きも上手。主観だけでは行動しません。人あたりはソフトですが、内心は我が強く、考えを曲げないがんこな面も。反面、気分次第で言うことが違うお天気屋の部分もあります。冒険はしませんが理想は高く、とくに女性はまわりの人に対しても過剰な期待と夢を抱きがち。また、人と交流したいけど、１人でもいたいという矛盾した葛藤を心に抱えています。

「もの静かなひつじ」はこんなタイプが好き

♀ 女性にやさしくて、いたわりの心をもった人が好み。腰が低くて温和な人なら、ついプロポーズを受ける気にも。

♂ 個性的で人に媚びない人が理想。誘いを断りきれないタイプなので、女友だちの情にほだされ恋人関係になることも。

●30～31ページに見方の説明があります

6年間の恋の行方（リズム）

雨露《レインドロップ》

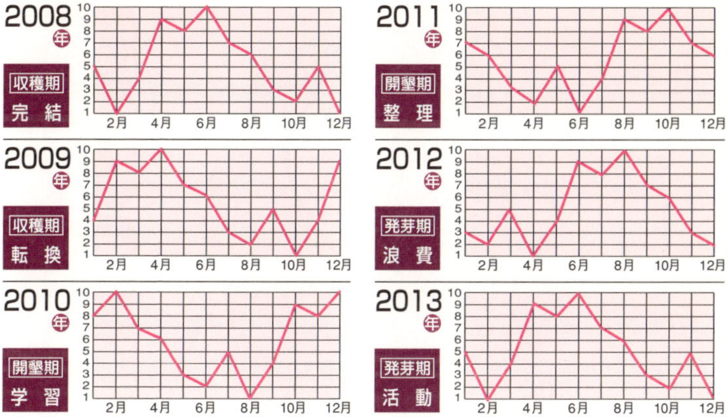

●ポイントが高いほど恋愛運も良好です

「もの静かなひつじ」の仕事ぶり

慎重で損得勘定も大得意。組織改革にも手腕を発揮

常に慎重で手がたい成果を上げるため、仕事上の信頼も厚いタイプ。身体を動かさない分、勉強家で、博識な情報通。損得勘定も得意。体制の中での潤滑油的存在ですが、冷静で権力に媚びないので組織改革などにも手腕を発揮します。

適職　教師、フロアマネージャー、土地家屋調査士、喫茶店経営、本屋、カメラ・電気店、寺院・神社関係、造園・園芸関連

不適職　デザイナー、ガードマン、スポーツ選手、画商、ミュージシャン、システムエンジニア、セールス、水商売、マスコミ業界

ホワイトエンジェル　55 パワフルな虎

ブラックデビル　25 穏やかな狼

●ホワイトエンジェルはベストパートナー、ブラックデビルは避けたほうがいいキャラです

ラッキーカラー　紫

「もの静かなひつじ」の有名人

- 梅宮アンナ
- 岡野玲子
- 小川知子
- 川瀬智子
- 堺 雅人
- 武田真治
- 田中要次
- CHAGE
- 塚本高史
- 堂珍嘉邦
- 中島知子
- 室井 滋

㉓ 無邪気なひつじ

無邪気で心やさしい寂しがり屋。
ゴリ押しせず自分を守る駆け引き上手

大人になりきれない少年少女のような幼さが残る人。考え方は柔軟で、人にも心やさしい気づかいを忘れません。物覚えが早く何でも器用にこなせるため、他人の評価も高いのですが、内心はシャイで気弱。集団から目立って孤立するのがいやなので、めったに本音は言わないタイプです。また、無邪気さの裏に精神的な強さを秘め、相手の出方に合わせてさまざまに駆け引きし、状況を自分の思うとおりに進めます。自分の味方になりそうな人をほめまくる計算高い一面もあり。

「無邪気なひつじ」はこんなタイプが好き

♀ ミステリアスな雰囲気をもつ一途な人にひかれがち。でも、理想の相手はいつもそばにいてくれる温かくてやさしい人。

♂ 自分にないものをもっている人、決断が早くて潔い人が好き。さらにそこに色っぽさが加わればメロメロになりそう。

●30〜31ページに見方の説明があります

6年間の恋の行方（リズム）

サンシャイン
太陽

2008年
成長期
調　整

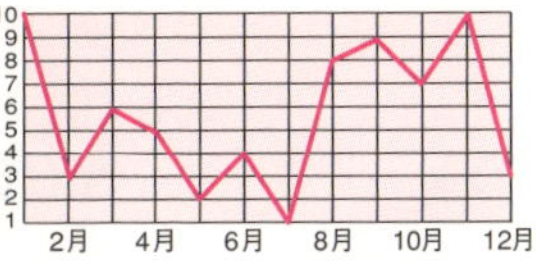

2011年
開花期
成　果

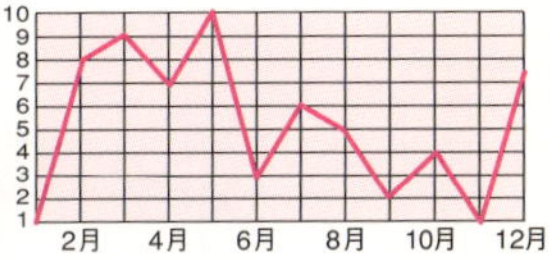

2009年
成長期
焦　燥

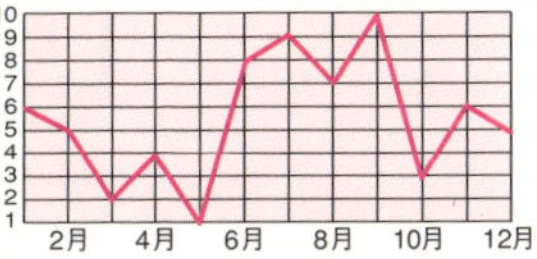

2012年
収穫期
転　換

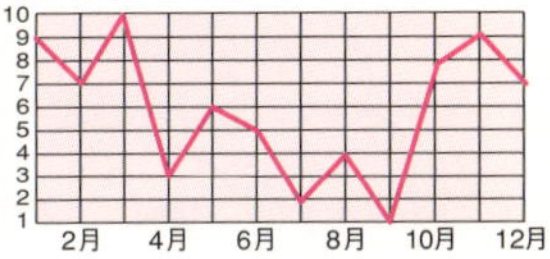

2010年
開花期
投　資

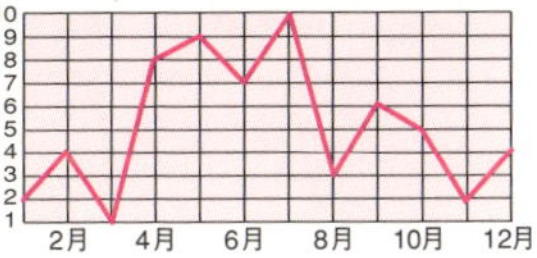

2013年
収穫期
完　結

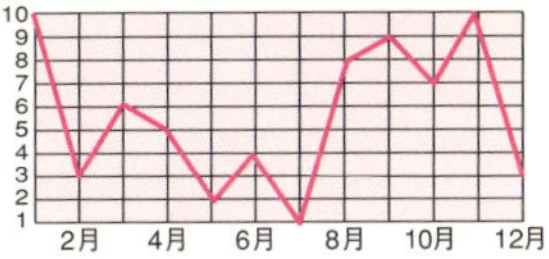

●ポイントが高いほど恋愛運も良好です

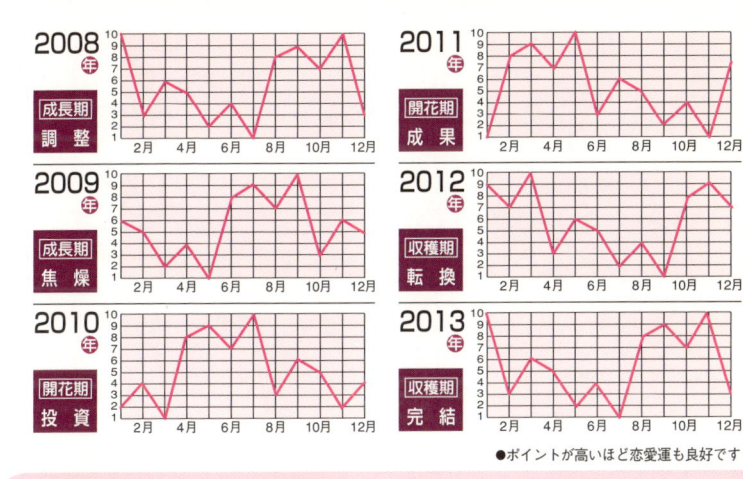

「無邪気なひつじ」の仕事ぶり

状況判断力に優れた策士。一芸を磨いて才能発揮

知的で判断力や洞察力に優れ、自分の主観を表に出さずに、相手を立てながら自分にとって最善の方法を選択する策士。器用で金銭的な損得勘定にも強く、どんな仕事もこなせますが、一芸を磨いて自信をつけるとさらに才能が開花。

適職

調理師、測量士、建築士、家具店、日用雑貨店、貴金属業、化粧品関連、電気・機械業、飲食業、園芸・造園業

不適職

画家、イラストレーター、司会者、秘書、保育士、政治家、ドライバー、税理士、プロデューサー、落語家、商社、土木建築関連

ホワイトエンジェル
28 優雅なペガサス

ブラックデビル
58 傷つきやすいライオン

ラッキーカラー
赤

●ホワイトエンジェルはベストパートナー、ブラックデビルは避けたほうがいいキャラです

「無邪気なひつじ」の有名人

●阿部慎之介
●有野晋哉
●池畑慎之介
●江川卓
●柴田あゆみ
●志村けん
●竹中直人
●中澤裕子
●宝生　舞
●山下達郎
●山下徹大

㉖ ねばり強いひつじ

控えめで気品があり物腰やわらか。集団の和を乱す人は絶対許さない

外見は静かで控えめ。物腰やわらかで落ちついた気品があります。周囲に溶けこむのがうまく、雑学的な知識も豊富でユーモア精神もある人づきあいの達人です。助け合いの精神を大切にしているので、集団の"和"を乱す人を許せず、他人にも自分と同じような協調性を要求しがち。また、負けず嫌いの自信家で、プライドが高く自分の思いどおりにならないとスネる子どもっぽい一面も。好きなことや興味のあることには完ぺきを目指して全力を尽くす、スキのない努力家です。

「ねばり強いひつじ」はこんなタイプが好き

♀ 知的で頼れる大人の男性が好み。客観的で安定志向なので、自分を大切にしてくれる正統派の恋人を冷静に選ぶタイプ。

♂ 才能と美しさを兼ねそなえた勝ち気な女性が好み。でも恋愛にも損得勘定が働くため、負ける戦は絶対しないはず。

●30〜31ページに見方の説明があります

6年間の恋の行方（リズム）

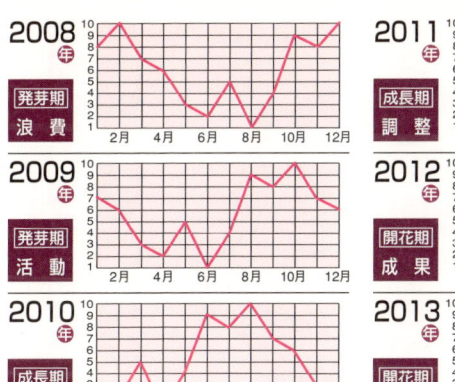

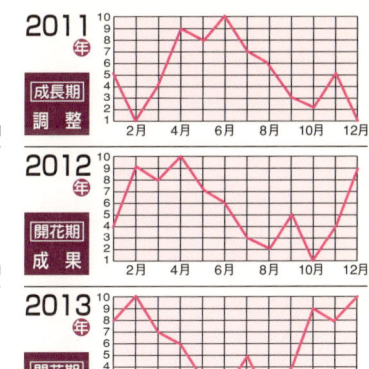

フィールド
大地

2008年
発芽期
浪費

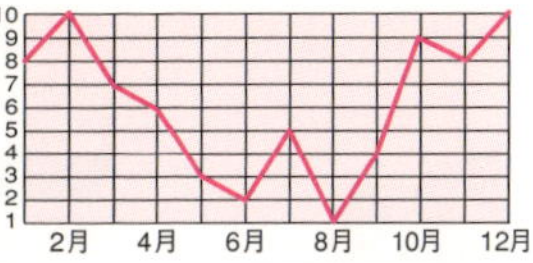

2009年
発芽期
活動

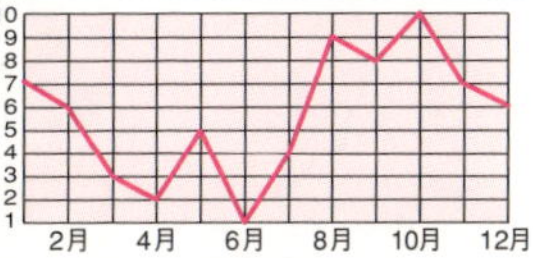

2010年
成長期
焦燥

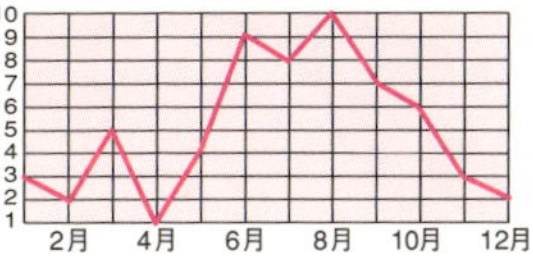

2011年
成長期
調整

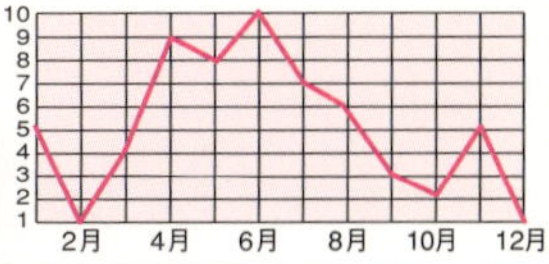

2012年
開花期
成果

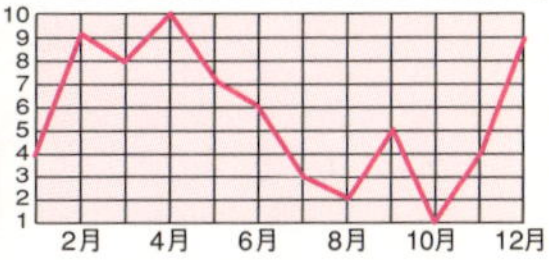

2013年
開花期
投資

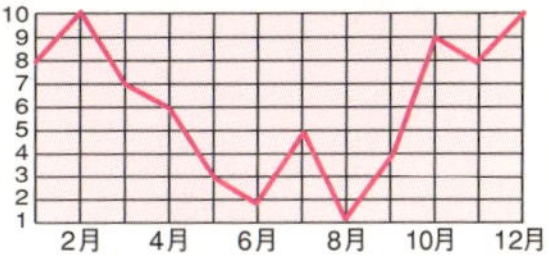

●ポイントが高いほど恋愛運も良好です

「ねばり強いひつじ」の仕事ぶり

情報収集力と客観性あり。几帳面で着実な仕事人

世間のさまざまな情報を収集して客観的に判断する能力に優れ、世の中のためになることにプライドをもって全力で取り組みます。几帳面で着実に仕事をこなすため、信頼度も高いのですが、長期的な計画にじっくり取り組むのは苦手。

適職　公務員、秘書、調理師、建築士、測量士、着付け師、和裁・洋裁、電気・機械関係、園芸・造園業、人材派遣業、宗教関係

不適職　カメラマン、芸能人、英会話教師、弁護士、エンジニア、宝石鑑定士、警察官、管理人、フランチャイズ店、コンピューター関連

ホワイトエンジェル

1 長距離ランナーのチータ

ブラックデビル

31 リーダーとなるゾウ

●ホワイトエンジェルはベストパートナー、ブラックデビルは避けたほうがいいキャラです

ラッキーカラー　黄

「ねばり強いひつじ」の有名人

●伊藤裕子
●内野聖陽
●風間トオル
●反町隆史
●武 豊
●雛形あきこ
●深田恭子
●松坂大輔
●美川憲一
●元木大介

29 チャレンジ精神旺盛なひつじ

温厚だけど負けん気は人一倍。経済的安定が人生の最優先課題

知的で聡明な社交上手で、人あたりもやわらか。いつも謙虚な姿勢で人と接し、落ちついた態度ともの静かな雰囲気が誰からも好感をもたれます。でも社会の動きや利害関係には敏感で、周りを立てながらも鋭い直感と洞察力で相手の心理を見抜きます。外見に似合わず、負けん気の強さは人一倍。何にでも挑戦し、人任せにせずに自分で最後までやりとげる意志とねばり強さのもち主です。それらの能力を活用して、経済的安定によって人生の安心感を得たいタイプです。

「チャレンジ精神旺盛なひつじ」はこんなタイプが好き

♀ 大きな理想をもち、献身的に尽くしてくれるやさしい人に、「自分も尽くしてあげたい」と母性本能を刺激されそう。

♂ 明るくて頭の回転が早く、気配りができる女性が好みのタイプ。友だちが多いので、社交的な相手ならさらに理想的。

●30～31ページに見方の説明があります

6年間の恋の行方（リズム）

オーシャン
海洋

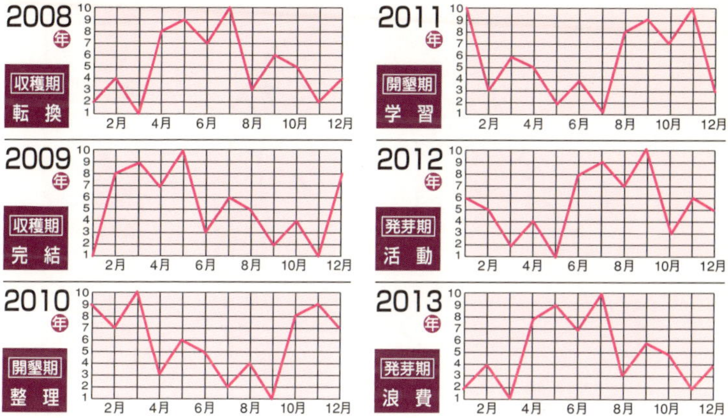

●ポイントが高いほど恋愛運も良好です

「チャレンジ精神旺盛なひつじ」の仕事ぶり

タフな根性と豊かな知性。大きな事業も成功可能

　計画を立て、強い意志とタフな根性で着実に成果を上げていくタイプ。頭脳明晰で経済観念も発達していますが、決断や実行は遅れがち。人の役に立ちたいという信念を忘れなければ、権力欲も強いので、大きな事業も成功可能。

適職

開業医、弁護士、司法書士、作家、公務員、インテリアデザイナー、不動産鑑定士、警察官、自衛官、広告業界

不適職

コンサルタント、教職員、アナウンサー、スポーツ選手、フライトアテンダント、貿易商、出版関係、飲食業界

ホワイトエンジェル

34 気分屋の猿

ブラックデビル

4 フットワークの軽い子守熊

ラッキーカラー　黒

●ホワイトエンジェルはベストパートナー、ブラックデビルは避けたほうがいいキャラです

「チャレンジ精神旺盛なひつじ」の有名人

- 出川哲朗
- 魚住りえ
- うつみ宮土理
- 加護亜依
- 木村佳乃
- ダルビッシュ有
- 新山千春
- はしのえみ
- 東山紀之
- 広末涼子
- ふかわりょう
- 古田敦也

㉟ 頼られるとうれしいひつじ

頼まれるといやと言えない親分肌。印象はソフトでもプライド高い自信家

義理人情に厚く、正義感あふれる楽天的な情熱家。自分なりの確固たる価値観をもって、どんな相手とも物怖じせずに悠然と接します。そのうえ、世話好きでいつも周囲に細かい気づかいを忘れず、頼まれるといやと言えない親分肌です。外見は温厚ですが、心の中ではひそかに「自分が最高」と思っている自信家なので、指示や押しつけは嫌い。また、不運な状況に辛抱強く耐えて乗りこえていくねばり強さをもっている反面、好調だと調子に乗りすぎて失敗することも。

「頼られるとうれしいひつじ」はこんなタイプが好き

♀ 考え方が柔軟で、社会的に意義のある仕事をしている人が好き。一般的な社会的地位の高さには、あまり興味なし。

♂ さわやかで優雅な印象の美人、華やかなオーラがある高嶺の花タイプが好み。年下の女性に頼られて恋に発展も。

●30〜31ページに見方の説明があります

6年間の恋の行方（リズム）

山岳《マウンテン》

2008年

発芽期
活動

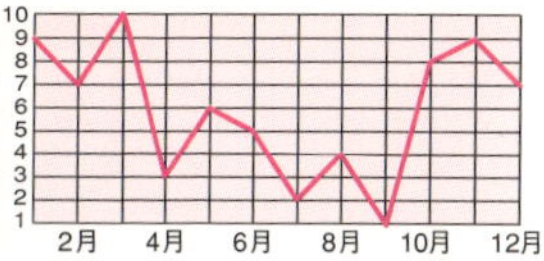

2009年

発芽期
浪費

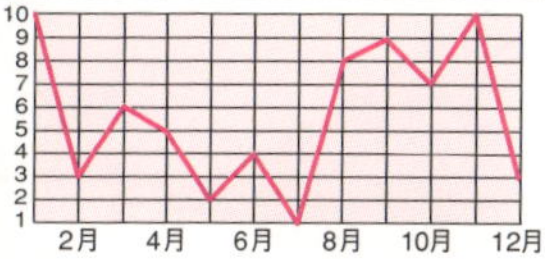

2010年

成長期
調整

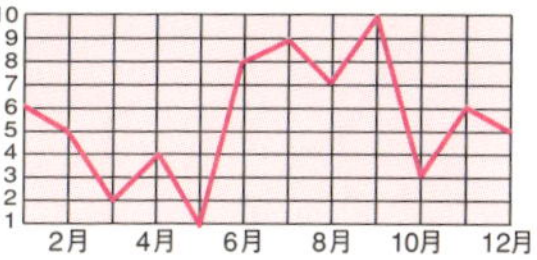

2011年

成長期
焦燥

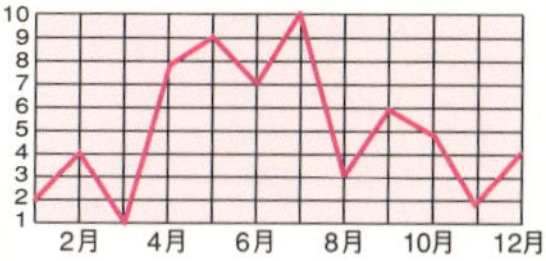

2012年

開花期
投資

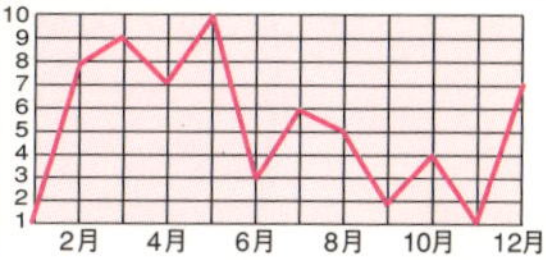

2013年

開花期
成果

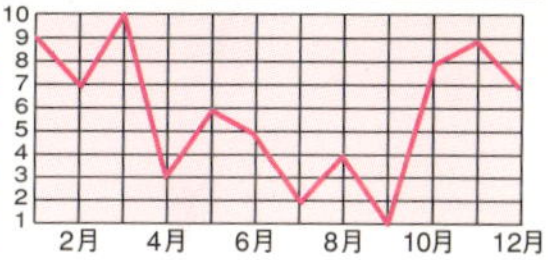

●ポイントが高いほど恋愛運も良好です

「頼られるとうれしいひつじ」の仕事ぶり

やり手で現実的手腕抜群。交渉も人づかいも上手

独立心旺盛で頭がよく、裏の事情まで考えて手を打つような現実的手腕をもっています。企画力や交渉力も抜群で、情に厚く親分子分的な人づかいも上手。ただ、損得勘定に厳しい割に楽天的で、肝心なところに甘くなる欠点も。

適職　医師、弁護士、漫画家、作家、大工、僧侶・神官、土地家屋調査士、マスコミ、コンピューター関連、土木関係、人材派遣業

不適職　看護婦、教職員、エンジニア、ドライバー、タレント、税理士、弁護士、お笑い芸人、音楽家、学者、貴金属店、美容関連

ホワイトエンジェル

40 尽くす猿

ブラックデビル

10 母性豊かな子守熊

●ホワイトエンジェルはベストパートナー、ブラックデビルは避けたほうがいいキャラです

ラッキーカラー　茶

「頼られるとうれしいひつじ」の有名人

- 浅野ゆう子
- 石田 靖
- 猪瀬直樹
- オダギリ ジョー
- 瀬戸朝香
- 高橋克典
- 田村 亮
- 南原清隆
- 久本雅美
- ヒロミ
- 藤原竜也
- 松 たか子

21 落ちつきのあるペガサス

精神の自由を愛し、束縛が大嫌い。1つだけ飛び抜けた才能をもつ

男性はダンディでソフトな雰囲気、女性は人なつっこい印象です。自由な精神を愛し束縛されるのを嫌います。神経が細かく警戒心が強いので、表面上は社交家として愛想よく振るまいます。おだてに弱く、人にコロッとだまされるお人好しの面も。また好奇心旺盛で、直感だけではなく冷静な面もあるので、社会の動きに敏感に反応し、斬新なアイディアを出せる人です。大きな目的だけ定めて、そこに至るまでは気分で決めるタイプ。１つだけ飛び抜けた才能をもつことも。

「落ちつきのあるペガサス」はこんなタイプが好き

♀ 穏和な中に厳しさを秘め、静かで深い会話ができる人が好き。繊細で敏感でないと絶対×。鈍感な人はまるで無視。

♂ どんな状況でも、明るくタフであることが条件。外見はやわらかく、内に強くて純粋な自己を秘めた人が好み。

●30～31ページに見方の説明があります

6年間の恋の行方（リズム）

ビッグツリー **大樹**

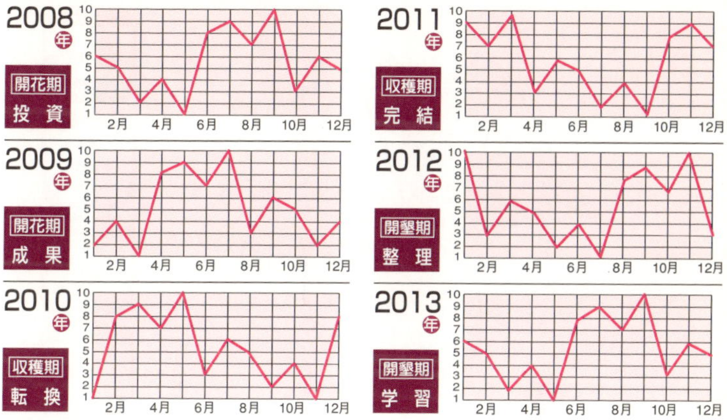

●ポイントが高いほど恋愛運も良好です

「落ちつきのあるペガサス」の仕事ぶり

ひらめきと行動力には誰もついていけない

　多芸多才で感情と行動が直結するので、チームで動くのはまず無理。チーム全体に関わる決断も苦手です。企画力に優れているので、発想のブレイン的な仕事が適職。自分の意欲がわき出るような仕事を選ぶことが最重要ポイント。

適職

スポーツ選手、クリエイター、タレント、俳優、アナウンサー、作家、建築士、測量士、海外駐在員、ドライバー、旅行関連

不適職

管理人、秘書、税理士、会計士、経営コンサルタント、開業医、会計士、税理士、事務、管理職、セールス、農業

ホワイトエンジェル

6 愛情あふれる虎

ブラックデビル

36 好感をもたれる狼

ラッキーカラー　深緑

●ホワイトエンジェルはベストパートナー、ブラックデビルは避けたほうがいいキャラです

「落ちつきのあるペガサス」の有名人

●岡村隆史
●倉木麻衣
●田嶋陽子
●千秋
●藤原紀香
●松井秀喜
●三宅一生
●宮本 輝

22 強靭な翼をもつペガサス

気さくでフレンドリーな面も。変化に向けて即行動する実践派

おおらかでワイルドな男性に対し、女性は一見、気位が高く見えますが、気を許した相手には気さくでフレンドリー。内面は好き嫌いが激しく、ひらめきだけで生きているように見えるのですが、実際は計算高く駆け引き上手。人のよい親分タイプなので、人にだまされ無用な苦労を背負うことも。今の安定を壊したくないと思う反面、常に変化を求めています。物事を複雑に考えることや面倒事は嫌いで、単純思考のもち主。また短気で持久力がなく、即行動する実践派です。

「強靭な翼をもつペガサス」はこんなタイプが好き

♀ 繊細な感受性をもった誰もがハンサムと認める人が好み。束縛を嫌うペガサスなので、理解ある年下も大好き。

♂ ムラ気なペガサスだけに、見かけはやや地味めでもいいから、純粋でまじめ、現状維持ができる人が好みです。

●30～31ページに見方の説明があります

6年間の恋の行方（リズム）

サンフラワー
草花

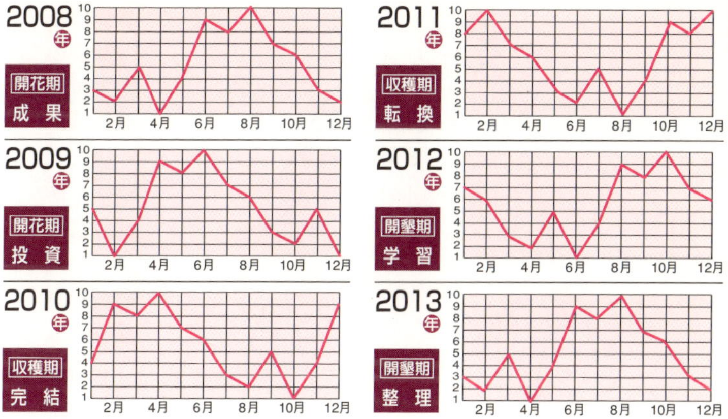

●ポイントが高いほど恋愛運も良好です

「強靭な翼をもつペガサス」の仕事ぶり

作るプロセスを楽しみ、完成すると興味なし

　与えられた仕事をきちんと守るのが苦手。人と協調して仕事をするより、自分の好きな分野で一匹狼として飛び回ると成功するタイプです。察しがよくて対応が早いので、コツコツ積み重ねる仕事より、臨機応変な対応が必要とされる仕事に向きます。

適職　スポーツ選手、画家、行政書士、自衛官、農業、園芸、造園、土木建築、電気、工事、外資系商社、レジャー関連、交通機関関連

不適職　調理師、書道教師、ピアノ個人教師、学習塾経営、スナック経営、呉服店、クリーニング店、百貨店店員、マスコミ関連

ホワイトエンジェル
17 強い意志をもったこじか

ブラックデビル
47 人間味あふれるたぬき

●ホワイトエンジェルはベストパートナー、ブラックデビルは避けたほうがいいキャラです

ラッキーカラー　黄緑

「強靭な翼をもつペガサス」の有名人

- 貫地谷しほり
- ケイン・コスギ
- 酒井若菜
- ジョン・レノン
- ダンカン
- 長嶋一茂
- 中村江里子
- 福田明日香
- 宮部みゆき
- 持田香織
- 山崎裕太
- 米倉利紀

27 波乱に満ちたペガサス

強烈な個性をもつ天才肌。勝利と敗北は背中合わせに

　男性はワイルドでダンディ、女性は活発で勝ち気な雰囲気です。男性はこまかいことにはこだわらないタイプですが、感受性が鋭く、人に対する気配りはとてもこまやか。分析力や洞察力があるので、現実的な処理能力も抜群です。女性は、情熱的で一途なうえに度胸もよいので、能力を生かせば成功も約束されます。ただ男女ともに、欲がないため、最後のツメが甘い傾向も。神経過敏で気持ちにムラがあり、とくに女性はソウウツ的な面もあるようです。

「波乱に満ちたペガサス」はこんなタイプが好き

♀ やさしくて都会的センスが光り、教養ある人が好み。それでいて、なんとなくシャイな雰囲気があれば最高。

♂ 神経質なペガサスなので、どっしりした姉御的な雰囲気をもち、気持ちがやさしくて平和主義の女性が大好き。

●30〜31ページに見方の説明があります

6年間の恋の行方（リズム）

鉱脈《メタル》

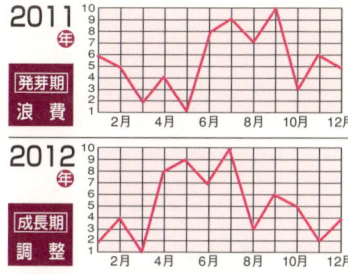

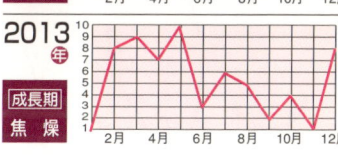

2008年
開墾期
整理

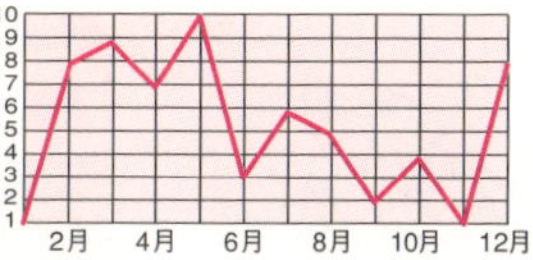

2011年
発芽期
浪費

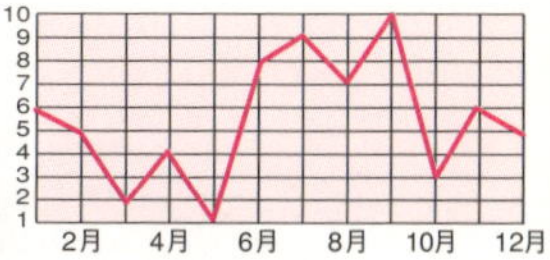

2009年
開墾期
学習

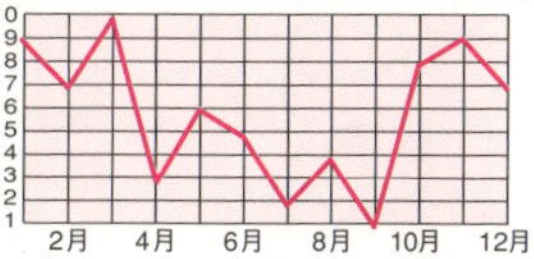

2012年
成長期
調整

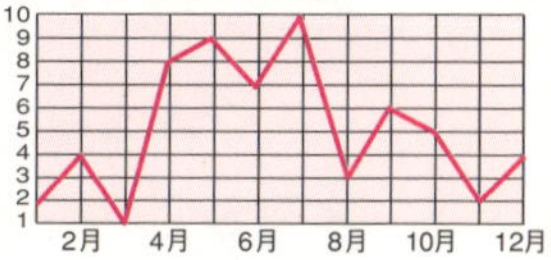

2010年
発芽期
活動

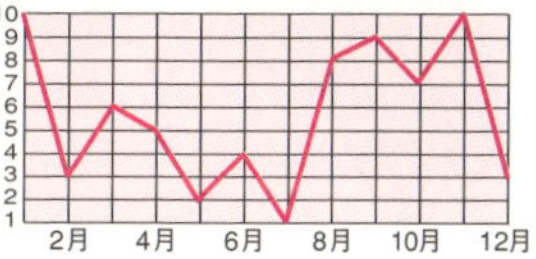

2013年
成長期
焦燥

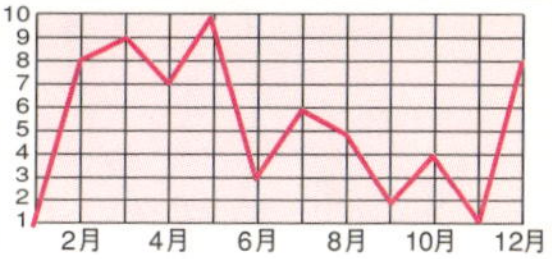

●ポイントが高いほど恋愛運も良好です

「波乱に満ちたペガサス」の仕事ぶり

幅広い知識とひらめきでどんな分野にも対応

生まれながらの事業運があり、手がけたものはどんなものでも平均点以上をとれるタイプ。でも押しが強く自信たっぷりに見えて、神経質であきっぽいのが難点です。欲がないので、利益の薄さに注意を。ねばり強さが出れば大成功。

適職

タレント、パイロット、評論家、画家、俳優、政治家、漫才師、デザイナー、外資系商社、広告業、ＩＴ関連

不適職

作曲家、教師、パソコンショップ店員、薬剤師、弁護士、学者、コンサルタント、マネージャー、看護介護関連、サービス業

ホワイトエンジェル

12 人気者のゾウ

ブラックデビル

42 足腰の強いチータ

ラッキーカラー　グレー

●ホワイトエンジェルはベストパートナー、ブラックデビルは避けたほうがいいキャラです

「波乱に満ちたペガサス」の有名人

●相武紗季
●石川 遼
●乾貴美子
●恩田快人
●神田正輝
●劇団ひとり
●桜井幸子
●桜庭和志
●島田紳助
●中原果南
●中山雅史
●松本 潤

28 優雅なペガサス

情にもろく潔い下町気質。順応性と行動力を生かして成功

男性は若々しく一本気、女性は下町のおてんば娘のような印象です。正直で卑怯なことは大嫌い。竹を割ったような性格で、駆け引きは苦手、かなりの意地っ張りでがんこ者です。でも、その不器用さはかえって魅力。皮肉屋なのに、本当は献身的で人を思いやる気持ちが強いので、周囲の人々に愛されます。男性は責任感が強く忍耐力もある苦労人タイプで、努力を積み重ねていつしか大きな力を身につけ、女性はスピーディーな行動で成功をつかみます。男女ともにせっかち。

「優雅なペガサス」はこんなタイプが好き

♀ 情緒豊かで温かく、精神的な強さがあり、トラブル時には行動力と的確な判断力を発揮する頼りがいのある人が好き。

♂ 見かけは愛らしく人なつこい甘えん坊。いざというときは精神的にタフで、さらに金銭的にしっかりした人なら◎。

●30～31ページに見方の説明があります

6年間の恋の行方（リズム）

ジュエリー
宝石

2008年
開墾期
学習

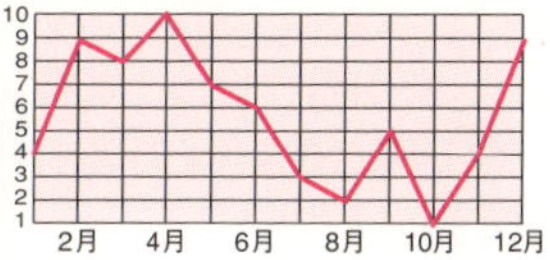

2011年
発芽期
活動

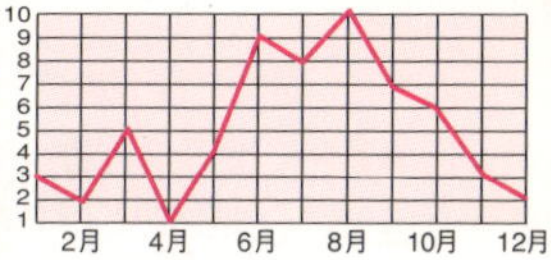

2009年
開墾期
整理

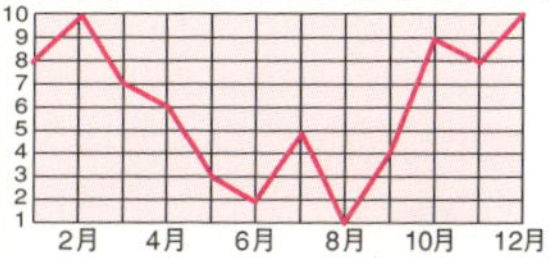

2012年
成長期
焦燥

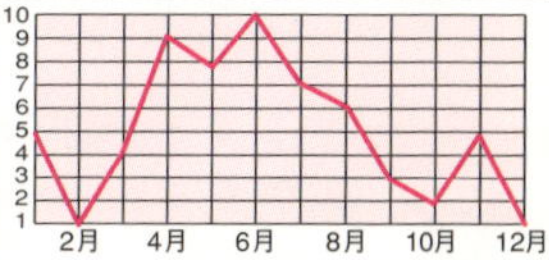

2010年
発芽期
浪費

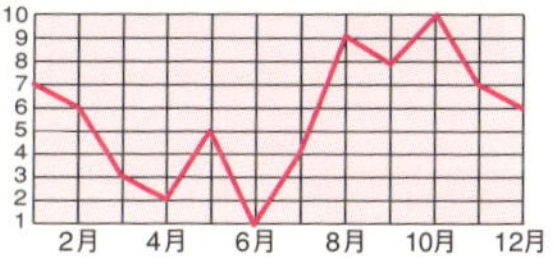

2013年
成長期
調整

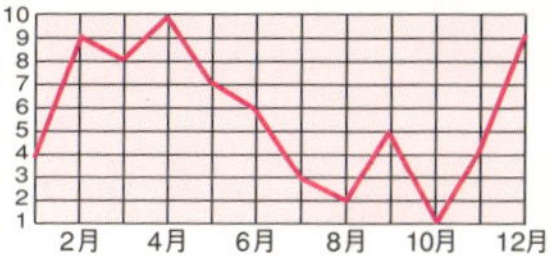

●ポイントが高いほど恋愛運も良好です

「優雅なペガサス」の仕事ぶり

すばやい行動力が武器。日々変化のある仕事を

同じことの繰り返しにがまんできないあきっぽさがある反面、適応力と行動力に恵まれています。成功のカギは、毎日違うことができるような職に就くこと。女性は根っからのオーナー的体質。男性は長い目で理想を追い、着実に実現を目指します。

適職　パイロット、評論家、大工、カルチャースクールの講師、喫茶店経営、ブティック経営、家具製造、楽器店、レジャー関連、農業

不適職　弁護士、作家、コンサルタント、建築設計士、僧侶、官僚、獣医、警察官、税理士、銀行員、医療福祉関連、金融業

ホワイトエンジェル

23 無邪気なひつじ

ブラックデビル

53 感情豊かな黒ひょう

●ホワイトエンジェルはベストパートナー、ブラックデビルは避けたほうがいいキャラです

ラッキーカラー　白

「優雅なペガサス」の有名人

- ●鮎川なおみ
- ●イチロー
- ●木村カエラ
- ●黒谷友香
- ●椎名林檎
- ●滝川クリステル
- ●田村正和
- ●徳永英明
- ●濱田マリ
- ●観月ありさ
- ●美輪明宏
- ●矢井田 瞳

コラム

もうサヨナラしたくなった あの人と上手に別れるには？

夢中になったこともあるけれど、もう別れたくなったあの人。
言い寄ってきて面倒なあの人。友だち以上恋人未満のまま終わりにしたい関係。
相手が自分から逃げてくれる方法、教えます。

狼

はっきり言葉で伝えるのがベスト。ねちっこくないのであっさり別れてくれ、あとはサバサバ。もめごともなし。

こじか

ストーカー的な要素が強いので、ショックを与え心を傷つけるのは厳禁。時間をかけて根気よく距離をあけて。

猿

「目には目を！」のタイプ。猿にわかるように浮気すれば猿も必ず浮気し、イライラが募って去ってくれます。

チータ

「カッコワル！」などとチータのプライドを傷つけるかダサい服装でデートに出向くか、束縛すれば成功。

黒ひょう

過去をあれこれ聞かれるのが大の苦手。すんだ恋愛を責めるような言葉を並べると、いやになってくれます。

ライオン

いやみな皮肉でプライドを傷つけると、自分も痛い目に。相手を立て、誠実に理由を伝えることが大事。

虎

自然消滅はなし。虎を立て、正直に本音を告げるのみ。虎同士なら、別れを告げたら最後と知っているはず。

たぬき

１人と長くつきあうタイプなので、それとなく匂わせて長期戦で。信頼を失うことをすれば即効性あり。

子守熊（コアラ）

少しずつ距離をあけていくと他の人に恋してくれそう。おごられて当然という態度をとれば、急速冷却も可。

ゾウ

しつこく責めればキレて別れてくれるけれど、自分も大ケガ。正直に別れを打ち明けるのがベスト。

ひつじ

できるだけ傷つけない言葉を選び、静かに話を。相手に迷惑をかけたくないひつじは、そっと引いてくれそう。

ペガサス

束縛や詮索をし、「私の言うとおりにして！」と専制君主のように強く出ればジョーダンじゃないと早々に退散。

PART 2

•分•析•編•

動物キャラナビをきわめる

動物キャラナビのスペシャリストになる

パート2では、さらにくわしく動物キャラナビを探究。５種のアイコンの意味や、パート１では紹介されていない運勢の10年周期を知って、人の表の顔＆裏の顔を研究しましょう。

人の心がもつ たくさんの側面を読みとる

プロローグで紹介したように、動物キャラナビは狼からペガサスまでの12動物キャラによって人の心を読みとるものです。そして12動物キャラにはさまざまな情報が秘められているのです。その情報を引き出すキーが、アイコンと呼ばれる分析ツール。アイコンを読み解けば人の心がもっと深く見えてきます（自分や恋人のアイコンは32〜151ページ参照）。

12動物キャラ総合サークル

特許庁商標登録番号第4311235・第9.16類

目……目標指向型
状……状況対応型

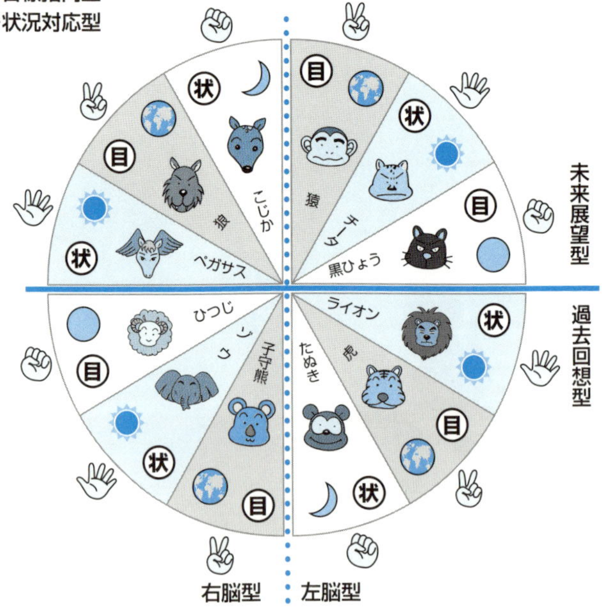

7ページで紹介した基本サークルに、さらにたくさんの情報を加えたものが総合サークル。これをしっかり覚えれば動物キャラナビのプロに！

月・地球・太陽の3分類とじゃんけんの法則

特許庁商標登録番号第4311236・第9.16類

月
グループ
MOON
愛情、友情、使命感が欲しい。夢がある。世のため人のため。信頼が大事。相手に合わせる。争い嫌い。むだが多い。目指すは人格者。
満月グループ
黒ひょう
立場やメンツにこだわる。人に影響を与えたい。
ひつじ
こじか
新月グループ
目立たないけれど、存在感あり。出番を待っている。
たぬき
太陽
グループ
SUN
ライオン
チータ
ペガサス
ゾウ
いつも光り輝く中心でいたい。束縛が嫌い。ほめられ好き。すべてお見通し。ムラがある。面倒くさがり。細かいことを気にしない。可能性を信じる。権威、権力が好き。目指すは成功者。
負
勝
勝
負
負
勝
地球
グループ
EARTH
猿
狼
子守熊
虎
現実的で地に足がついている。結果、数字、お金、質、形あるものを好む。マイペース。あいまいが嫌い。むだがない。競争して勝利したい。夢の実現を目指す。無理する。目指すは財産家。

力関係を決定する月・地球・太陽の3グループ分類

12動物キャラは上図のように「月グループ・地球グループ・太陽グループ」の3グループに分けることができます。この3分類からは人の性質ばかりか、力関係やリレーション（人間関係）も読み解くことができます。じゃんけんでいえば、月はグー、照らされて光るがんこな「石」。地球はチョキ、紙を切りとり、形を作る「ハサミ」。太陽グループはパー、外に光を放散し展開する「紙」。そして人の力関係にも「月グループは太陽グループには弱いが、地球グループには強く出られる」というように、「じゃんけんの法則」がそのままあてはまるのです。

●「月グループ」はみんなで仲よくするのが大好き

こじか、黒ひょう、たぬき、ひつじの月グループのキャラの人たちは、やわらかな光で人を包みこむような協調性のもち主。光を受けて輝くタイプなので、周囲の人の顔色がとても気になり、恋をすると、好きな人にはなかなか告白できません。その一方、「大好き！」と言い寄る人には弱い傾向にあります。そのため本命でない人とつきあってしまうこともあるでしょう。直感で自分中心に押しまくる太陽グループのキャラの人には気押されてしまいますが、実質重視の地球グループのキャラの人に対しては妙にがんこに抵抗します。

●「地球グループ」のキーワードは自立とマイペース

狼、猿、虎、子守熊《コアラ》の地球グループのキャラは地球に足がついた人たち。自分のことはすべて自分で決めないと気がすみません。そのため人に振り回されることはなく、恋も本気で相手を好きにならないと始まりません。形や実のあるものだけを信じ、考え方は常に等身大。創造力を生かして夢を実現します。太陽グループのキャラの人の直感的な考えはバッサリ拒否しますが、自分の気持ちをはっきり告げない月グループのキャラの人は苦手です。

●「太陽グループ」はどこにいても目立つ自分が誇り

チータ、ライオン、ゾウ、ペガサスの太陽グループのキャラの人たちは、太陽のように光り輝いていたいので、人前では決して弱音を吐きません。権威あるものが好きで、合言葉は「スゴイ、絶対、面倒くさい」。恋は相手のフィーリングとそのときの気分次第で始まります。月グループのキャラの人に対してはその場のノリで圧倒しますが、地球グループのキャラの人の堅実さを前にすると、うんざりしてサジを投げます。

自分の考え中心の人vs相手を優先する人

動物キャラナビでは、自分に軸を置き、自分の考えを中心に行動する人を「**自分軸**」、相手に軸を置き、相手を優先し、相手に合わせて動く人を「**相手軸**」といいます。

常に、地に足のついた地球グループのキャラと、いつも光り輝いていたい太陽グループのキャラは、自分軸の人たち。一方、太陽の光を受けて、刻々とその姿を変える月グループのキャラは相手軸の人たちです。

自分軸vs相手軸

満月グループは評価が大事。新月グループは人の力に期待。地球グループは自分の考えで、太陽グループは自分の気持ちで行動。

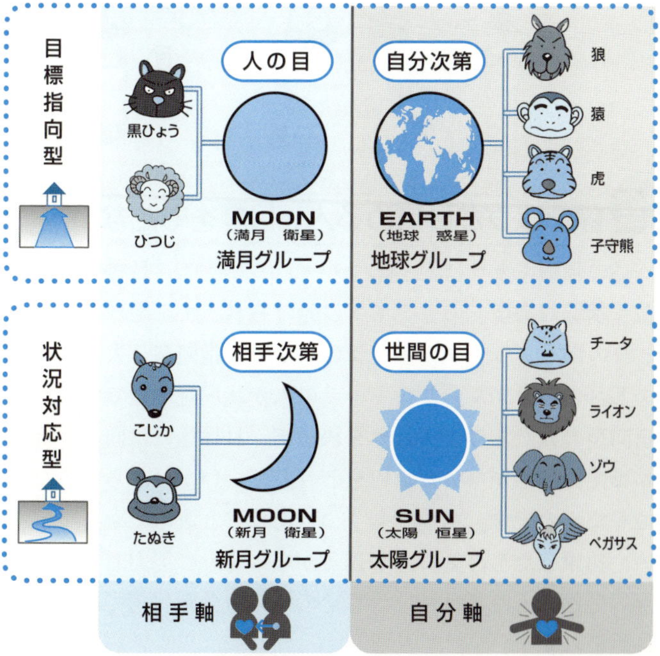

目標指向型☆状況対応型

目標指向型キャラと状況対応型キャラが基本サークル上を１つおきに巡る。地球＆満月グループが目標指向型、太陽＆新月グループが状況対応型。

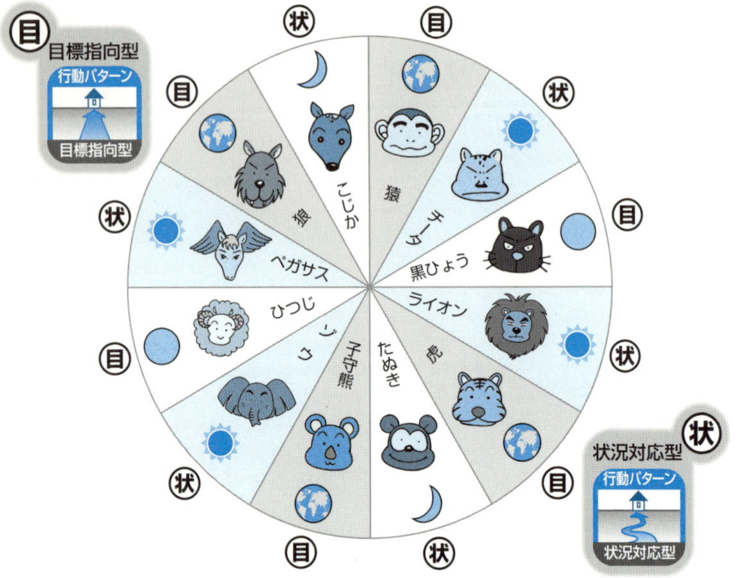

目標をしっかり定める人vs目標をもたない人

12の動物キャラは、行動パターンによって、「**目標指向型**」と「**状況対応型**」の２タイプに分けられます。地球グループと月の満月グループのキャラの人が目標指向型、太陽グループと月の新月グループのキャラの人が状況対応型です。目標指向型の人たちはまず目標を決めて、目標達成に向けて行動します。目標がないと、何をどうしていいかわからなくなってしまうのです。恋愛でも「つきあう」と決めてからつきあい、約束したら、気持ちが揺るがないように努力します。状況対応型の人たちは、いつもその場の気分と状況で臨機応変に対応します。

未来展望型☆過去回想型

上半球のキャラが未来展望型。身の軽いキャラが多いので別名「身軽系」。下半球が過去回想型。大物の動物や群れを成す動物がいる「身重系」。

明るいプラス指向vs不安多いマイナス指向

心のベクトルによって、基本サークルの上半球のキャラを「**未来展望型**」、下半球のキャラを「**過去回想型**」のキャラとよびます。未来展望型は、過去は切り捨て「身を軽く」して、明るい未来を想像します。希望的観測でものを見るプラス指向です。その恋愛には障害があるとわかっていても「どうにかなるさ」とスタートします。過去回想型は常に過去を抱え振り返るので「身が重く」、悲観的見地でものを見るマイナス指向です。先行きに不安材料などないのに「何かあったらどうしよう」と心配して、用意周到に準備します。

ひらめきの右脳型vs論理の左脳型

下の図の基本サークルに向かって左側が「**右脳型**」、右側が「**左脳型**」のキャラです。右脳型は、精神エネルギーが高く、何ごとも直感やイメージでとらえます。心が優先で、形のないものにひかれるので、「宝くじに当たったら？」と質問すると夢のようなことを答えます。左脳型は経済的・社会的エネルギーが高く、目の前の物事だけを現実的に考えます。宝くじの質問にも「家を買う、貯蓄」など堅実な答えが返ってきます。何かを説明するときは、右脳型にはイメージ、左脳型には論理で伝えないと通じません。

右脳型☆左脳型

基本サークルの向かって左半球が右脳型、右半球が左脳型キャラ。右脳はひらめきの脳で目に見えないものにひかれる。左脳はデータや理論の脳で形あるものしか信用しない。

天国のエンジェルと地獄のデビル

動物キャラナビには12のキャラがいます。パート３では12キャラ別のくわしい相性を紹介していますが、それとはまったく別に、60分類には例外中の例外とも言えるとっておきの「隠れベスト恋人」と「隠れワースト恋人」がいます。それが「**ホワイトエンジェル**」と「**ブラックデビル**」です。

ホワイトエンジェルは身も心もピッタリでメロメロになってしまうベストパートナーですから、恋愛・結婚ともに最高の相手です。気も合うし、Ｈの相性も抜群！　ケンカをしてもすぐ元の仲に戻り、切っても切れず、末長く離れられない関係となるのです。その正反対に最悪の相性がブラックデビル。何を言っても通じないし、すべてが裏目に出るので、避けたほうがいいキャラです。

たとえばあなたが「正直なこじか」なら、子守熊は「尽くされる」だけの相性ですが、「子守熊のなかの子守熊」はホワイトエンジェル。自分からも尽くしてみると、素晴らしい愛の世界が開けるはず！

反対に「束縛を嫌う黒ひょう」にとって猿は「親友の愛」が築ける相性でも、「気分屋の猿」はブラックデビルなので現実は最悪関係。60人に１人の天使と悪魔。チェックを絶対忘れないで！

「統率力のあるライオン」にとって、たぬきは、家族的な愛しか感じられない相性ですが、「人間味あふれるたぬき」なら、居心地よく、一生ラブラブ関係が持続。

人生の大きな実りを約束する 10年で巡る「トキ」のリズム

植物は雪解けの季節に芽を吹き、春に花を咲かせ、黄金色の実りの秋を迎えると葉を落として冬の準備をします。ではもし、春蒔きの種を秋に蒔《ま》いたら……？　その種は冬を越せずに死んでしまうかもしれません。

人間も植物と同じように、自然の中で生きる生き物ですから、自然のリズムがあります。そして、自然のリズムと別に運気のリズムがあります。運気のリズムは生まれたときを基準にしているので、人によって周期や時期が違ってきます。

運気のリズムは、自然を構成し循環する「木《もく》火《か》土《ど》金《こん》水《すい》」の５種の自然のエネルギーとの関連で導き出されます。この自然のエネルギーの変化に応じて運気も時刻、日、月、年で変わるのです。

10年で巡る運気のリズムは、「開墾期」「発芽期」「成長期」「開花期」「収穫期」と、２年ずつ５期に分かれ、さらに１年に細分化されます。こうした区切られた運気の期間を「**トキ**」とよびます。トキは農事暦と同じで、「ぐんぐん伸びる成長期なので積極的な行動に最適」など、そのときの運気を示しています。

運気に逆らわずトキのとおりに努力すれば、大きな実りが約束され、逆らうと蒔く時期を間違えた種のように芽吹かず、泥沼でもがく状態にもなりかねません。また、よい時期に何もしないで実りを逃すのはとてももったいないことです。「私だけしあわせがこない」と思っている人はきっと、トキに合わない努力をして生きてきたから。トキを知れば、必ず幸福が近づくことでしょう。

10のリズムが彩る性格の違い

大樹《ビッグツリー》

天に向かってまっすぐに伸びる大樹のような人。独立心旺盛で気持ちがストレート。人との調和を大切にします。

草花《サンフラワー》

人々の心をなごます草花のような人。気持ちこまやかな社交性が魅力。踏まれても起きる草の強さを秘めています。

太陽《サンシャイン》

太陽のように熱血でエネルギッシュな人。感情豊かで情にもろく、細かいことにこだわらず、天真爛漫に行動します。

灯火《キャンドル》

闇を照らすキャンドルのような人。感情豊かな明るい人ですが、燃え上がる情熱と情にもろいナイーブさを秘めます。

山岳《マウンテン》

どっしりとした山岳のような人。人がよく、愛情深く奉仕精神旺盛。面倒見もよいので何かと人に頼られがちです。

大地《フィールド》

広大な大地のような人。気さくな庶民派で、大きな包容力をもつので人に好かれます。夢をゆったりと追い求めます。

鉱脈《メタル》

深い山懐から掘り出された強靭な鉄のような人。たたかれ鍛えられるほど成長します。パワフルですべてに全力投球。

宝石《ジュエリー》

原石が磨かれて宝石になったような人。外見は華やかでも内面は繊細で神経質。感性の鋭さがストレスを招くことも。

海洋《オーシャン》

果てしなく広がる大海のような人。自由を愛し束縛を嫌い、夢とロマンを胸に、物事に動じないで人生を渡ります。

雨露《レインドロップ》

雨粒や露など1粒の雫のような人。慈愛に満ちた母性愛と知性をもち、形を自在に変える柔軟さがあります。

●10のリズムが運気を決め、性格に影響を与える

人が生まれもった運気の「**リズム**」は、誕生日によって定められます。あなたのリズムを知るには、14〜15ページの60分類対応表を見てください。リズムには「大樹《ビッグツリー》・草花《サンフラワー》・太陽《サンシャイン》・灯火《キャンドル》・山岳《マウンテン》・大地《フィールド》・鉱脈《メタル》・宝石《ジュエリー》・海洋《オーシャン》・雨露《レインドロップ》」の10種があります。「大樹《ビッグツリー》〜雨露《レインドロップ》」は自然のエネルギーの“愛称”のようなもので、このリズムによって「トキ」が決定します。12動物キャラはそれぞれ4種or 6種に分かれますが、そのリズムはすべて異なります。

自分の運気のリズムを知って、幸運を手に！

運気のリズムは「開墾期」「発芽期」「成長期」「開花期」「収穫期」の5期に分類され、それぞれ2つずつ、合計10のステップに細分化されたものが「トキ」です。そのときどきのトキを実践すれば、目的を達成し、幸運を手に入れることができるでしょう。

開墾期

これから種を蒔くトキ。何かと苦労の多い年ですが、この時期の行動次第で今後が決定します。

整理

物事の判断基準が不明瞭になり、気分的にモヤモヤ。広大な荒地を前に、ぼうぜんとしている状態です。でも、あせってむやみに行動してはダメ。発想力はむしろ豊かな時期なので、プラス指向＆長期展望で将来をイメージ。この時期の豊かな発想があとの実りにつながります。

学習

あいまいな気持ちや思考がすっきりして、晴れやかになるトキ。でも、新たなスタートはまだ先。これまでの行いを反省し、今後の成長につなげることが大事です。将来の実りに向けて大きな夢をふくらませ、何ごとも学習という気持ちで本格的な準備を。勉強や結婚にもよいトキ。

発芽期

開墾期に蒔いた種が芽を出すトキ。大きなエネルギーが必要。手抜きや投げやりな気持ちは厳禁。

活動

気力体力ともに充実。新たな計画を実行に移すトキです。大地に蒔かれた種がいっせいに芽を出し、大きく伸びようとしています。変化に柔軟に対応できる時期なので、意志を明確にしてエンジン全開で積極的に前進を。ただし周囲を無視した行動は対人トラブルのもとになります。

浪費

開墾と発芽にエネルギーを使い果て、気力も体力もダウン。今は無理をしないで休養し、エネルギーの回復を。この時期は何かと目移りし、協力者を得て強気な行動に出がちですが、結果は不運なものに。とくにお金と人間関係においては、すべてを失う可能性もあるので注意を。

成長期

大地から伸びた芽が成長するトキ。この時期は周囲との調和を失いがち。大らかな気持ちを大切に。

調整

心が落ちついて余裕が生まれ、将来への明るい展望がもてるトキ。面倒な人間関係から解放され、物事も順調に進むので、気持ちはつい緩みがち。気持ちをしっかり引き締めないと思わぬ落とし穴が。快調だからこそ、いろいろなチェックが必要。安定と家庭を重視するとよい年に。

焦燥

今まで自分を縛りつけていた環境から力づくで脱出し、大胆に行動して成功する可能性のあるトキ。この時期は知性も感性も鋭敏なので、何かとイライラしてがまんできなくなり、人間関係トラブルを起こしがち。おおらかな気持ちで人と接し、これはと思った人を味方につけて。

開花期

努力が報われ花が咲くトキ。花にひかれた人々が集まり、人間関係が活発化。順調なほどに感謝を。

投資

自分から積極的に働きかけて事が成就するトキ。人間関係は円滑に進展し、素晴らしい出会いも期待できます。その分、お金の出入りも盛んで人への協力も増えますが、あとに必ず自分に返ってくるので心からの支援を。大きな入金は投資に回し、チャンスをしっかりものにして。

成果

周囲と調和し、あらゆることが順調に進む最高のトキ。努力が実り、高い評価を得るでしょう。金運は良好、計画も実現する年なので、積極的に活動して自分を強く押し出すべき。男性は結婚運あり。仕事or結婚など二者択一に悩んだら、的を絞って真剣に向かわないと失敗も。

収穫期

花が実を結び、人気も上昇するトキ。気を抜かずに次の収穫に向けて長期計画を立て、準備開始を。

転換

変動のトキ。収穫を終え、心は別の世界に向き始めて攻撃的に。今までの環境にあきて新生活を望み、家庭を省みなくなるので、周囲との摩擦に注意。新しい挑戦にはよい年ですが、変動に応じた出費が増え、気持ちも大きくなりがちなので慎重に。女性は出会いの多い年です。

完結

正確な判断ができるトキ。人気が高まり、社会的にも金銭的にも恵まれ、昇進や新たなビジネスのチャンスもあり。男女ともに良縁が巡り、とくに女性は運命の人との出会いや幸運な結婚の時期。最も安定したトキですが、浮かれずに次の開墾期に向けた長期計画のスタートを。

4つのキャラが一体となって 1人の人間を形作る

●自分のなかに4つのキャラが棲んでいる

動物キャラナビは、人の性格を12動物キャラに当てはめて分類します。さらに1キャラを4種または6種に分けて、性格を60分類に細分化しています。そこでAさんとBさんが2人とも60分類の「守りの猿」なら、性格はそっくり……のはずなのですが、違ってみえることもあるでしょう。その秘密を解くキーがあなたに潜む4つの顔、「4つの個性」です。4つの個性には「**本質・表面・意志・希望**」の4つがあり、それぞれに12動物キャラが当てはめられます。

4つの個性は、いわば動物キャラナビの“奥義”。これを理解すれば、相手のことをより深く知り、よりよい人間関係を築き、ステキな恋愛をして、素晴らしい結婚生活を送ることも夢ではなくなることでしょう（4つの個性は、生まれた年・月・日・時刻から求めます。求め方は171～176ページ）。

●本質と表面は表裏一体

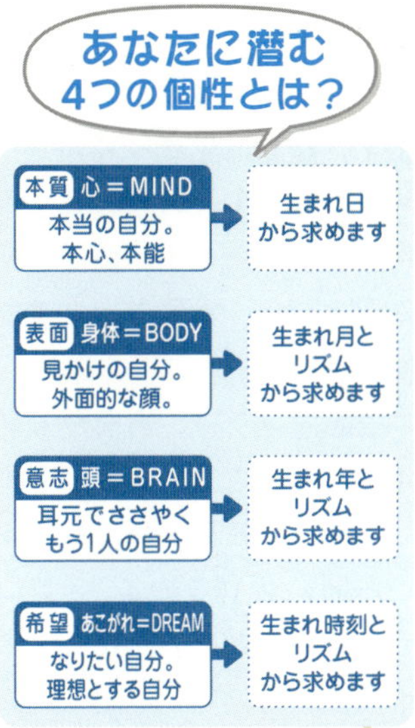
あなたに潜む
4つの個性とは？
本質 心＝MIND
本当の自分。
本心、本能
生まれ日
から求めます
表面 身体＝BODY
見かけの自分。
外面的な顔。
生まれ月と
リズム
から求めます
意志 頭＝BRAIN
耳元でささやく
もう1人の自分
生まれ年と
リズム
から求めます
希望 あこがれ＝DREAM
なりたい自分。
理想とする自分
生まれ時刻と
リズム
から求めます

「本質」は生まれ日から求めます。あなたが最初に14～15ページの表で求めた12動物キャラが本質キャラです。本質は「本当の自分」、「心＝マインド」です。「三つ子の魂」に当たり、個性を見るうえで最も重要視されます。

「表面」は生まれ月から求めます。その人の表の顔、その人が人前で演じる「見かけの自分」、「身体＝ボディ」です。また社会の一員としてどのような行動をとるかも表しています。

たいていの人は、初対面のときや、新しい学校・職場に通い始める頃は、表面キャラで人と接しています。でも親しくなると、素の顔が出てきます。これが本質キャラです。

本質と表面はちょうどシーソーのような関係です。表面が出ているときは本質は後ろに隠れ、本質が出ているときは表面は隅に追いやられてしまいます。

職場などで表面の顔ばかりを演じていると、小さくなっている本質キャラがストレスをためます。でも、休日に素顔に戻って本質キャラを解放してやれば、ストレスも解消。本質キャラが甘えたいこじかなのに、表面キャラは甘えを許さない虎というように、キャラの性質のギャップが大きいほどストレスも増え、気持ちの負担を感じがちに。本質と表面のキャラが同じ人は表裏がないので、ストレスも少なくなります。

●耳元でささやく意志

「意志」は生まれ年から求めます。意志は思考「耳元でささやくもう１人の自分」、「頭＝ブレイン」です。個性を見るうえでは、本質の次に重要視されます。

意志キャラは、あなたの耳元で24時間ささやき続けます。「そんなに遊んでいたら、仕事が間に合わないよ」「ここでそんなことをいったらマズイよ」「あの人にお願いをするには、どういうふうに言えばいいだろうか」。意志キャラは常時、今起きていることを分析し、過去と照らし合わせて、この先の行動を決定し、シミュレーションしています。

意志キャラは「この場では控えめに」などと常に命令をしかけてきますが、時間が経つにつれ、自己中心的な本質キャラが意志キャラを無視して、いつしか場の中心になっていることも。本質と意志は力比べをしている関係でもあります。

●希望はあこがれの人

「希望」は生まれ時刻から求めます。あなたの「なりたい自分」、「あこがれ＝ドリーム」です。あなたがあこがれるタレントや先輩のようなもので、過去に思いこがれた先輩の本質キャラは、自分の希望キャラだったというのはよくあるケースです。また、悩みがあまりに重大になったり落ちこんだときには、人は希望キャラのまねをして、現実から逃避します。たとえば“クヨクヨする”本質キャラが“今を楽しむ”希望キャラに変身し、一時、悩みを忘れるのです。

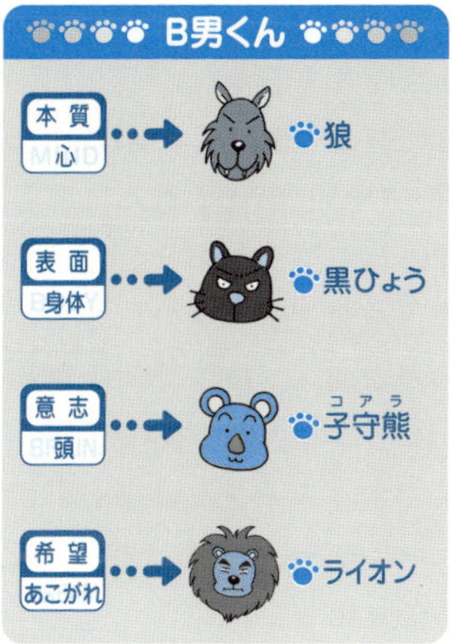

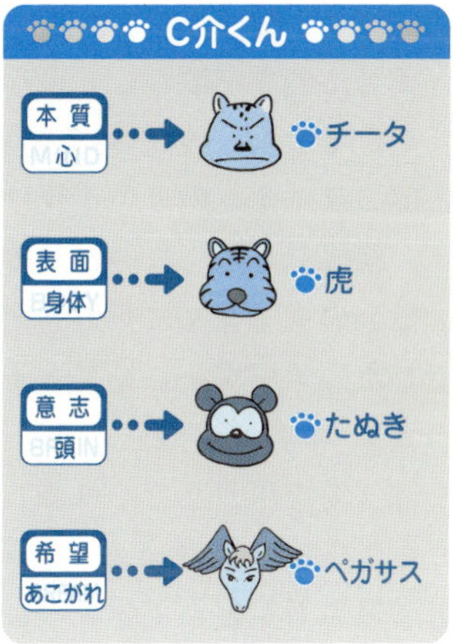

●自分の本質から相手の表面を見て、出会いが起こる

以下は4つの個性から見たケーススタディです。パート3と見比べながら読み進むと、より理解しやすくなるでしょう。

A子さんはB男くんに恋をしました。人は誰でも、「自分の本質」から「相手の表面」を見て、恋をするのです。本質／ひつじのA子さんから見て、表面／黒ひょうのB男くんはまさに「あこがれの人」。

一方、本質／狼のB男くんから見ると、A子さんの表面／ゾウは「尽くしてくれる」相手。悪く言えば「言いなりになる便利な女性」です。

また、B男くんの考え方は意志／子守熊《コアラ》ですから、本質／ひつじのA子さんはB男くんに親友の信頼感さえ感じ、B男くんはA子さんにちょっと恋心も抱きました。

●ステディになると、本質対本質でつきあうようになる

2人がステディになると、本質／ひつじのA子さんと本質／狼のB男くんでつきあうようになり、ひつじにとって狼は「ストレスを感じる」最悪の相性。愛する人に何かと口出すこと

がひつじの愛の形ですから、物事を１人で進めたがる狼は、Ａ子さんの愛を煩わしく思うようになりました。

やがて２人は破局へ。その原因は、スネたＢ男くんが見せた希望／ライオンの姿。それは本質／ひつじのＡ子さんにとって、横暴でだらしないわがまま者にしか見えなかったのです。

傷心のＡ子さんに接近したのは、本質／チータのＣ介くんでした。チータから見てＡ子さんの表面／ゾウは「あこがれの人」。本質／ひつじのＡ子さんにとって表面／虎のＣ介くんは「愛を尽くしてくれる」相手です。Ａ子さんは傷心をＣ介くんで癒し、Ｃ介くんの意志／たぬきの考えを知るほどに「最上の協力者」として愛するようになりました。

２人がステディになり、互いの本質が見えてくると、本質／ひつじのＡ子さんと本質／チータのＣ介くんは理想の結婚相手！　２人は自然に結婚へと進もうとしています。Ｃ介くんが落ちこんだときに現れる希望／ペガサスにさえ、Ａ子さんはやさしい愛を感じています。

●動物キャラナビを４倍楽しみ、活用する

本書では基本的に“本質キャラ”を中心に説明しています。でもあなたが「４つの個性」を知ったあとは、それらのキャラのところも読んでみてください。たとえば表面が虎、意志がこじか、希望が猿なら、本質キャラに加えて、虎、こじか、猿、どれもあなたに読んでいただきたいページです。どのページにもあなたのことが書いてあります。

まれに４つの個性がすべて同じキャラの人がいます。それが猿なら、その人はとっても猿っぽくて、どこから見ても、“猿”！　心に裏表も矛盾もなく、本人もとても楽です。また４つの個性に「月（満月と新月）．地球．太陽」の４キャラをもつ人がいます。このタイプは視野が広く、バランス感覚が抜群で応用力があり、何にでも柔軟に対応します。

動物キャラナビをきわめる

「表面」「意志」「希望」の出し方

「表面」「意志」「希望」は、「表面」＝生まれた月、「意志」＝生まれた年、「希望」＝生まれた時刻、から出します。

《例》1980年5月1日午前6時15分生まれの場合

❶ 60分類キャラクター換算表・対応表（10〜15ページ）で「リズム」を出します。

●本質＝「こじか」（12分類の動物キャラ）　　リズム＝「大樹《ビッグツリー》」

❷ それぞれの換算表で「KEY」を出します。

☆表面
（172〜175ページの表で、生まれた年と月を確認して「KEY」を出す）→KEY＝5

☆意志
（176ページの表で、生まれた年の期間を確認して「KEY」を出す）→KEY＝9

☆希望
（176ページの表で、生まれた時刻を確認して「KEY」を出す）→KEY＝4

❸「KEY」がわかったら、171ページの対応表で「リズム」と「KEY」が交差する箇所からキャラクターを出します。

●表面　「大樹《ビッグツリー》」と5 →「たぬき」

●意志　「大樹《ビッグツリー》」と9 →「ペガサス」

●希望　「大樹《ビッグツリー》」と4 →「虎」

「意志」「表面」「希望」対応表

あなたのリズム

KEY / リズム	1	2	3	4	5	6	7	8	9	10	11	12
大樹《ビッグツリー》	チータ	黒ひょう	ライオン	虎	たぬき	子守熊	ゾウ	ひつじ	ペガサス	狼	こじか	猿
草花《サンフラワー》	子守熊	たぬき	虎	ライオン	黒ひょう	チータ	猿	こじか	狼	ペガサス	ひつじ	ゾウ
太陽《サンシャイン》	狼	こじか	猿	チータ	黒ひょう	ライオン	虎	たぬき	子守熊	ゾウ	ひつじ	ペガサス
灯火《キャンドル》	ペガサス	ひつじ	ゾウ	子守熊	たぬき	虎	ライオン	黒ひょう	チータ	猿	こじか	狼
山岳《マウンテン》	狼	こじか	猿	チータ	黒ひょう	ライオン	虎	たぬき	子守熊	ゾウ	ひつじ	ペガサス
大地《フィールド》	ペガサス	ひつじ	ゾウ	子守熊	たぬき	虎	ライオン	黒ひょう	チータ	猿	こじか	狼
鉱脈《メタル》	ゾウ	ひつじ	ペガサス	狼	こじか	猿	チータ	黒ひょう	ライオン	虎	たぬき	子守熊
宝石《ジュエリー》	猿	こじか	狼	ペガサス	ひつじ	ゾウ	子守熊	たぬき	虎	ライオン	黒ひょう	チータ
海洋《オーシャン》	虎	たぬき	子守熊	ゾウ	ひつじ	ペガサス	狼	こじか	猿	チータ	黒ひょう	ライオン
雨露《レインドロップ》	ライオン	黒ひょう	チータ	猿	こじか	狼	ペガサス	ひつじ	ゾウ	子守熊	たぬき	虎

「表面」換算表

KEY / 生まれた年	2	3	4	5	6	7
1925(大正14)年	1/6〜2/3	2/4〜3/5	3/6〜4/4	4/5〜5/5	5/6〜6/5	6/6〜7/7
1926(昭和元)年	1/6〜2/3	2/4〜3/5	3/6〜4/4	4/5〜5/5	5/6〜6/5	6/6〜7/7
1927(昭和2)年	1/6〜2/4	2/5〜3/5	3/6〜4/5	4/6〜5/5	5/6〜6/6	6/7〜7/7
1928(昭和3)年	1/6〜2/4	2/5〜3/5	3/6〜4/4	4/5〜5/5	5/6〜6/5	6/6〜7/6
1929(昭和4)年	1/6〜2/3	2/4〜3/5	3/6〜4/4	4/5〜5/5	5/6〜6/5	6/6〜7/7
1930(昭和5)年	1/6〜2/3	2/4〜3/5	3/6〜4/4	4/5〜5/5	5/6〜6/5	6/6〜7/7
1931(昭和6)年	1/6〜2/4	2/5〜3/5	3/6〜4/5	4/6〜5/5	5/6〜6/6	6/7〜7/7
1932(昭和7)年	1/6〜2/4	2/5〜3/5	3/6〜4/4	4/5〜5/5	5/6〜6/5	6/6〜7/6
1933(昭和8)年	1/6〜2/3	2/4〜3/5	3/6〜4/4	4/5〜5/5	5/6〜6/5	6/6〜7/6
1934(昭和9)年	1/6〜2/3	2/4〜3/5	3/6〜4/4	4/5〜5/5	5/6〜6/5	6/6〜7/7
1935(昭和10)年	1/6〜2/4	2/5〜3/5	3/6〜4/5	4/6〜5/5	5/6〜6/6	6/7〜7/7
1936(昭和11)年	1/6〜2/4	2/5〜3/5	3/6〜4/4	4/5〜5/5	5/6〜6/5	6/6〜7/6
1937(昭和12)年	1/6〜2/3	2/4〜3/5	3/6〜4/4	4/5〜5/5	5/6〜6/5	6/6〜7/6
1938(昭和13)年	1/6〜2/3	2/4〜3/5	3/6〜4/4	4/5〜5/5	5/6〜6/5	6/6〜7/7
1939(昭和14)年	1/6〜2/4	2/5〜3/5	3/6〜4/5	4/6〜5/5	5/6〜6/5	6/6〜7/7
1940(昭和15)年	1/6〜2/4	2/5〜3/5	3/6〜4/4	4/5〜5/5	5/6〜6/5	6/6〜7/6
1941(昭和16)年	1/6〜2/3	2/4〜3/5	3/6〜4/4	4/5〜5/5	5/6〜6/5	6/6〜7/6
1942(昭和17)年	1/6〜2/3	2/4〜3/5	3/6〜4/4	4/5〜5/5	5/6〜6/5	6/6〜7/7
1943(昭和18)年	1/6〜2/4	2/5〜3/5	3/6〜4/5	4/6〜5/5	5/6〜6/5	6/6〜7/7
1944(昭和19)年	1/6〜2/4	2/5〜3/5	3/6〜4/4	4/5〜5/5	5/6〜6/5	6/6〜7/6
1945(昭和20)年	1/6〜2/3	2/4〜3/5	3/6〜4/4	4/5〜5/5	5/6〜6/5	6/6〜7/6
1946(昭和21)年	1/6〜2/3	2/4〜3/5	3/6〜4/4	4/5〜5/5	5/6〜6/5	6/6〜7/7
1947(昭和22)年	1/6〜2/4	2/5〜3/5	3/6〜4/5	4/6〜5/5	5/6〜6/5	6/6〜7/7
1948(昭和23)年	1/6〜2/4	2/5〜3/5	3/6〜4/4	4/5〜5/4	5/5〜6/5	6/6〜7/6
1949(昭和24)年	1/6〜2/3	2/4〜3/5	3/6〜4/4	4/5〜5/5	5/6〜6/5	6/6〜7/6
1950(昭和25)年	1/6〜2/3	2/4〜3/5	3/6〜4/4	4/5〜5/5	5/6〜6/5	6/6〜7/7
1951(昭和26)年	1/6〜2/4	2/5〜3/5	3/6〜4/4	4/5〜5/5	5/6〜6/5	6/6〜7/7
1952(昭和27)年	1/6〜2/4	2/5〜3/5	3/6〜4/4	4/5〜5/4	5/5〜6/5	6/6〜7/6
1953(昭和28)年	1/6〜2/3	2/4〜3/5	3/6〜4/4	4/5〜5/5	5/6〜6/5	6/6〜7/6
1954(昭和29)年	1/6〜2/3	2/4〜3/5	3/6〜4/4	4/5〜5/5	5/6〜6/5	6/6〜7/7
1955(昭和30)年	1/6〜2/3	2/4〜3/5	3/6〜4/4	4/5〜5/5	5/6〜6/5	6/6〜7/7
1956(昭和31)年	1/6〜2/4	2/5〜3/4	3/5〜4/4	4/5〜5/4	5/5〜6/5	6/6〜7/6
1957(昭和32)年	1/5〜2/3	2/4〜3/5	3/6〜4/4	4/5〜5/5	5/6〜6/5	6/6〜7/6
1958(昭和33)年	1/6〜2/3	2/4〜3/5	3/6〜4/4	4/5〜5/5	5/6〜6/5	6/6〜7/7
1959(昭和34)年	1/6〜2/3	2/4〜3/5	3/6〜4/4	4/5〜5/5	5/6〜6/5	6/6〜7/7
1960(昭和35)年	1/6〜2/4	2/5〜3/4	3/5〜4/4	4/5〜5/4	5/5〜6/5	6/6〜7/6
1961(昭和36)年	1/5〜2/3	2/4〜3/5	3/6〜4/4	4/5〜5/5	5/6〜6/5	6/6〜7/6
1962(昭和37)年	1/6〜2/3	2/4〜3/5	3/6〜4/4	4/5〜5/5	5/6〜6/5	6/6〜7/6
1963(昭和38)年	1/6〜2/3	2/4〜3/5	3/6〜4/4	4/5〜5/5	5/6〜6/5	6/6〜7/7
1964(昭和39)年	1/6〜2/4	2/5〜3/4	3/5〜4/4	4/5〜5/4	5/5〜6/5	6/6〜7/6
1965(昭和40)年	1/5〜2/3	2/4〜3/5	3/6〜4/4	4/5〜5/5	5/6〜6/5	6/6〜7/6
1966(昭和41)年	1/6〜2/3	2/4〜3/5	3/6〜4/4	4/5〜5/5	5/6〜6/5	6/6〜7/6
1967(昭和42)年	1/6〜2/3	2/4〜3/5	3/6〜4/4	4/5〜5/5	5/6〜6/5	6/6〜7/7
1968(昭和43)年	1/6〜2/4	2/5〜3/4	3/5〜4/4	4/5〜5/4	5/5〜6/5	6/6〜7/6

8	9	10	11	12	1
7/8〜8/7	8/8〜9/7	9/8〜10/8	10/9〜11/7	11/8〜12/6	12/7〜1926(昭和元)年1/5
7/8〜8/7	8/8〜9/7	9/8〜10/8	10/9〜11/7	11/8〜12/7	12/8〜1927(昭和 2)年1/5
7/8〜8/7	8/8〜9/8	9/9〜10/8	10/9〜11/7	11/8〜12/7	12/8〜1928(昭和 3)年1/5
7/7〜8/7	8/8〜9/7	9/8〜10/7	10/8〜11/7	11/8〜12/6	12/7〜1929(昭和 4)年1/5
7/8〜8/7	8/8〜9/7	9/8〜10/8	10/9〜11/7	11/8〜12/6	12/7〜1930(昭和 5)年1/5
7/8〜8/7	8/8〜9/7	9/8〜10/8	10/9〜11/7	11/8〜12/7	12/8〜1931(昭和 6)年1/5
7/8〜8/7	8/8〜9/8	9/9〜10/8	10/9〜11/7	11/8〜12/7	12/8〜1932(昭和 7)年1/5
7/7〜8/7	8/8〜9/7	9/8〜10/7	10/8〜11/6	11/7〜12/6	12/7〜1933(昭和 8)年1/5
7/7〜8/7	8/8〜9/7	9/8〜10/8	10/9〜11/7	11/8〜12/6	12/7〜1934(昭和 9)年1/5
7/8〜8/7	8/8〜9/7	9/8〜10/8	10/9〜11/7	11/8〜12/7	12/8〜1935(昭和10)年1/5
7/8〜8/7	8/8〜9/7	9/8〜10/8	10/9〜11/7	11/8〜12/7	12/8〜1936(昭和11)年1/5
7/7〜8/7	8/8〜9/7	9/8〜10/7	10/8〜11/6	11/7〜12/6	12/7〜1937(昭和12)年1/5
7/7〜8/7	8/8〜9/7	9/8〜10/8	10/9〜11/7	11/8〜12/6	12/7〜1938(昭和13)年1/5
7/8〜8/7	8/8〜9/7	9/8〜10/8	10/9〜11/7	11/8〜12/7	12/8〜1939(昭和14)年1/5
7/8〜8/7	8/8〜9/7	9/8〜10/8	10/9〜11/7	11/8〜12/7	12/8〜1940(昭和15)年1/5
7/7〜8/7	8/8〜9/7	9/8〜10/7	10/8〜11/6	11/7〜12/6	12/7〜1941(昭和16)年1/5
7/7〜8/7	8/8〜9/7	9/8〜10/8	10/9〜11/7	11/8〜12/6	12/7〜1942(昭和17)年1/5
7/8〜8/7	8/8〜9/7	9/8〜10/8	10/9〜11/7	11/8〜12/7	12/8〜1943(昭和18)年1/5
7/8〜8/7	8/8〜9/7	9/8〜10/8	10/9〜11/7	11/8〜12/7	12/8〜1944(昭和19)年1/5
7/7〜8/7	8/8〜9/7	9/8〜10/7	10/8〜11/6	11/7〜12/6	12/7〜1945(昭和20)年1/5
7/7〜8/7	8/8〜9/7	9/8〜10/8	10/9〜11/7	11/8〜12/6	12/7〜1946(昭和21)年1/5
7/8〜8/7	8/8〜9/7	9/8〜10/8	10/9〜11/7	11/8〜12/7	12/8〜1947(昭和22)年1/5
7/8〜8/7	8/8〜9/7	9/8〜10/8	10/9〜11/7	11/8〜12/7	12/8〜1948(昭和23)年1/5
7/7〜8/7	8/8〜9/7	9/8〜10/7	10/8〜11/6	11/7〜12/6	12/7〜1949(昭和24)年1/5
7/7〜8/7	8/8〜9/7	9/8〜10/8	10/9〜11/7	11/8〜12/6	12/7〜1950(昭和25)年1/5
7/8〜8/7	8/8〜9/7	9/8〜10/8	10/9〜11/7	11/8〜12/7	12/8〜1951(昭和26)年1/5
7/8〜8/7	8/8〜9/7	9/8〜10/8	10/9〜11/7	11/8〜12/7	12/8〜1952(昭和27)年1/5
7/7〜8/6	8/7〜9/7	9/8〜10/7	10/8〜11/6	11/7〜12/6	12/7〜1953(昭和28)年1/5
7/7〜8/7	8/8〜9/7	9/8〜10/7	10/8〜11/7	11/8〜12/6	12/7〜1954(昭和29)年1/5
7/8〜8/7	8/8〜9/7	9/8〜10/8	10/9〜11/7	11/8〜12/7	12/8〜1955(昭和30)年1/5
7/8〜8/7	8/8〜9/7	9/8〜10/8	10/9〜11/7	11/8〜12/7	12/8〜1956(昭和31)年1/5
7/7〜8/6	8/7〜9/7	9/8〜10/7	10/8〜11/6	11/7〜12/6	12/7〜1957(昭和32)年1/4
7/7〜8/7	8/8〜9/7	9/8〜10/7	10/8〜11/7	11/8〜12/6	12/7〜1958(昭和33)年1/5
7/8〜8/7	8/8〜9/7	9/8〜10/8	10/9〜11/7	11/8〜12/6	12/7〜1959(昭和34)年1/5
7/8〜8/7	8/8〜9/7	9/8〜10/8	10/9〜11/7	11/8〜12/7	12/8〜1960(昭和35)年1/5
7/7〜8/6	8/7〜9/7	9/8〜10/7	10/8〜11/6	11/7〜12/6	12/7〜1961(昭和36)年1/4
7/7〜8/7	8/8〜9/7	9/8〜10/7	10/8〜11/7	11/8〜12/6	12/7〜1962(昭和37)年1/5
7/7〜8/7	8/8〜9/7	9/8〜10/8	10/9〜11/7	11/8〜12/6	12/7〜1963(昭和38)年1/5
7/8〜8/7	8/8〜9/7	9/8〜10/8	10/9〜11/7	11/8〜12/7	12/8〜1964(昭和39)年1/5
7/7〜8/6	8/7〜9/6	9/7〜10/7	10/8〜11/6	11/7〜12/6	12/7〜1965(昭和40)年1/4
7/7〜8/7	8/8〜9/7	9/8〜10/7	10/8〜11/7	11/8〜12/6	12/7〜1966(昭和41)年1/5
7/7〜8/7	8/8〜9/7	9/8〜10/8	10/9〜11/7	11/8〜12/6	12/7〜1967(昭和42)年1/5
7/8〜8/7	8/8〜9/7	9/8〜10/8	10/9〜11/7	11/8〜12/7	12/8〜1968(昭和43)年1/5
7/7〜8/6	8/7〜9/6	9/7〜10/7	10/8〜11/6	11/7〜12/6	12/7〜1969(昭和44)年1/4

※1月4日、もしくは5日までに生まれた人は、前年のKEYを見てください。

「表面」換算表

KEY / 生まれた年	2	3	4	5	6	7
1969(昭和44)年	1/5~2/3	2/4~3/5	3/6~4/4	4/5~5/5	5/6~6/5	6/6~7/6
1970(昭和45)年	1/6~2/3	2/4~3/5	3/6~4/4	4/5~5/5	5/6~6/5	6/6~7/6
1971(昭和46)年	1/6~2/3	2/4~3/5	3/6~4/4	4/5~5/5	5/6~6/5	6/6~7/7
1972(昭和47)年	1/6~2/4	2/5~3/4	3/5~4/4	4/5~5/4	5/5~6/4	6/5~7/6
1973(昭和48)年	1/5~2/3	2/4~3/5	3/6~4/4	4/5~5/5	5/6~6/5	6/6~7/6
1974(昭和49)年	1/6~2/3	2/4~3/5	3/6~4/4	4/5~5/5	5/6~6/5	6/6~7/6
1975(昭和50)年	1/6~2/3	2/4~3/5	3/6~4/4	4/5~5/5	5/6~6/5	6/6~7/7
1976(昭和51)年	1/6~2/4	2/5~3/4	3/5~4/4	4/5~5/4	5/5~6/4	6/5~7/6
1977(昭和52)年	1/5~2/3	2/4~3/5	3/6~4/4	4/5~5/5	5/6~6/5	6/6~7/6
1978(昭和53)年	1/6~2/3	2/4~3/5	3/6~4/4	4/5~5/5	5/6~6/5	6/6~7/6
1979(昭和54)年	1/6~2/3	2/4~3/5	3/6~4/4	4/5~5/5	5/6~6/5	6/6~7/7
1980(昭和55)年	1/6~2/4	2/5~3/4	3/5~4/4	4/5~5/4	5/5~6/4	6/5~7/6
1981(昭和56)年	1/5~2/3	2/4~3/5	3/6~4/4	4/5~5/4	5/5~6/5	6/6~7/6
1982(昭和57)年	1/6~2/3	2/4~3/5	3/6~4/4	4/5~5/5	5/6~6/5	6/6~7/6
1983(昭和58)年	1/6~2/3	2/4~3/5	3/6~4/4	4/5~5/5	5/6~6/5	6/6~7/7
1984(昭和59)年	1/6~2/4	2/5~3/4	3/5~4/3	4/4~5/4	5/5~6/4	6/5~7/6
1985(昭和60)年	1/5~2/3	2/4~3/5	3/6~4/4	4/5~5/4	5/5~6/5	6/6~7/6
1986(昭和61)年	1/6~2/3	2/4~3/5	3/6~4/4	4/5~5/5	5/6~6/5	6/6~7/6
1987(昭和62)年	1/6~2/3	2/4~3/5	3/6~4/4	4/5~5/5	5/6~6/5	6/6~7/7
1988(昭和63)年	1/6~2/3	2/4~3/4	3/5~4/3	4/4~5/4	5/5~6/4	6/5~7/6
1989(平成元)年	1/5~2/3	2/4~3/4	3/5~4/4	4/5~5/4	5/5~6/5	6/6~7/6
1990(平成2)年	1/5~2/3	2/4~3/5	3/6~4/4	4/5~5/5	5/6~6/5	6/6~7/6
1991(平成3)年	1/6~2/3	2/4~3/5	3/6~4/4	4/5~5/5	5/6~6/5	6/6~7/6
1992(平成4)年	1/6~2/3	2/4~3/4	3/5~4/3	4/4~5/4	5/5~6/4	6/5~7/6
1993(平成5)年	1/5~2/3	2/4~3/4	3/5~4/4	4/5~5/4	5/5~6/5	6/6~7/6
1994(平成6)年	1/5~2/3	2/4~3/5	3/6~4/4	4/5~5/5	5/6~6/5	6/6~7/6
1995(平成7)年	1/6~2/3	2/4~3/5	3/6~4/4	4/5~5/5	5/6~6/5	6/6~7/6
1996(平成8)年	1/6~2/3	2/4~3/4	3/5~4/3	4/4~5/4	5/5~6/4	6/5~7/6
1997(平成9)年	1/5~2/3	2/4~3/4	3/5~4/4	4/5~5/4	5/5~6/5	6/6~7/6
1998(平成10)年	1/5~2/3	2/4~3/5	3/6~4/4	4/5~5/5	5/6~6/5	6/6~7/6
1999(平成11)年	1/6~2/3	2/4~3/5	3/6~4/4	4/5~5/5	5/6~6/5	6/6~7/6
2000(平成12)年	1/6~2/3	2/4~3/4	3/5~4/3	4/4~5/4	5/5~6/4	6/5~7/6
2001(平成13)年	1/5~2/3	2/4~3/4	3/5~4/4	4/5~5/4	5/5~6/4	6/5~7/6
2002(平成14)年	1/5~2/3	2/4~3/5	3/6~4/4	4/5~5/5	5/6~6/5	6/6~7/6
2003(平成15)年	1/6~2/3	2/4~3/5	3/6~4/4	4/5~5/5	5/6~6/5	6/6~7/6
2004(平成16)年	1/6~2/3	2/4~3/4	3/5~4/3	4/4~5/4	5/5~6/4	6/5~7/6
2005(平成17)年	1/5~2/3	2/4~3/4	3/5~4/4	4/5~5/4	5/5~6/4	6/5~7/6
2006(平成18)年	1/5~2/3	2/4~3/5	3/6~4/4	4/5~5/5	5/6~6/5	6/6~7/6
2007(平成19)年	1/6~2/3	2/4~3/5	3/6~4/4	4/5~5/5	5/6~6/5	6/6~7/6
2008(平成20)年	1/6~2/3	2/4~3/4	3/5~4/3	4/4~5/4	5/5~6/4	6/5~7/6
2009(平成21)年	1/5~2/3	2/4~3/4	3/5~4/4	4/5~5/4	5/5~6/4	6/5~7/6
2010(平成22)年	1/6~2/3	2/4~3/5	3/6~4/4	4/5~5/4	5/5~6/5	6/6~7/6
2011(平成23)年	1/6~2/3	2/4~3/5	3/6~4/4	4/5~5/5	5/6~6/5	6/6~7/6
2012(平成24)年	1/6~2/3	2/4~3/4	3/5~4/3	4/4~5/4	5/5~6/5	6/5~7/6

8	9	10	11	12	1
7/7〜8/7	8/8〜9/7	9/8〜10/7	10/8〜11/6	11/7〜12/6	12/7〜1970(昭和45)年1/5
7/7〜8/7	8/8〜9/7	9/8〜10/8	10/9〜11/7	11/8〜12/6	12/7〜1971(昭和46)年1/5
7/8〜8/7	8/8〜9/7	9/8〜10/8	10/9〜11/7	11/8〜12/7	12/8〜1972(昭和47)年1/5
7/7〜8/6	8/7〜9/6	9/7〜10/7	10/8〜11/6	11/7〜12/6	12/7〜1973(昭和48)年1/4
7/7〜8/7	8/8〜9/7	9/8〜10/7	10/8〜11/6	11/7〜12/6	12/7〜1974(昭和49)年1/5
7/7〜8/7	8/8〜9/7	9/8〜10/8	10/9〜11/7	11/8〜12/6	12/7〜1975(昭和50)年1/5
7/8〜8/7	8/8〜9/7	9/8〜10/8	10/9〜11/7	11/8〜12/7	12/8〜1976(昭和51)年1/5
7/7〜8/6	8/7〜9/6	9/7〜10/7	10/8〜11/6	11/7〜12/6	12/7〜1977(昭和52)年1/4
7/7〜8/7	8/8〜9/7	9/8〜10/7	10/8〜11/6	11/7〜12/6	12/7〜1978(昭和53)年1/5
7/7〜8/7	8/8〜9/7	9/8〜10/8	10/9〜11/7	11/8〜12/6	12/7〜1979(昭和54)年1/5
7/8〜8/7	8/8〜9/7	9/8〜10/8	10/9〜11/7	11/8〜12/7	12/8〜1980(昭和55)年1/5
7/7〜8/6	8/7〜9/6	9/7〜10/7	10/8〜11/6	11/7〜12/6	12/7〜1981(昭和56)年1/4
7/7〜8/6	8/7〜9/7	9/8〜10/7	10/8〜11/6	11/7〜12/6	12/7〜1982(昭和57)年1/5
7/7〜8/7	8/8〜9/7	9/8〜10/8	10/9〜11/7	11/8〜12/6	12/7〜1983(昭和58)年1/5
7/8〜8/7	8/8〜9/7	9/8〜10/8	10/9〜11/7	11/8〜12/7	12/8〜1984(昭和59)年1/5
7/7〜8/6	8/7〜9/6	9/7〜10/7	10/8〜11/6	11/7〜12/6	12/7〜1985(昭和60)年1/4
7/7〜8/6	8/7〜9/7	9/8〜10/7	10/8〜11/6	11/7〜12/6	12/7〜1986(昭和61)年1/5
7/7〜8/7	8/8〜9/7	9/8〜10/7	10/8〜11/7	11/8〜12/6	12/7〜1987(昭和62)年1/5
7/8〜8/7	8/8〜9/7	9/8〜10/8	10/9〜11/7	11/8〜12/7	12/8〜1988(昭和63)年1/5
7/7〜8/6	8/7〜9/6	9/7〜10/7	10/8〜11/6	11/7〜12/6	12/7〜1989(平成元)年1/4
7/7〜8/6	8/7〜9/7	9/8〜10/7	10/8〜11/6	11/7〜12/6	12/7〜1990(平成 2)年1/4
7/7〜8/7	8/8〜9/7	9/8〜10/7	10/8〜11/7	11/8〜12/6	12/7〜1991(平成 3)年1/5
7/7〜8/7	8/8〜9/7	9/8〜10/8	10/9〜11/7	11/8〜12/6	12/7〜1992(平成 4)年1/5
7/7〜8/6	8/7〜9/6	9/7〜10/7	10/8〜11/6	11/7〜12/6	12/7〜1993(平成 5)年1/4
7/7〜8/6	8/7〜9/7	9/8〜10/7	10/8〜11/6	11/7〜12/6	12/7〜1994(平成 6)年1/4
7/7〜8/7	8/8〜9/7	9/8〜10/7	10/8〜11/7	11/8〜12/6	12/7〜1995(平成 7)年1/5
7/7〜8/7	8/8〜9/7	9/8〜10/8	10/9〜11/7	11/8〜12/6	12/7〜1996(平成 8)年1/5
7/7〜8/6	8/7〜9/6	9/7〜10/7	10/8〜11/6	11/7〜12/6	12/7〜1997(平成 9)年1/4
7/7〜8/6	8/7〜9/6	9/7〜10/7	10/8〜11/6	11/7〜12/6	12/7〜1998(平成10)年1/4
7/7〜8/7	8/8〜9/7	9/8〜10/7	10/8〜11/7	11/8〜12/6	12/7〜1999(平成11)年1/5
7/7〜8/7	8/8〜9/7	9/8〜10/8	10/9〜11/7	11/8〜12/6	12/7〜2000(平成12)年1/5
7/7〜8/6	8/7〜9/6	9/7〜10/7	10/8〜11/6	11/7〜12/6	12/7〜2001(平成13)年1/4
7/7〜8/6	8/7〜9/6	9/7〜10/7	10/8〜11/6	11/7〜12/6	12/7〜2002(平成14)年1/4
7/7〜8/7	8/8〜9/7	9/8〜10/7	10/8〜11/6	11/7〜12/6	12/7〜2003(平成15)年1/5
7/7〜8/7	8/8〜9/7	9/8〜10/8	10/9〜11/7	11/8〜12/6	12/7〜2004(平成16)年1/5
7/7〜8/6	8/7〜9/6	9/7〜10/7	10/8〜11/6	11/7〜12/6	12/7〜2005(平成17)年1/4
7/7〜8/6	8/7〜9/6	9/7〜10/7	10/8〜11/6	11/7〜12/6	12/7〜2006(平成18)年1/4
7/7〜8/7	8/8〜9/7	9/8〜10/7	10/8〜11/6	11/7〜12/6	12/7〜2007(平成19)年1/5
7/7〜8/7	8/8〜9/7	9/8〜10/8	10/9〜11/7	11/8〜12/6	12/7〜2008(平成20)年1/5
7/7〜8/6	8/7〜9/6	9/7〜10/7	10/8〜11/6	11/7〜12/6	12/7〜2009(平成21)年1/4
7/7〜8/6	8/7〜9/6	9/7〜10/7	10/8〜11/6	11/7〜12/6	12/7〜2010(平成22)年1/4
7/7〜8/6	8/7〜9/7	9/8〜10/7	10/8〜11/6	11/7〜12/6	12/7〜2011(平成23)年1/5
7/7〜8/7	8/8〜9/7	9/8〜10/8	10/9〜11/7	11/8〜12/6	12/7〜2012(平成24)年1/5
7/7〜8/6	8/7〜9/6	9/7〜10/7	10/8〜11/6	11/7〜12/6	12/7〜2012(平成24)年1/4

※1月4日、もしくは5日までに生まれた人は、前年のKEYを見てください。

「意志」換算表

生まれた年	期　　間	KEY	生まれた年	期　　間	KEY
1925(大正14)年	2/4～1926/2/3	2	1969(昭和44)年	2/4～1970/2/3	10
1926(昭和元)年	2/4～1927/2/4	3	1970(昭和45)年	2/4～1971/2/3	11
1927(昭和 2)年	2/5～1928/2/4	4	1971(昭和46)年	2/4～1972/2/4	12
1928(昭和 3)年	2/5～1929/2/3	5	1972(昭和47)年	2/5～1973/2/3	1
1929(昭和 4)年	2/4～1930/2/3	6	1973(昭和48)年	2/4～1974/2/3	2
1930(昭和 5)年	2/4～1931/2/4	7	1974(昭和49)年	2/4～1975/2/3	3
1931(昭和 6)年	2/5～1932/2/4	8	1975(昭和50)年	2/4～1976/2/4	4
1932(昭和 7)年	2/5～1933/2/3	9	1976(昭和51)年	2/5～1977/2/3	5
1933(昭和 8)年	2/4～1934/2/3	10	1977(昭和52)年	2/4～1978/2/3	6
1934(昭和 9)年	2/4～1935/2/4	11	1978(昭和53)年	2/4～1979/2/3	7
1935(昭和10)年	2/5～1936/2/4	12	1979(昭和54)年	2/4～1980/2/4	8
1936(昭和11)年	2/5～1937/2/3	1	1980(昭和55)年	2/5～1981/2/3	9
1937(昭和12)年	2/4～1938/2/3	2	1981(昭和56)年	2/4～1982/2/3	10
1938(昭和13)年	2/4～1939/2/4	3	1982(昭和57)年	2/4～1983/2/3	11
1939(昭和14)年	2/5～1940/2/4	4	1983(昭和58)年	2/4～1984/2/4	12
1940(昭和15)年	2/5～1941/2/3	5	1984(昭和59)年	2/5～1985/2/3	1
1941(昭和16)年	2/4～1942/2/3	6	1985(昭和60)年	2/4～1986/2/3	2
1942(昭和17)年	2/4～1943/2/4	7	1986(昭和61)年	2/4～1987/2/3	3
1943(昭和18)年	2/5～1944/2/4	8	1987(昭和62)年	2/4～1988/2/3	4
1944(昭和19)年	2/5～1945/2/3	9	1988(昭和63)年	2/4～1989/2/3	5
1945(昭和20)年	2/4～1946/2/3	10	1989(平成元)年	2/4～1990/2/3	6
1946(昭和21)年	2/4～1947/2/4	11	1990(平成 2)年	2/4～1991/2/3	7
1947(昭和22)年	2/5～1948/2/4	12	1991(平成 3)年	2/4～1992/2/3	8
1948(昭和23)年	2/5～1949/2/3	1	1992(平成 4)年	2/4～1993/2/3	9
1949(昭和24)年	2/4～1950/2/3	2	1993(平成 5)年	2/4～1994/2/3	10
1950(昭和25)年	2/4～1951/2/4	3	1994(平成 6)年	2/4～1995/2/3	11
1951(昭和26)年	2/5～1952/2/4	4	1995(平成 7)年	2/4～1996/2/3	12
1952(昭和27)年	2/5～1953/2/3	5	1996(平成 8)年	2/4～1997/2/3	1
1953(昭和28)年	2/4～1954/2/3	6	1997(平成 9)年	2/4～1998/2/3	2
1954(昭和29)年	2/4～1955/2/3	7	1998(平成10)年	2/4～1999/2/3	3
1955(昭和30)年	2/4～1956/2/4	8	1999(平成11)年	2/4～2000/2/3	4
1956(昭和31)年	2/5～1957/2/3	9	2000(平成12)年	2/4～2001/2/3	5
1957(昭和32)年	2/4～1958/2/3	10	2001(平成13)年	2/4～2002/2/3	6
1958(昭和33)年	2/4～1959/2/3	11	2002(平成14)年	2/4～2003/2/3	7
1959(昭和34)年	2/4～1960/2/4	12	2003(平成15)年	2/4～2004/2/3	8
1960(昭和35)年	2/5～1961/2/3	1	2004(平成16)年	2/4～2005/2/3	9
1961(昭和36)年	2/4～1962/2/3	2	2005(平成17)年	2/4～2006/2/3	10
1962(昭和37)年	2/4～1963/2/3	3	2006(平成18)年	2/4～2007/2/3	11
1963(昭和38)年	2/4～1964/2/4	4	2007(平成19)年	2/4～2008/2/3	12
1964(昭和39)年	2/5～1965/2/3	5	2008(平成20)年	2/4～2009/2/3	1
1965(昭和40)年	2/4～1966/2/3	6	2009(平成21)年	2/4～2010/2/3	2
1966(昭和41)年	2/4～1967/2/3	7	2010(平成22)年	2/4～2011/2/3	3
1967(昭和42)年	2/4～1968/2/4	8	2011(平成23)年	2/4～2012/2/3	4
1968(昭和43)年	2/5～1969/2/3	9	2012(平成24)年	2/4～2013/2/3	5

※2月3日、もしくは4日までに生まれた人は、前年のKEYを見てください。

「希望」換算表

生まれた時刻	23:00～0:59	1:00～2:59	3:00～4:59	5:00～6:59	7:00～8:59	9:00～10:59	11:00～12:59	13:00～14:59	15:00～16:59	17:00～18:59	19:00～20:59	21:00～22:59
KEY	1	2	3	4	5	6	7	8	9	10	11	12

PART 3

・相・性・編・

恋愛の法則

胸ときめく恋愛と幸福なパートナーを見つける

12動物キャラで、あなたとあの人の相性をズバリ診断。誰を恋人に選べばいいか悩んでいるなら、これを読めば決定できるでしょう。また、リレーションを理解すれば人間関係学のエキスパートに。

恋愛＆結婚相性の基本はリレーションにあり

relation

パート3では、対12動物キャラ別の相性を一挙公開します。恋人や片想いの人との相性、告白されたけれど自分では今ひとつのあの人や噂のカップルの相性などを調べてみましょう。

ここで、覚えておくと何かとトクするのがリレーション（人間関係）です。155ページでじゃんけんの法則を紹介しましたが、これに「未来展望型／過去回想型」「右脳型／左脳型」の要素を加えて考察すると、じゃんけんの法則はさらに精密になり、右ページの図のようなリレーションが完成します。

リレーションは、いわば「力関係」。ちょっと周囲の人に思いを巡らしてみてください。「みんなAさんはがんこで苦手と言うけれど、私は何でも頼めて、つきあいやすい」「Bくんの理論は穴だらけなのに、ディベートに強い私がなぜかいつもやりこめらる」。これがリレーションです。

力関係が自分より下位のキャラに対しては、自分が優位に立って仕切ることができます。反対に、自分より上位のキャラには仕切られます。同キャラは互角で、仕切れる人もあれば仕切られる人もあり。状況により関係が変化することもあります。リレーションは、相性はいいのにうまくいかない恋愛をしているときや相性がさえない恋の成就を望むときに、きっと役に立ちます。それは、2人の本来の関係を素直に認めれば、むだな摩擦がなくなるから。すると甘えん坊の自分や自立する自分など、今まで気づかずにいた新しい自分を発見できるかも。毎日笑顔でいられ、ステキな恋が末長く続くことでしょう。リレーションは友人関係や職場の人間関係など、どんな人間関係にあてはまります。

狼から見た12動物のリレーション

狼はゾウを完全に仕切れるが、黒ひょうにはほぼ100%仕切られてしまう。同キャラの狼は五分と五分。３分類のじゃんけんで負ける４キャラには歯が立たない。

右の図によって「仕切る」「仕切られる」関係を説明しましょう。

何でも自分で決める性格の狼ですが、狼を徹底的に仕切るキャラは「仕切られ度95%」の黒ひょうです。狼は黒ひょうに「頼ってみたい、甘えてみたい」衝動にかられて片想いに。一途な愛を捧げます。

一方、狼にとってのゾウは、徹底的に仕切れる「仕切り度95%」の相手。狼はゾウから尽くしてもらえます。自分と同じキャラの狼は力関係が50%の互角の関係です。自分と同じタイプなので何のひらめきもなく、「関係ない人」。

人間の力関係は、恋愛や結婚とは無関係のように見えますが、じつは恋もリレーションから始まります。まして結婚となると、２人のリレーションがはっきりと表れます。

WOLF

狼の恋愛と結婚

自分のペースで恋をして
結婚後はしっかり役割分担

自分のペースを乱されるのが大嫌いで、過度の詮索や要求は最も苦手です。恋人に対してもそれは同じで、四六時中一緒にベッタリと過ごしたり、すでに予定のあるときに強引に誘われたりしたら大きなストレスになり、ケンカ別れの原因に。狼にとってパートナーシップとは、互いを尊重することなのです。

恋の始まりは慎重で、狼ならではのつっけんどんで他人行儀な対応が目立ちます。ステディになったと確信しない限り絶対心を開かないし、“オープンハート”以前はHをしません。でもステディになったら過度の気づかいは不要です。熱愛期間はごく短いですが、結婚後は家庭を愛するよき夫、妻に。男女同権主義で仕切り上手なので、「私は洗濯、あなたは芝刈り」というように互いの役割をしっかり分配します。♀は甘えベタで、惚れたらとことん相手の世話をするタイプです。子どもができると愛情の一切は子どもに集中しがちです。すべてに堅実な狼ですが、結婚のような生涯の一大事に、一か八かの大博打に出て失敗することも。

恋人 BEST1

たぬき

マイペースを守りたい狼と、相手に合わせて喜びを感じるたぬきは好相性。たぬきの誠実な温かさに、狼はほんわか気分。

結婚 BEST1

ライオン

白黒はっきりさせる狼とズボラな王様、ライオン。互いに1人を深く愛するところが共通点。狼が完全に仕切って◎。

狼のヒューマンリレーション（力関係）

1人よがりのゾウやロマン派の子守熊《コアラ》は、仕切りやすく共存も可能。気難しい黒ひょうや甘ったれのこじかには、仕切られて疲れ倍増。

トラブル　物事を1人で進めたがり、そのじゃまをされるのががまんならない狼。利己的な考えのもち主やよけいなお世話をするキャラとは衝突の連続。

別れのパターン　ペースを乱され束縛されるとキレるか他の人に移行。相手を仕切りすぎたり、自分の正しさを強く主張したりすると、恋人が離れてしまうことも。

アドバイス　狼のこだわりは、人からはただの意固地にしか見えないかも。理想と現実にはギャップがあると自分を納得させ、柔軟に接することも必要。

仕切られ度

狼を徹底的に仕切るキャラ	黒ひょう	95%
	こじか	90%
	たぬき	80%
狼をかなり仕切るキャラ	ひつじ	70%
	猿	60%
	チータ	55%

狼　50%

仕切り度

狼がかなり仕切れるキャラ	ペガサス	60%
	虎	70%
狼が徹底的に仕切れるキャラ	ライオン	80%
	子守熊《コアラ》	90%
	ゾウ	95%

狼が 永遠の愛を誓うのは 誰!?

関係ない人

狼 ―― 気の合う信頼できる友人

同キャラだけに、相手が何を望んでいるのか完ぺきに理解してしまいます。でも、同じ狼でも流儀はそれぞれ。自分のやり方をじゃまされることは何よりいや、ということが互いにわかりすぎているので、相手に一切、手を出しません。つまり、相手を信頼し、尊重するけれど、“ただの隣りの人”という関係。狼ならではの話をするときには、他のどんなキャラに話すよりもいちばんわかってもらえるのですが、ただそれだけの友人止まりです。

貢ぐ愛

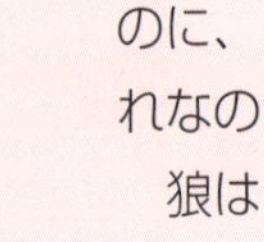

こじか ―― いつも面倒を見ることに

独立独歩の狼にとって、依存心が強く、いつも誰かとベタベタくっついているこじかは目ざわりな存在。それなのに、こじかは怖いもの見たさか自分にないものへのあこがれなのか、何かと狼にすり寄ります。

狼は“教え上手”というこじかの長所に気づいて、後輩の指導などを押しつけますが、アドバイスをしたり相談に乗ったりと、結局はこじかの面倒を見ることに。こじかは狼の役に立ち、教わることも多いと大喜び。2人のギブ＆テイクの関係が成立すれば、結婚も悪くありません。

親　友

猿 —— 自分とは違う生き方の人

自分のやり方にこだわり、物事を自分１人で進め、お世辞のひと言も言えない狼。そんな狼にとって、人の気持ちを砕き、人と人の間をおどけながらもとりもち、日々を懸命に完全燃焼させて生きる猿は、ちょっとした癒しの存在。決して猿をまねようとは思いませんが、「あんな生き方があってもいいなぁ」と感じます。猿は、狼が自分に向けるやさしいまなざしを感じると、大人っぽくてクールな狼に恋心を抱きます。狼にとって猿は恋愛対象にはなりませんが、猿の生き方をけなげに感じ、よき親友として、何かと応援してしまうのです。

ストレスを感じる関係

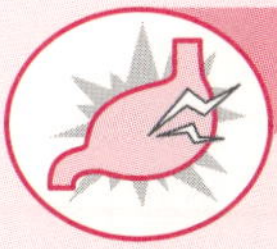

チーター — 批判精神をむき出しに

闘争心を燃やしては、新しいものにすぐ飛びつくチーターは、とてもうっとうしい存在。その生き方すらがストレスに感じます。普通ならだんまりを決めるところですが、狼ならではの旺盛な批判精神をむきだしに、チーターにあれこれ口出しをします。狼は自分がなぜこんなことをするのかがわからず、人から「好きの裏返しさ」などと言われムカムカ。でも、どうしても口が出てしまうのです。

一途な愛

黒ひょう — 不器用さが似ている

カッコばかりのようで、いざとなれば強く立ち向から正義派。メンツにこだわってミエを張っていても、繊細な心のもち主。狼はそんな黒ひょうを見ているうちに、「けっこう自分と同じで、不器用だな」と感じます。また黒ひょうの「スマートでありたい、生涯現役でいたい」という気持ちにも共感して、ブキッチョな黒ひょうを何かとフォローしたい気分に。そんな気持ちはいつしかプラトニックラブに変化するかも。でも黒ひょうから見れば、狼は無粋でおもしろ味のない相手。狼のフォローを黒ひょうは受け入れますが、狼の純な片想いに終わりそう。

理想の結婚

ライオン ―― 取説はわが手中にあり

一匹狼を地でいく狼と、人々の頂点に立って王様として崇められたいライオン。まったくタイプの違う2人ですが、もしも狼に飛び抜けた才能やセンスがあり、まぶしいほどのオーラを放っていたら、ライオンはぜひとも狼と手を組みたいと熱望します。狼はライオンのことを最初はただのダダッ子のように思うのですが、結婚相手は真剣に選び、この人と決めたら誠実な愛を捧げるライオンのことを、「結婚相手として悪くないな、単純だから手なづけるのも簡単」と計算します。またライオンが狼に心を許すほどに、仕切り上手な狼は「取説はわが手中にあり」と確信。パートナーに対しては、いったん信頼したらある程度は放任するライオンなので、狼がライオンと一緒にいるのはかなり楽。結婚後は、楽に理解し合える関係が築けます。

永遠のあこがれ

虎 ―― 一匹狼vs身内をもつボス

自分1人の城を築く狼に対して、たくさんの身内を抱えてボスとなる虎。生き方のスタイルはまったく違うものの、互いにその一徹さと誠実さ、律儀さなどを匂いで感じとり、尊敬の念を抱きます。

両者とも「あの人は自分とは別の世界に住む人」とわかっているので、普通なら恋愛とはならず、遠くからあこがれて見ているだけの関係です。しかし、もし関係が発展すると、互いの堅実さや実直さを認め合い、「恋は結婚前提」というまじめな気持ちも共通すると知って、信頼感はますます募り、一時は熱い恋に発展。でもやがて、孤独を愛する狼と、仕切ってボスになりたがる虎の間には、埋められない溝があると認めることに。別れたあとも、互いのよさは十分に理解し尽くしているので、遠くから永遠の讃歌を送り続ける関係に。

おぼれる愛

たぬき ― ハートウォームな気分

マイペースな姿勢をじゃまされたくない狼に対して、相手に合わせて、相手の喜ぶ顔を見ることを何よりの喜びとするたぬき。そんな2人が出会うと、互いに「これはちょうどよい組み合わせかも！」と錯覚して恋が始まります。冷徹な姿を徹底して貫ける狼ですが、根が正直でハートは温かいだけに、たぬきのホンワカとした雰囲気から人のあったかさを感じ、ちょっといい感じに。たぬきも狼を笑わせたりリラックスさせたりしては、うれしい気持ちを味わいます。

でも時間がたつと、いい加減で、本音を言わずストレスを腹にためるたぬきに狼はイライラ。たぬきも狼のことを「人の好意を無にする人！」と感じてしまいます。でも、たぬきの好意を狼が喜びに感じ、互いの利害関係や目的意識が一致すれば、結婚も不可能ではありません。

燃えあがる恋

子守熊《コアラ》 ——— 計画的な性質が一致

目標を設定し、物事を計画的に1つひとつ遂行していく狼。それに対して子守熊は、10年後のビジョンを築き、ここぞというチャンスを見つけると一気に投資し、1歩ずつ夢に近づいていきます。狼はそんな子守熊を見て、「まさに最強のコンビが組める相手！」と感激し、恋心を燃えあがらせます。また、毎日の生活をエンジョイしている子守熊を見て、「子守熊との生活は楽しく、ロマンを追って愛を実現できるかも」と似合わぬ空想を巡らします。でも娯楽を追求する子守熊から見れば、狼は潤いの足りない相手。着実に事を進める狼に敬意は表するのですが、“信頼できる友”という以上の気持ちは抱けないようです。

尽くされる愛

ゾウ ——— 熱烈で誠実な支援者

ゾウは密かに野望を抱く割には心配性で、長いものには巻かれることがポリシー。そんなゾウは、孤独でクールな自分を貫く狼をあこがれのまなざしで見つめ、また「同志」と認めて支援したいと切望します。そして、いつにないマメぶりを発揮して、何かと用事にかこつけては狼にご機嫌うかがい。狼は根気が必要な調べものなどをゾウにお願いして、あとは適当にあしらってしまうことに。でもゾウは、そんな狼にいつまでも熱いエールを送ります。

追われる恋

ひつじ ― 世話焼きぶりになごむ

人づきあいが苦手で、いつも周囲から孤立している狼は、ひつじから見れば「輪からはずれた人」。普通なら「和を乱すな」と激しくブーイングするところですが、狼の凛とした雰囲気だけは、ちょっと尊敬したい気持ち。そこで狼をもっと知りたいとつきまとううち、恋したような錯覚に。でも擬似的な恋から冷めると、やはり狼はただの和を乱す目ざわりな人。狼はそんなひつじをまったく意に介さず、ひつじの世話焼きに、ちょっぴり温かいものを感じています。

ファミリーの愛

ペガサス ― 一時の解放感を味わう

自分の流儀を守って生きる狼ですが、ときにかたくなな自分の生き方に気持ちが重くなることが。そんなとき、自分に正直に生きるペガサスを見ると、ホッと気持ちがなごみます。ペガサスから見れば、狼も自分に忠実に生きる人。狼に親近感を感じますが、その現実感のなさは年の離れた弟妹といった感触です。

FAWN

こじかの 恋愛と結婚

やさしく見守る人が必要 距離を感じさせる人ではいや

まるで小さな子どものように警戒心が強く、人みしりもするこじかですが、いったん親しくなった相手とは一瞬でも離れているのがつらい、ずっと一緒にいたい、と思い詰める寂しがり屋。

スキンシップが欠かせず、気の合う人や大好きな人とはいつも触れ合い、愛情を確かめ合っていたいと願います。相手を美化して愛する傾向が強く、外見上は落ちついた大人の雰囲気をもつ人に強くあこがれます。でも、心を許すと年齢に関係なく、純情でじゃれ合うような関係を求める傾向が。そんなこじかには、友だちや兄弟のような愛をもった、お兄さん、お姉さんタイプのやさしくリードしてくれる相手がピッタリ。恋人同士になってからや、結婚したあとも、友だち的な関係を残しておくと長続きします。弱点は、だまされやすいこと。純粋な愛をエサに、知らないうちに利用されていることも多いのです。Hだけが目的の不倫相手にされていたり、二股をかけられていても気づかないなんてことも。傷つかない恋をするにはカンを働かせましょう。

恋人 BEST1

虎

守ってほしいこじかには、「任せなさい」タイプの虎がピッタリ。「お願い」光線を発するこじかの瞳にクラクラです。

結婚 BEST1

ライオン

落ちついていて世渡り上手なのに家では甘えん坊のライオン。安定した家庭の中でじゃれ合える環境は、こじかを最も幸福に。

こじかのヒューマンリレーション
（力関係）

好き嫌いが激しいこじかは、子守熊《コアラ》、ひつじ、たぬきにはわがままが言えますが、自己主張の強い太陽グループのキャラには近づきにくく苦手。

トラブル 相手の事情お構いなしにまとわりつかれては、どんなにやさしい恋人もうんざり。子どもっぽい独占欲は、相手にとってはただのお荷物に。

別れのパターン 構ってくれないととり乱し、感情をむき出しにしてジ・エンド。相手の嘘を知ったらそれで終わり。こじかをうるさく思う恋人に振られてしまうことに。

アドバイス いくら好きでも相手の都合やキャパを思いやる余裕をもって。わがままと独占欲を愛情とはき違えないように、ちゃんと学習することが必要。

仕切られ度		
チータ	95%	こじかを徹底的に仕切るキャラ
ペガサス	90%	
ライオン	80%	
ゾウ	70%	こじかをかなり仕切るキャラ
黒ひょう	60%	
猿	55%	
こじか	50%	

仕切り度		
狼	60%	こじかがかなり仕切れるキャラ
たぬき	70%	
虎	80%	こじかが徹底的に仕切れるキャラ
ひつじ	90%	
子守熊《コアラ》	95%	

こじかが永遠の愛を誓うのは誰!?

親友

狼 ―― クールな凛々しさが魅力

周りに合わせがちなこじかにとって、我が道を行く個性的な狼は魅力いっぱい。はっきりと自分の好みを口にする凛々しい姿はたまらない魅力です。こじかは狼とカップルになることで、自分１人では実現できないがんこな対応や、突飛な発想を共有でき、楽しい気分を味わいます。狼はそんなこじかをかわいいと感じ、できるだけこじかの手助けをして、ひとときの甘い想いを楽しみます。本格的な恋から結婚へとは発展しづらい関係ですが、狼がこじかを負担と感じなければ結婚も可。結婚すれば、いつまでも友だち同士のようなさわやかなカップルになるでしょう。

関係ない人

こじか ― 同性のおしゃべりのよう

こじか同士が一緒にいても何も発展しません。行き先も何も決まらないのです。それは、相手に決めてもらいたい者同士だから。また人に守ってもらいたい者同士なので、互いにわがままを言っても何も報われないどころか、衝突してケンカになるだけです。話す内容もいつも同じで、まるで同性の友だちのよう。ワクワクもしなければ、積極的に恋するエネルギーもわかない相手です。

ストレスを感じる関係

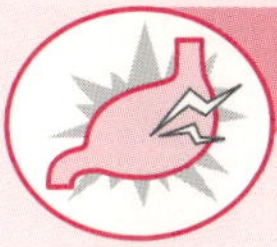

猿 ――― 陽気な姿にひかれる

こじかがゆっくり考えているのに、いちいちうるさく指図するのが猿。せっかちな猿は自分の考えどおりに事が運ばないと気がすまないのです。物事をきちんとていねいに進めたいこじかは「猿なんていや！」と思うのですが、楽しく陽気で元気な猿はなんとなく気になる存在。そこでつい猿に吸い寄せられて言葉をかけてしまいます。でも猿の反応は、こじかのストレスをためるだけに。

一途な愛

チータ ― 大きな態度と野心が好き

自分の世界で小さくまとまるこじかにとって、野心満々な雰囲気のチータは羨望の的。いつもおしゃれをして忙しそうに動き回り、成果を自慢げに発表するチータのハデな態度にコロリと参ってしまいます。こじかは、ついていけそうにないと思いつつ、こっちを向いてもらいたくてチータを追いかけ、一途に想いを捧げます。でもチータにとって子どもっぽいこじかは面倒なドンくさい相手。適当にあしらいエサをちらつかせ、利用するだけ。心はまったく動いていません。こじかはチータに振られても仕方ないとあきらめますが、心の傷は意外と深そう。

ファミリーの愛

黒ひょう ― 人に気づかう者同士

人に気をつかい、相手に合わせるという点で、2

人は似た者同士。互いの心が理解でき、行動の先が読めるだけに謎が少ない相手です。最初は気心が理解できる相手として友だちづきあいを始めますが、やがて面倒見のよい黒ひょうは、こじかを放っておけない気分に。

たとえこじかが好きな人に振られてもやさしい黒ひょうは慰めてくれます。

理想の結婚

ライオン —— 引っ張ってくれる強い人

いつもライオンが主導権を握っている関係です。こじかの人生は、ライオンの生き方に委ねられると言ってもいいでしょう。責任感が強く、生活力のあるライオンですが、こじかが心の底に大切にもっているロマンチックな部分を理解する繊細さもそなえています。こじかがつまらないことでめげているときでも、決して見下したりせず、心からのいたわりの言葉をかけてくれるでしょう。こじかは大きな愛に包まれ、素晴らしいパートナーを得たと感じます。こじかの男性がライオンの女性と結婚すれば、“主夫”となってライオン妻にせっせと尽くすということもあり。ライオンの押しつけをこじかが喜んで受け止め、ライオンはこじかをしっかりと守ります。両者がともにもつパワフルさと繊細さが上手にかみ合えば、しあわせな結婚生活が送れます。

おぼれる愛

虎 ——— 偉大な保護者の大きな愛

いつでも子どもの部分を残し、反抗してみたり、スネたり、わがままがしてみたいこじか。こじかの恋人への願いは、望みを何でもかなえてくれ、困ったときには必ず助けてくれること。安全が保障された庭で自由に楽しく遊ぶようなもの。そんなこじかにとって、大人の風格をもつ落ちついた虎ほど心を奪われる存在はありません。正義感が強くて寛大な保護者として、愛する者を守るやさしい虎は、完ぺきに見える相手なのです。虎も最初は、こじかのことを、自分の支配欲と世話好きな性質を満足させる究極の相手とも思うのですが、冷静に考えると、幼なすぎてやや魅力不足。また、あまりのわがままぶりに閉口することに。遅かれ早かれ、2人の恋は終わりを迎えそうです。

永遠のあこがれ

たぬき ― ほんわかできる温かな人

よい子でいたいこじかは、心の底から休息することがありません。いつも誰かの気持ちを推しはかり、頑張って要求に応えようとします。そんな神経質なこじかにまったく不安を感じさせないのがたぬき。たぬきは人に気づかい、怒りを内にしっかりためこんでいたりもするのですが、もともとが温かい性格であるうえに天然ボケ。のんびりホンワカ人を受け入れる天才です。心が疲れたとき、こじかはそんなたぬきの腕の中でスヤスヤと眠りたいと願います。やさしく包み、心を癒してくれるたぬきは、永遠のあこがれなのです。たぬきも尽くせば尽くしただけ喜んでくれるこじかが愛しくてなりませんが、夢みる時期を過ぎると、2人の恋はあまりに現実味がなかったと気づき、いつしか自然消滅に。

尽くされる愛

子守熊《コアラ》 ―― 母性愛で包んでくれる

計算高い子守熊は、面倒なつきあいや負ける勝負を避けたいタイプ。その点、こじかの純粋で人を疑わないお人好しぶりに、子守熊はホッと安心できるうえ、こじかを放ってはおけません。気がつくと何かと世話を焼き、母性本能を満足させてしまいます。

所帯じみた子守熊のお世話は、こじかにとっては恋愛の気分をかき立てるものではなく、ただの親切な人という印象だけ。それでも子守熊は尽くすことで精神面の安定を得、こじかは大いに助けられるという関係です。

追われる恋

ゾウ ―― 強力なボディガード

超現実的なゾウにとって、童話の世界に住むような繊細で臆病なこじかはひたすら愛しいかよわい人。自分が守ってやらねばという思いをかき立てられます。でも、こじかにとって、ゾウの世間ズレは耐えられない要素。こじかが困ったときには、ゾウが飛んできてくれますから、ちょっとはうれしく鼻高々なのですが、恋人としては考えられない相手です。一方、ゾウは最初は愛しく見えたこじかの性格が、やがてストレスに。「ズルくて、いつまでも自立できないただの甘ったれじゃないか」と感じてしまいます。お互いが自分勝手な思いから冷めたとき、２人の関係は、エンドを迎えることになりそうです。

燃えあがる恋

ひつじ —— 寂しがり屋が2人

こじかとひつじはどちらも１人ぼっちが嫌い。誰かと一緒にいたいという思いでばっちり引き合います。毎日一緒にいて、離れていればメール交換。ひとときも相手を忘れることはありませんが、そんな蜜月もあっという間。恋人に甘えたいこじかは、「ただお友だちが欲しかっただけ」というひつじの現実に気づいて幻滅し、“いつもそばにいたい病”も冷めてしまいます。

でも会えばホンワカした時間が過ごせ、それなりに満足できるので、別れたあともときどき会って悩みを打ち明ける友だちに。そのとき、こじかは「何でこの人にあんなに燃えたかな？」と首を傾げてしまうかも。

貢ぐ愛

ペガサス —— 未知の世界への案内人

相手の気持ちを探る傾向のあるこじかは、ペガサスの気ままで自由な生き方にあこがれます。ちょうど芸能界のアイドルの追っかけのように眺めてはため息をついてしまいます。そこでこじかは、ペガサスに贈り物をしたり、愛の言葉をささやいてみたり。ペガサスといると新しい世界が開け、ちょっと大人になったような気分なのです。

一方、ペガサスは超面倒くさがり屋だけに、世話のかかるこじかはピュアな人とは思ってもうっとうしく、「あんなタイプは苦手」と最初から恋の対象外なのです。

MONKEY

猿の
恋愛と結婚

一緒に楽しく遊べる恋
同じものを愛する仲間を選ぶ

元気で好奇心が強く、いつも目的をもって動き回る猿は、異性のよいところを見つける名人です。見かけの美しさやカッコよさはもちろん、特技やユニークな考え方などにも敏感に気づき、すぐに好きになってしまいます。ところが、いざ声をかけようとすると、急に相手が立派に見えて、尻ごみしたり恥ずかしがったり。猿は子どものように純情で、相手を美化して恋をしがちです。

猿の好みは、恋においても結婚においても、目的を共有できる人。身近な目標を設定しては、その達成を目指して毎日を生きるタイプなので、2人で楽しく、達成感や充実感を味わいながら生きることが望みです。でも達成までに時間がかかると、気が短くあきっぽい面が出てきて、目的への興味を急速に失うことも。すると夢を目指す協力者だった恋人の魅力までも色あせて見えてしまいます。そんな猿は、趣味趣向の似た疲れない相手を選ぶと恋愛が長続きします。自分の興味や目標が共有できる相手を恋人に選ぶ場合が多いので、あこがれや一時の熱愛で選ぶとカン違いに。

恋人 BEST1

ゾウ

目標達成が生きがいの猿にとってパワフルなゾウは頼もしい存在。ゾウの強引さを猿がおさえ、長所を引き出せば夢が実現。

結婚 BEST1

ひつじ

夢中になると周りが見えなくなる猿をしっかりサポートし、調子を合わせながら気長につきあってくれる理想の相手。

猿のヒューマンリレーション
（力関係）

マイペースの狼や気分で動くペガサスは猿の遊び感覚を受け入れ、気ままにさせてくれます。たぬきやこじかは、猿には理解不能の疲れる人。

トラブル

ゲーム感覚で恋をするので、人から「不まじめ」と思われることが。純粋な恋をする月グループのキャラは、そんな態度にがまんならないかも。

別れのパターン

大人の恋ができず、ムード作りやここ一番の押しがヘタなので、相手は友だち以上恋人未満のまま宙ぶらりん。そのうち相手からサヨナラの言葉が。

アドバイス

自分のわがままを押しつけたり、急に遠慮がちになったりでは相手も戸惑うだけ。恋とは相手を丸ごと好きになること。目先に追われず長期展望で。

猿が 永遠の愛を誓うのは 誰!?

燃えあがる恋

狼 ―――― シビアさは新鮮な驚き

場を楽しく盛り上げる猿にとって、はっきりと好き嫌いを口にし、孤独を愛する狼は新鮮な驚き。ミステリアスな存在の出現に、恋心が燃えあがります。熱愛期間はとても短く、謎の部分が消えて相手を理解するようになると、人間的な共感が２人の絆を深めていきます。猿にとって、狼は協力者のような人。狼にとって、猿の懸命な生き方は共感できる最大の要素です。狼は猿の努力が報われるように、猿を陰ながら助けてくれるでしょう。

結婚すれば、互いの領分をわきまえたさわやかな夫婦になれるでしょう。恋愛関係が消滅したり、離婚したりしたとしても、信頼し合い助け合うよい関係は、その後も長く続くことになりそうです。

追われる恋

こじか ―― つい世話を焼きたくなる

猿は誰にも親切で、気配りも平等。こじかにはそんな猿が、ちょっと年上の頼もしい先輩のように感じられます。頼り甘えたいこじかにとって、人を楽しませ、緊張させない猿のそばにいると居心地よく、ついついまとわりつく結果に。一方、猿は誰かがそばにいる限り気をつかってしまうので、

こじかの存在はかなりのストレス。それでも、危なっかしいこじかを見ると、ついつい口を出して世話を焼いてしまいます。それをこじかは、「猿は私を好きみたい」と誤解しているよう。猿の本音はこじかに伝わることはなく、このアンバランスな関係は長く続きそうです。

関係ない人

猿 —— ただの同類に過ぎない

猿同士は一緒にいればそれなりに気が合い楽しい面もあるのですが、同類以上の感覚にはなれません。猿はグループや家族の細かなことに一生懸命気をつかうので、他の猿と一緒にいると、似ているけれど微妙に違うやり方にイライラしてしまうのです。本気で近づけばトラブルのもとだし、猿の意見を聞く気もないので、恋や結婚の相手としては動物的なカンで避けてしまうのです。

ファミリーの愛

チータ — 獲物ゲットを目指す仲間

猿は目標達成を目指す人はみんな仲間に見えるので、自慢げに成功話を語るチータもまた仲間。チータのナンパの成功話でさえ、楽しんで聞くことができます。一方、チータも陽気な猿がお気に入り。実務能力に優れた猿を秘書のように便利な存在だと思い、猿の機嫌をとります。でも関係はそこまで止まり。猿はチータに親友のような気持ちも抱けず、まして恋や結婚など対象外。

貢ぐ愛

黒ひょう —— 大人の落ちつきに感激

猿は黒ひょうのもとに何かと小さなプレゼントを持って通います。黒ひょうのそばにいれば、親切に面倒を見てもらえるし、しっかりした意見も聞けるし、何かと助かることが多いからです。一方、黒ひょうにとっての猿は、贈り物の有無にかかわらず男女を越えた大事な友だち。猿の面倒を見るのは、黒ひょうの仕事のようなものなのです。「ひょうたんからコマ」のように結婚すると、面倒を見る黒ひょうと楽しい猿のよい関係が築けそうです。

ストレスを感じる関係

ライオン —— 弱点が妙に気にかかる

細かいことに気がつく猿は、ライオンのアバウトなところや調子が悪くなると口ごもるクセが気になってなりません。なぜなら、猿はライオンに、常に強く立派であってほしいからです。そんなライオンは、猿を「うるさいヤツ」とは思うのですが、猿に慕われているのは悪い気がしません。周囲からはじゃれ合っているようにも見えますが、当人同士は恋愛意識はほぼゼロです。

親　友

虎 ——— 役割分担で絶妙のコンビ

猿の夢を実現するためには、虎のように度量が大きく、たくさんの人脈をもつ人は欠かせません。2人が組むと全体を虎が、細かい部分を猿が受けもち、絶妙のコンビネーションで夢の実現に向かいます。虎にとって、猿はかゆいところに手の届く分身のような存在。一生のパートナーと感じて恋愛感情をかき立てられます。でもハラハラする恋やロマンにどっぷりひたる恋を夢見る猿にとって、虎は熱愛の対象外。それでも虎に引きずられて恋が始まると、猿は虎に深い信頼と友情を寄せるようになるでしょう。結婚相性は互いの価値を心から認め合えれば、かなり良好。

一途な愛

たぬき ― ゆったり安堵感が魅力

いつも忙しい猿から見ると、たぬきはもの静かで柔軟な大人の人。どんなお願いでもやさしく受け止め、ゆったりと甘えさせてくれそうに思えるのです。猿はたぬきに恋をし、たぬきの“たった1人の人”になりたいと願いますが、結果は猿の完全な片想いに。実際のたぬきはゆったりしているというより、人間関係を大切にするあまり、裏方に徹しているだけ。猿を嫌いではないのですが、せせこましい雰囲気がタイプではありません。でも猿にはたぬきの心も実態も見えず、片想いはエンドレス。だから猿の心にはいつもたぬきがすんでいるのです。

永遠のあこがれ

子守熊《コアラ》 ― ドラマの世界の恋愛体験

激しい恋にあこがれながら、どうしても理性や現実感にとらわれがちな猿にとって、恋愛を楽しむ才能にあふれた子守熊はドラマの世界を体験させてくれる貴重な相手です。猿は、自分にはとても口にできないような子守熊のクサいセリフや芝居じみたデートのセッティングに照れながらも、楽しさを満喫します。子守熊は、自分の美意識を否定せず、素直に遊びにつきあってくれる猿の柔軟な態度に満足し、大切なパートナーだと感じます。でも現実の世界に戻るとまったく志向が違う２人。熱々でいられるのは、つきあい始めの短い期間だけなのです。それでも子守熊は猿に一生忘れられないロマンチックな思い出を残してくれます。別れはつらく後悔もしますが､時がたてば純粋な感情だけが残り､恋愛の醍醐味を味わったことを幸せに思うのです。

おぼれる愛

ゾウ —— ひたむきな突進力が魅力

向上心にあふれ、いつも何かに熱中し、勉強が大好きな猿。多くのことを視野に入れ、うまく計算するのも得意ですが、細かいことにこだわる自分の性格が好きにはなれません。そんな猿があこがれるのが、強くてシンプルでまっすぐな心をもったゾウ。計算など度外視で、好きなものに突進する姿が猿をホッとさせ、元気づけてくれます。猿は、いちど決めたことは必ずやり通すひたむきなゾウに、我を忘れるほど愛されてみたいと夢見ます。ゾウも一時は猿の理性や心づかいに感動し、本気で燃えあがりますが、次第に小技ばかりで子どもっぽいプライドを振りかざす猿にがまんできなくなり、互いを責める関係に。仕事だけと割り切ればかなりよい相性ですが、愛情関係となると互いに誠実さを求めるだけに、感性の差からすれ違いとなりそう。

理想の結婚

ひつじ ― 長所を引き出し合う関係

欲しいものは何が何でも手に入れたいと頑張り、1日1日を完全燃焼したい猿。そんな猿にとって、多くの情報をもとに冷静なアドバイスをくれるひつじは、素晴らしいパートナーです。ひつじは人にやさしく気づかってもらいたくて、いつも「世のため人のため」に一生懸命。人を信じやすい猿は、人のために尽くすひつじを尊敬して、グチを素直に聞き、やさしく接してあげることができるでしょう。それにひつじは感謝して、猿を上手におだて、喜ばせ、明日の活力を与えてくれます。両者とも仲間意識が強く、結婚相手には誠実なタイプなので、結婚相性は良好。策略にかけては猿よりうわてなひつじが主導権を握り、1つのことを協力して成し遂げるステキなカップルになるでしょう。ただし、恋の強敵チータの出現には注意を。

尽くされる愛

ペガサス ― なぜか寄ってくる人

猿は、生まれながらのエンターティナー。一瞬一瞬の充足を求めるペガサスにとって、猿の楽しさと快活さはたまらない魅力です。また、毎日を一生懸命、できる限りを尽くして精力的に生きる姿にも尊敬の念を抱いて片想い。とくに気分がブルーな日は、猿がとても恋しくなるのです。ペガサスは、猿に気に入られようとあれこれ試すのですが、猿にとってはすべてがピントはずれ。それでも猿は、ペガサスの活用法を発見して上手に利用しそうです。

CHEETAH

チータの恋愛と結婚

好きになったら速攻アタック
早とちりであきらめも早い

超プラス指向で、何をやるにも努力を惜しまないチャレンジャー。成功願望が強く、夢や目標に向かって一途に突き進んでいきます。恋愛においてもそのパワフルさは変わらず、好きになるとストレートにアタック。明るく社交的な性格で、自分でも人気があることを知っているので、自分好みのハデな人を目に止め、相手もまんざらでもなさそうだと思えばイケイケで攻めまくります。

けれども、あきらめが早いのもまたチータの特徴。プライドが高く、人前で恥をかきたくないという性格も手伝って、相手が自分のほうを向いてくれなければあっさりと手を引き、すぐにまた別の相手を探そうとします。早とちりなところもあるので、相手の真意を見抜けずに、せっかくの恋を逃したり、手玉にとられて翻弄されることもありそう。また、自分の思いどおりの恋愛を楽しみたいと思っているので、相手に押しまくられるのは苦手です。

生まれながらのナンパ師であり、好奇心も旺盛なので、いつも複数の人を好きになる傾向あり。恋愛頻度は12キャラ中No.1！

恋人 BEST1

子守熊《コアラ》

ロマンチストで、楽しいことが大好きな子守熊は、チータの明るく積極的な面とピッタリ。思いきり恋愛を楽しめます。

結婚 BEST1

ひつじ

冷静でいながら和を重んじ、おおらかな性格のひつじがベスト。結婚すれば健全で明るく、平穏な家庭が築けるでしょう。

チータのヒューマンリレーション（力関係）

自分に合わせてくれる人にはやさしく、合わせてくれない人には冷たいチータにとって、がんこな地球グループのキャラはやっかいな存在。

トラブル

冷静に理路整然と否定されたり、とやかく干渉されるとヘソを曲げてしまい、大ゲンカしそうです。人前で恥をかかされたりしたら、もうそれっきり。

別れのパターン

普段は強気でも、いざとなると気が小さく傷つきやすいので、はっきり言ったり言われたりの関係が苦手。そんな人とは自然消滅にもちこみます。

アドバイス

何でも自分のペースで進めずに、ときには相手の言い分を最後まで聞いてあげることも大切。耳の痛いことも、自分を思っていてくれるからこそ。

チータが 永遠の愛を誓うのは 誰!?

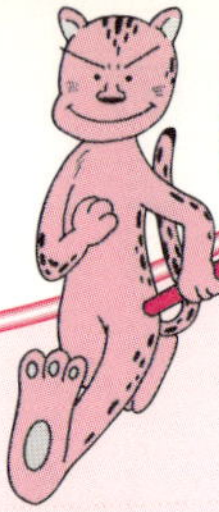

追われる恋

狼 ――― 無視できず干渉し合う

とても不思議な関係です。お互いにあまり好印象ではないのに、なぜか気になってつい干渉し合ってしまう2人。考え方も生活ペースも気のつかい方も、まったくかみ合わないのに、いつも近いところにいると無視できずに腐れ縁のようになってしまうのです。とくに狼は理想を求めすぎて、それに見合わないと口やかましくなるところがあるので、自分のやり方に口を挟まれるのが苦手なチータにとっては、うっとうしいばかり。けれども、狼の言うことにも一理あるので、文句を言いながらも結局は従ってしまったり。やがて狼はチータがストレスとなり、自然と疎遠に。

尽くされる愛

こじか ――― 熱烈に片想いされる

臆病でかよわいこじかにとって、明るくパワフルなチータは頼りがいのあるあこがれの存在。少しでも近づきたいと、できる限りのことをして尽くしてくれます。けれども、チータは自分から追いかけるのが好きなので、好意がミエミエのこじかは、ちょっとうっとうしく思えてしまいます。結果はこじかの一方通行。チータの都合のいいように利用していると、こじかに逆ギレされることに。

貢ぐ愛

猿 —— 明るく楽しい無邪気な人

明るくひょうきんで、見ているだけで楽しくなってしまう猿から、お願いごとをされるとついつい乗せられていやと言えなくなるチータ。無邪気に慕ってくれるのがうれしくて、もう何でもしてあげたくなってしまうのです。

けれども、猿にとってのチータは年上のいとこかクラブの先輩といったところ。お互い感情的な性格で、すぐにケンカはするけれど、両者ともサッパリしているのでじきに仲直り。相性としては、男女の親しい友だち関係止まりに。

関係ない人

チータ —— 2人とも自分が一番

チータ同士というのは、お互いが見えすぎてしまうので、ほとんどひかれ合うことはありません。それぞれ自分が一番と思っているところがあり、それを相手が引き立ててくれなければ、おもしろくないのです。雰囲気でなんとなくつきあうことになっても、すぐに単なる思いこみだったことに気づき、何ごともなかったかのように別れるはず。あとくされもなく、楽といえば楽な関係。

ファミリーの愛

黒ひょう — 面倒見のよさに釣られる

太陽グループのチータを味方につけると何かと便利と、月グループの黒ひょうはスマートさを印象づけて、物

などで釣ってチータを手なずけようと接近。そんな下心に気づかないまま、チータは黒ひょうの面倒見のよさをうれしく思い、家族的な愛で対応します。相性としては、友だちプラスアルファというところ。燃えあがる恋に発展するには、主導権の奪い合いがネックとなりそう。

親　友

ライオン —— 尊敬に値する心の友

太陽グループのキャラ同士なので、気の合ういい関係。ライオンは、チータとつきあえば、「ハデで攻撃的なイケイケカップルになって最高かも！」という打算も働きます。一方、チータは、ライオンに恋愛感情というより、心から大切にしたい友愛を感じることでしょう。やや軽薄なチータにとって、まじめで一本気なライオンの生き方は尊敬に値するもの。気にさわることもありますが、何かと頼りになる存在なのです。さんざん恋をして、「もう他の恋は必要ない」と思えたら、ライオンとの結婚はうまくいくはず。チータが女性ならライオンにリードを譲ると◎。

一途な愛

虎 —— 強さと誠実さに一目惚れ

一途に思い続ける片想いの恋。誠実で人情味あふれ、いつも悠然とした構えを見せる虎に、チータはすっかり惚れこんで早々にアタック。けれども、かわいがってはくれるものの、本気で相手をしてくれません。

障害があればあるほど燃えるチータですから、そんな虎を何とかして振り向かせようと努力しますが、長い時間がかかるでしょう。むしろ、そんなチータが成長するのを虎は温かい気持ちで見守っている、という感じもあり。もちろん恋多きチータなので、振り向いてくれない虎だけに縛られることはないものの、ずっと好きでいたいという気持ちは変わりません。

ストレスを感じる関係

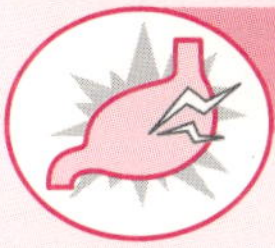

たぬき —— テンポが合わない人

愛嬌があって人なつこいけれど、打てば響くようなタイプではないたぬき。チータとは性格もテンポも違う分、かえって存在が気になります。チータはたぬきを遊びなどに引きこもうと仕かけてみるのですが、のらりくらりとかわされて結局はストレスを感じることに。たぬきも、そんなチータをうっとうしく思うものの、声をかけられるのはまんざらでもないような、奇妙な関係です。

おぼれる愛

子守熊《コアラ》 —— 恋愛が大好きな２人

思い立ったら即行動という瞬発力が取り柄のチータと、本来はじっくり型でも「この人は！」と思うとマメに連絡したり御馳走したりして積極的にアタックする子守熊。お互い恋愛に関しては手を出すのが超早いタイプなので、第一印象がよければ、恋の炎は瞬時に燃えあがることでしょう。交際すると、「楽しく生きたい」快楽主義者でサービス精神も旺盛な子守熊は、チータの明るくイケイケな面をうまく引き出し、光り輝かせてくれるはず。普段はまったくテンポの違う２人ですが、意外にもお互いの長所・短所がうまくかみ合う関係なのです。一緒にいることに利益があるなら、結婚してもうまくいく可能性大。ただ、意見のくい違いから激しく衝突したり、両者とも浮気好きなので、互いの浮気が度を越すと関係も終わりに。

永遠のあこがれ

ゾウ —— プロ根性にあこがれる

情熱的で思いつくとパッと行動するところは似ていますが、いちどやると決めたらあとに引けずにとことんやり遂げるプロ根性のゾウに、チータは自分とは別のエネルギーを感じてあこがれます。人知れずコツコツと努力する姿はとても厳粛でクール。チータにはたまらない魅力です。ゾウもまた、チータの華やかで社交的な振るまいに魅力を感じます。そんな２人がひかれ合ってカップルになるのは当然の話。しかし、太陽グループのキャラ同士は互いに補い合えない関係。意地を張り合ったり、互いのプライドを傷つけ合うと、一気に破滅の方向へ進んでしまいます。また、八方美人で移り気なチータの性格が、この人と決めたら一途になるゾウには理解できず、別れるきっかけを作ることに。遠くから見ているほうが、互いに魅力的な存在。

理想の結婚

ひつじ —— 速攻とねばりのよい相性

会ったその日にひかれ合って、燃えあがる恋をする関係というよりも、つきあっていくうちに、お互いの長所・短所を補い合える相手。なくてはならない存在であることに気づいて、じっくりと愛を育んでいきます。結婚相性は最高で、２人で力を合わせて１つの仕事をしても、ベストな関係を築くことができるでしょう。目標に向かって突っ走るチータを、ひつじがねばり強く、冷静かつ客観的な姿勢でしっかりとサポートしていきます。ひつじはマメなアタックに弱いので、チータはもち前の速攻力で迫ってＯＫ。始まりはそこからです。ひつじはとっても寂しがり屋なので、いつも気にかけてあげることが大事。ちょっと口やかましくてグチっぽい面もあるけれど、ひつじこそが、チータの一番の応援者なのです。

燃えあがる恋

ペガサス ― ひらめき即行動が共通面

パーティーや合コンなどで、チータのスマートな華やかさと、ペガサスの感性の鋭さからくる会話のおもしろさがひときわ目立ったとき、火花が飛び散るようにひかれ合い、すぐさま２人は恋に落ちてしまうでしょう。お互いの才能を認め合い夢を語っていると未来が果てしなく広がり、ようやく理想の相手に巡り会えたと感じるのです。

でもふと現実に戻ったとき、互いに相手の気まぐれで身勝手な面が目についてしまうことも。それでも結婚相性は悪くなく、気分が盛り上がったときだけともに過ごすクールなカップルに。２人で一緒に仕事をすると好パートナー。

BLACK LEOPARD

黒ひょうの恋愛と結婚

いつもときめきを感じていたい 生涯現役の恋愛至上主義者

　スマートでおしゃれ、トレンドにも敏感な黒ひょうは、友だちも多く異性にもモテるキャラですが、意外に恋愛はまじめで一途。正義感が強く白黒はっきりしない状態を嫌うので、いちどに何人もの相手と曖昧な関係を続けたり、打算や遊びでつきあうことはありません。でも、恋愛は大好きで、いくつになっても恋をしていたい恋愛至上主義者。黒ひょうの恋愛は感性やセンスが合うかどうかが決め手なので、第一印象で恋に落ちることも。好きになったら自分から積極的にアプローチし、障害があるほど燃えるタイプです。ただし、あきらめも早く、相手の気持ちが自分にないとわかったら、それ以上執着せずに、次の恋を探します。

　つきあう相手にはいつも新鮮なときめきを感じていたいから、結婚しても月に１回はおしゃれしてデートができる恋人のような夫婦が理想。それだけに、所帯じみた言動やルーズな姿に幻滅を感じてしまうことも。多感で傷つきやすく自分の感情を隠せないので、これ以上は無理と思うと、離婚を考え始めることに。

恋人 BEST1

子守熊《コアラ》

快楽主義者でサービス精神旺盛な子守熊なら、流行好きでスマートにすべての中心にいたい黒ひょうも楽しい恋ができそう。

結婚 BEST1

ゾウ

好きな相手には誠実で努力家のゾウなら、気分屋で現実的な考えが苦手な黒ひょうを上手にフォロー。堅実な家庭生活も。

黒ひょうのヒューマンリレーション（力関係）

黒ひょうにとって現実指向の狼や子《コ》守《ア》熊《ラ》、依存心が強いこじかは、理詰めで説得できる相手。太陽グループのキャラの輝きには押されぎみ。

トラブル 自己主張が強く、感情的になりやすいので、相手を振り回しがち。また、情にもろいため、強くアタックされると断れず、あとで後悔することも。

別れのパターン 次の相手が現れたら、自分から別れを切り出すタイプ。自分に恋人がいない状態は許せないので、別れて１人になるくらいなら、現状をキープ。

アドバイス 相手の欠点を攻撃したり、感情をストレートにぶつけすぎてはダメ。理想や夢を追いすぎて現実を見失いやすいので、客観的な判断力を養う努力を。

仕切られ度

黒ひょうを徹底的に仕切るキャラ

- ライオン 95%
- チータ 90%
- ゾウ 80%

黒ひょうをかなり仕切るキャラ

- ペガサス 70%
- たぬき 60%
- 虎 55%

黒ひょう 50%

仕切り度

黒ひょうがかなり仕切れるキャラ

- 猿 60%
- ひつじ 70%

黒ひょうが徹底的に仕切れるキャラ

- 子《コ》守《ア》熊《ラ》 80%
- こじか 90%
- 狼 95%

黒ひょうが 永遠の愛を誓うのは 誰!?

尽くされる愛

狼 ――― 無骨で無口な頼れる友人

マイペースで個性豊かな狼にとって、独立心旺盛で独特のセンスが光る黒ひょうは理解し合える相手。カッコよく振るまいながら、感情のままに突っ走ってボロボロになる黒ひょうを危なっかしく感じ、自分が支えてあげたいと思います。黒ひょうは、現実的な計画性があって仕切り上手な狼のフォローをうれしいと思いますが、せいぜい頼れる友人止まり。無骨で融通がきかず、スマートな恋とは無縁な狼に異性としてのときめきは感じません。

燃えあがる恋

こじか ―― 放っておけない困った人

ピュアで、人に愛されようとするこじかを、世話好きな黒ひょうは「困ったヤツ」と思いながら、つい面倒を見ることに。そのうちに、自分を頼ってくるこじかなら自分の繊細な感性やセンスをわかってもらえ、主導権も握れると感じて、一気に気持ちが盛り上がります。でも親しくなるにつれてわがままになり、束縛してくるこじかは理想の相手ではなかったと気づくことに。こじかにとって黒ひょうは気楽に甘えられる兄か姉のような存在なので、恋が実らなくても頼り頼られる関係はずっと続くでしょう。

親　友

猿 ―― 心を明るくしてくれる

気配り上手で場を盛り上げるのが得意な猿は、多感で落ちこみがちな黒ひょうの心を明るくなごませる存在。男女の性別を越えた大事な友だちです。

猿も、黒ひょうのそばにいれば何かと面倒を見てもらえるし、いろいろ相談に乗ってもらえるので、黒ひょうの喜びそうな小物を器用に作ってあげたり、買い物を買って出たりします。どちらも一緒にいるメリットがあるので、恋のときめきは少ないけれど、結婚相性は意外に悪くありません。

黒ひょうが主導権を握り、細かい金銭管理や現実的な生活設計は猿に任せれば、友だちのような楽しい家庭生活が送れそうです。

貢ぐ愛

チーター ―― 新しいもの好きが共通項

自分と同じ新しいもの好きで行動力抜群のチーターは、身近にいてくれると便利な相手。頼まれるといやと言えずに自分から苦労を背負いこんでしまう黒ひょうにとって、チーターの超プラス指向も魅力です。

そこで、何かと世話を焼いたり、はやりの店で御馳走したりして味方につけようとします。チーターも黒ひょうには兄弟姉妹のような親近感を感じているので、親しくはなりますが、友だち以上恋人未満。恋の炎が燃えることはなさそうです。

関係ない人

黒ひょう ―― 同類だけに新鮮味なし

同じキャラの黒ひょうは何でも理解し合える楽な相手ですが、自己主張が強くメンツにこだわる部分が裏目に出て、意見がくい違うと互いに感情的に相手を攻撃し、傷つけ合う結果に。人一倍恋のときめきを感じていたい黒ひょうにとって、自分と同じことを考え、同じように行動する相手は新鮮味がなく、すぐにあきてしまいます。異性としての興味もわかず、恋の対象にはなりません。

一途な愛

ライオン ―― 王者の華やかさが魅力

ライオンの気高い王者の風格や華やかな雰囲気は、黒ひょうにはとても魅力的。ライオンとなら「みんなが振り返るようなステキなカップルになれる」と思いを募らせます。いちど好きになると相手の欠点も許せてしまう黒ひょうは、愛した人の前ではただの甘えん坊になるライオンがかわいく、世話を焼いたり、ライオンが好むブランド品をプレゼントしたりして熱烈にアタックします。でもライオンはみんなにチヤホヤされるのは当たり前と思っているので、黒ひょうがどんなにアプローチしても通じません。黒ひょうの一方的な片想いに終わりそうです。

ストレスを感じる関係

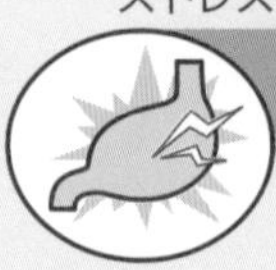

虎 ―――― 情にもろい正義派同士

正義感が強くて情にもろい黒ひょうにとって、虎は価値観が同じと感じる相手。抜群のバランス感覚や悠然とした態度にもひかれ、最初は自分から積極的に接近します。でも、次第に虎の親分肌や、逆らう相手は容赦しないキツイ言動が大きなストレスに。虎は黒ひょうを嫌いではないので、黒ひょうが虎に主導権を譲れれば何とかなりますが、恋を長続きさせるのは難しそうです。

ファミリーの愛

たぬき — ナイーブな心もなごむ

人あたりがよく繊細、ほのぼのとした雰囲気のたぬきは、ナイーブな黒ひょうにとってなごめる相手。そばに寄って来られるとかわいい弟妹のように感じ、つい世話を焼いてしまいます。たぬきの気持ちが燃えあがっているうちはよい関係が続きますが、たぬきは小さなことに感情的になる黒ひょうがうっとうしくなり、黒ひょうも優柔不断なたぬきに幻滅。その後は、家族のような関係に。

おぼれる愛

子守熊《コアラ》 — ドラマチックな恋の物語

地に足のついた考え方が苦手で、気分や感情に左右されやすい黒ひょうにピッタリなのは、ロマンチストだけど現実的な展望も得意な子守熊です。本来は追いかける恋が好きな黒ひょうですが、子守熊からマメにアタックされると情にほだされて一気に恋に落ちることに。計算高く策略家の子守熊も、黒ひょうには頭が上がらず、恋の主導権を素直に譲ってサポート役に徹してくれます。好きになったら一途な黒ひょうが子守熊の世話を焼き、サービス精神旺盛な子守熊が夢いっぱいの恋のドラマを演出して２人の役割分担もバッチリ。子守熊は将来をしっかり見すえた計画が得意なので、結婚しても黒ひょうの夢や理想を着実に実現してくれそうです。ただ、気が多い子守熊の浮気の虫が騒ぎ出すと、黒ひょうの嫉妬から関係が壊れる可能性も。

理想の結婚

ゾウ ―― 誠実さと堅実さに安心感

負けず嫌いで理想も高いけど、あきっぽくてあきらめも早い黒ひょうが結婚するなら、誠実でひたむきな努力家のゾウがベスト。黒ひょうの多感な部分を受け止め、弱点をしっかりサポートしてくれるので、堅実で安定した家庭を築けます。口ベタで純朴なイメージのゾウとトレンド好きでカッコよく生きたい黒ひょうは、一見正反対に見えますが、長くつきあううちに愛が深まって互いにフォローし合える関係です。シャイで奥手なゾウも、恋愛には一途でまじめな黒ひょうなら結婚もＯＫ。シャープな印象ながら情に厚く、お人好しで世話好きな黒ひょうは、いつも不安を抱えているゾウにとっても頼れる存在。黒ひょうの豊かな発想力や芸術的なセンスを、職人気質のゾウが地道に形にしていけるので、夫婦で事業を始めても大成できそうです。

理想の結婚

ひつじ ―― 親身な温かさがうれしい

知的でスマートだけど感情的になりやすい黒ひょう

にとって、いつも温厚で客観的な判断ができ、冷静な情報分析力もあるひつじはあこがれの的。落ちこんでいるときに親身になって話を聞いてくれるのもうれしくて、恋心を募らせます。ひつじも、正義感が強く世話好きな黒ひょうは自分と価値観が同じ理想の相手と感じ、しばらくは互いにフォローし合えるよい関係が続きます。

しかし、次第にひつじのがんこで打算的な部分と黒ひょうのあきっぽさや感情優先の部分がうまくかみ合わなくなり、別れを迎える結果になってしまいます。それでも、互いに心から「理想の相手」と感じ合えた出会いの頃の印象は、いつまでも２人の心に。いくつになっても甘酸っぱい恋の思い出として懐かしく思い出す、素晴らしい青春の１ページとなりそうです。

追われる恋

ペガサス ― ひらめきとセンスが魅力

超感覚派のペガサスにとって、情緒的な話や自由気ままな感性を理解してもらえると思える数少ない相手が、スマートで感受性豊かな黒ひょう。寂しがり屋のペガサスは「これぞ理想の相手」と急接近します。黒ひょうもペガサスの天才的なひらめきに魅力を感じますが、最初は新鮮なときめきだったペガサスの言動も次第に理解不可能に。突然のドタキャンや雲隠れも、いつも自分が中心でいたい黒ひょうには許せません。ペガサスも黒ひょうのおせっかいが次第にストレスに。一時的に恋に陥ることはあっても、甘い関係はそう長くは続きません。

LION

ライオンの恋愛と結婚

ハーレムを作り、その中から完ぺきなオンリーワンを厳選

百獣の王らしい威厳と強い意志をもち、何ごとにも完ぺきを目指して努力するライオン。プライドの高さも人一倍で、VIP待遇を喜びます。自分に甘く他人に厳しく、いつも「自分が正しく自分が一番」と身勝手に思いこんでいますが、頼ってくる人や本当に大切に思う人は、絶対に守ろうとする責任感の強さもあります。

恋人は、自分が心から満足でき、そのうえで誰にも引けをとらない周囲もうらやむような人でなければいけません。好みは、人目に目立つ華のある人。その人が醸し出す雰囲気や立ち居振るまいは最重要ポイントで、独自のこだわりをもって厳選します。礼節にはとくにうるさく、だらしない格好をしている人など論外です。常にたくさんのボーイフレンド・ガールフレンドをもち、厳しい条件や試練を課して、それをクリアできた人を本当の恋人として真心を注ぎます。そうして厳選して心を許したあとは、今まで見せていた厳しさはどこへやら、まるで子どものような甘えん坊にコロッと大変身。そんな内と外のギャップも魅力のうちかも。

恋人 BEST1

こじか

純粋無垢で好きな人に尽くすことに喜びを感じるこじかを、ライオンは自分好みに仕立てあげて心からかわいがります。

結婚 BEST1

狼

観察眼が鋭くきっちり律儀な狼には、厳格なライオンでさえ頭が上がらないほど。狼の陰の操縦で完ぺきな家庭を築きます。

ライオンのヒューマンリレーション
（力関係）

ひつじや子守熊《コアラ》など外柔内剛の相手は、心がつかみづらく、のらりくらりと逃げられ手に追えません。虎と一騎討ちとなるとやりこめられます。

トラブル 自己中心的で気分にムラがあるので、プライドを傷つけるようなことを言われたら最悪。口にこそ出さないけれど、ずっと根にもつでしょう。

別れのパターン 相手が自分の言うことを聞いてくれなくなったり、プライドを傷つけられたら、もう終わりです。別れ話は、自分から先に切り出したいタイプ。

アドバイス あまりに身勝手な完ぺき主義を求めすぎると、相手は窮屈さを感じて敬遠してしまいます。自分のことばかりでなく、相手への思いやりも大切。

ライオンが 永遠の愛を誓うのは 誰!?

理想の結婚

狼 —— フォローがうれしい関係

完ぺきで立派な人を目指しているのに、うまくいかないと投げやりになってしまうライオン。それに対して、個人主義でマイペース、本質を突く批評家精神で人を仕切らせたらピカイチの狼。相性が悪そうでいて、じつは結婚相手にはピッタリなのです。なぜなら、狼は最初はとっつきにくいのですが、いったん相手に心を開くと、とたんに身内びいきになって細かな気配りを見せてくれるからです。特別扱いが何より大好きなライオンにとっては願ってもない相手。狼に仕切ってもらえば、ライオンらしさに磨きがかかること間違いなしで、狼もライオンのやさしさを愛するようになるでしょう。プロポーズは狼からの可能性大。ライオンは相手の出方を待つタイプ。狼は結婚にはとても慎重ですが、一途さと情熱から大勝負に出ることもあるのです。

おぼれる愛

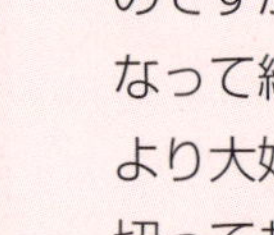

こじか —— 頼らせ甘えさせる愛

ライオンがライオンらしくあることをいちばん喜び、ウットリとしてくれるのがこじか。こじかはライオンの言うことなら何でも聞き、尽くしてくれるので、ライオンはこじかを自分の信奉者を愛するように愛してしまいます。慣れてくるとわがままになるこじかですが、ライオンは常に自分が優位に立っていられるので、大目に見ていられます。結婚相性としてはかなり良好で、結婚願望が強いのは圧倒的にこじかのほう。ライオンは、こじかとの主従関係が崩れなければ結婚も悪くないと思っています。お互いの価値観さえ認め合えれば、「状況対応型」の2人ならトラブルにも臨機応変に対応でき、大きなケンカもなく長くいい関係が続けられそう。「こじかをいちばん愛しているのは自分」とこじかに信じさせせることができれば、ライオンは浮気も○。

追われる恋

猿 ―― いないと寂しい明るい人

気がつくと、ちょこまかとライオンにまとわりついて離れない猿。気配りもあって、楽しい気分にさせてくれるのはいいけれど、騒がしくて何となくうっとうしく思っています。でもいないと妙に静かで寂しくなってしまう妙な存在です。じつは猿は、ライオンのことが好きというよりも、ライオンをとり巻く華やかな環境が好きで、いつもそばにいたいだけ。だから、ライオンにいじめられたり、厳しいひと言を言われたりすると、落ちこんでストレスをため、ときに反発を感じてしまいます。相性そのものはよくないので、ムキになって構わないほうがお互いのため。

燃えあがる恋

チータ ― 実力行使が好きな2人

社交的で、気さくに話しかけては恋のチャンスを待っているチータ。ライオンが「チータは自分のことが好きなのかな？」と錯覚すると、ライオンの心に恋の炎が燃えあがります。ライオンは、超プラス指向でイキイキとしているチータに自分と似たものを感じてひかれ、チータもライオンのいつも堂々としている姿に魅力を感じます。

しかし、実際に交際が始まると、チータは、人に命令するばかりで自分に甘いライオンを責めて、ライオンのプライドを傷つけてしまうことになるかも。お互いに言い出したら聞かないところがあるので、認め合えないようなら関係は長続きしないでしょう。

尽くされる愛

黒ひょう —— 優雅さが見こまれる

気高く優雅な雰囲気をもつライオン。人からスマートでおしゃれだと思われたがる黒ひょうから、自分の恋人にふさわしいと勝手に惚れこまれてしまいそうです。

黒ひょうはライオンの面倒をこまめに見たり流行の品をプレゼントしたり、あれこれ尽くしてアピールしてきます。でもライオンは自分がみんなから尽くされるのは当然と思っているので、黒ひょうを重宝に思うぐらいで、さほどありがたみは感じません。自分を慕ってくれるとり巻きの１人というほどにしか感じません。

関係ない人

ライオン —— 譲り合わない王様同士

同じキャラ同士、とても気が合うことは確かなのですが、両者とも自己中心的でわがままな性格ですから、何かと衝突してしまうのも当然の話。王様は男尊女卑、女王様は男にかしずいてもらわなければ気がすまないようでは、似た者同士とはいえ、「相手に望むこと」がぶつかってしまうのです。それがわかるからこそ、お互いにつかず離れずの関係から脱しようとは決して思わないはず。

貢ぐ愛

虎 ―― 協力し合える隣国の主

自分中心に振るまうライオンが、なぜか虎に対しては大きな態度に出られません。虎は見せかけで偉ぶったりせず悠然と堅実に行動するうえに、ライオンにも増して他人に厳しく、言葉づかい１つにもうるさいのです。そんな虎にライオンは尊敬の念を抱き、一緒にいれば鬼に金棒と何かとサポートを期待して貢ぎます。虎もライオンの期待に応えますが、ただそれだけで、恋愛とはなりづらい関係です。

ファミリーの愛

たぬき ― つい振り回してしまう人

王者としてのライオンの強さにたぬきは絶対の信頼を寄せてきます。ライオンが気分で突然たぬきを呼び出したりわがままを言っても、もち前の柔軟性でとても上手にサポートできるのです。たぬきは「わがままなライオンを満足させられるのは自分だけ」と自負して、それによりライオンの権威を借りることに。けれどもライオンにとってたぬきは家族も同然。恋愛の意識はもてません。

一途な愛

子守熊《コアラ》 ―― 計算力とサービスが魅力

他人に厳しく自分に甘く、計画も大ざっぱなライオンは、子守熊の計画的な行動と細かな計算能力には脱帽。しかも子守熊はサービス精神も旺盛ですから、ライオンは「この人が恋人になってくれたら、自分は王様気分でとても楽しく過ごせる」と一途に思いこんでしまいます。

子守熊から見れば、ライオンは単純で、操縦は簡単。ライオンの気を損ねずにうまく尽くされる側に回り、ライオンの恋心を手玉にとって、ちゃっかりいい思いをするでしょう。最終的には、ライオンの片想いに。打算的な子守熊の本心を知ったとき、ライオンがキレて終わりということもありそうです。

親　友

ゾウ ―― 信頼できるまじめな友

悠然と構えながらも、内心は心配性でオクテなゾウ。ゾウがどんなにライオンに恋こがれても、恋人に華々しさを求め、相手を厳選するライオンにとって、ゾウは恋の相手には力不足。「ただの理解し合え、信頼できる親友」としか思えません。たとえ2人が恋に落ちても、それは一瞬の出来事で終わるでしょう。ただ、ゾウは好きになった相手のことをいつまでも穏やかに思い続ける傾向があるので、ライオンもその気持ちに応え、それぞれ別の恋人ができても、「昔はつきあったこともあるけれど、今はいい友だち」という形で信頼関係はずっと続きそう。

ストレスを感じる関係

ひつじ —— 身内にぜひ欲しい人材

ライオンはみんなの中心でいたいタイプ。多方面にわたる情報とストレートな分析力をもち、人の和を保つために努力するひつじにはライオンも一目おいて、何かと接近。けれどもライオンは、一見冷静沈着でクールな印象なのに、気に入らないことがあるとグチったりぼやいたりするひつじに深いストレスを感じます。一方、ひつじはライオンに利用されているように感じて、相性は×。

永遠のあこがれ

ペガサス —— 感性がひかれ合う

ライオンのミエっぱりで大げさな話とペガサスの鋭い発想や天性のひらめきがピッタリ合うと、大きな理想や目標に向かって一緒に羽ばたけるのではと思いこみ、2人は一気に恋に落ちてしまいます。けれども現実には、ペガサスは気分屋で束縛されるのを嫌い、面倒くさがり。ライオンは王様気分で細かいことは相手任せにしたがるので、うまくかみ合いません。また肝心なときに考えが合わず、お互いのがんこさがぶつかると、意地を張り合ってしまうことも。

結局は、それぞれの立場を理解できても、現実的に生じた溝を埋めることができないので、好きだけど一緒にはいられないと気づき、別れを迎えることになるかも。それでも、これ以上の感性の結びつきはなかったと、ふと思い出しては懐かしむような、素晴らしい恋愛になりそうです。

TIGER

虎の 恋愛と結婚

時間をかけてじっくり相手選び 恋も結婚も実権を握りたい

自分のテリトリーを作り上げ守るのに情熱を傾ける虎にとって、家庭は他の何よりも大切なもの。恋愛は結婚のため、結婚へのステップと考えています。相手を選ぶ場合も、家庭を築くうえで自分の理想に近いかどうかが基準。見た目や雰囲気だけで好きになることはめったにありません。虎は社交的で面倒見がよく、黙っていても相手が近づいてきてくれるキャラですから、その中から気に入った相手を選び、思いどおりの恋愛をしようとします。

アプローチしても思いどおりにならない相手には、誠心誠意自分の理想を伝えようとしますが、うまくいかないとわかればきっぱりとあきらめ、それ以上深追いはしません。ストーカーなどにはならないタイプです。ただし、温厚ながら他人に厳しいため、悪気はないとはいえキツイことを言う場合が多く、思いどおりにならない相手を言葉で傷つけてしまうことがありそう。いつも主人公として場の中心的存在でいたい虎ですから、相手に尊敬され支持されれば、その何倍にも値する幸せを与えてくれそうです。

恋人 BEST1

こじか

自分の世界を作り上げる虎を全面的に信じ頼りきってくれるこじか。その素直さと守ってやりたい愛らしさに虎はメロメロ。

結婚 BEST1

ペガサス

現実的な虎に欠けているのは直感と自由な発想。足りないところを補ってくれるペガサスは生涯虎の心をつかみ続けるはず。

虎のヒューマンリレーション（力関係）

太陽グループのチータとペガサスは虎の仕切りに逆らえず、月グループのひつじ、たぬきは虎の手からするりと逃れ、ゾウとは権力争いもあり。

トラブル

ポリシーが明確なうえに強引で率直なので、勝手に事を運んで相手に誤解されそう。強烈な批評が、気の弱い相手をペシャンコにつぶす可能性も。

別れのパターン

思いどおりにならない相手をさっさと見限る虎は、別れを告げられる前に察知。自分の痛手はうまく回避しますが、独断的な方法が恨まれるかも。

アドバイス

信念は曲げられなくてもキツイひと言には要注意。自分は軽い冗談のつもりでも、相手はそうは思えないよう。人より絶対正しいと思いこんではダメ。

仕切られ度

虎を徹底的に仕切るキャラ

- ひつじ 95%
- たぬき 90%
- こじか 80%

虎をかなり仕切るキャラ

- 黒ひょう 70%
- 子守熊《コアラ》 60%
- ゾウ 55%

虎 50%

仕切り度

虎がかなり仕切れるキャラ

- ライオン 60%
- 狼 70%

虎が徹底的に仕切れるキャラ

- ペガサス 80%
- 猿 90%
- チータ 95%

虎が 永遠の愛を誓うのは 誰!?

永遠のあこがれ

狼 ―――― ミステリアスな魅力の人

堅実で融通のきかない虎にとって、他人を意識せず、ときには変人にも見える狼は、ミステリアスな魅力にあふれています。狼は、虎が常日頃から「恋人はこんな人が理想」とあこがれ空想している姿をまさに体現しているカッコいいキャラなのです。狼にとっても、虎は本音を明かしても誠実な言葉が返ってくる信頼できる相手。狼は常に結婚前提の恋をする慎重派なので、じっくりと相手をつかむ虎の確実性もまた評価できるのです。初めは互いに「理想の恋人像」と感じて近づきますが、配下がいてこそ自分の存在理由を見い出す虎と、1人マイペースに動く狼とは、くい違いぎみ。大事なときにすれ違い、結婚に結びつく可能性はほとんどなさそう。互いに気になりながら別のフィールドで活躍する結果となり、離れて思い合う間柄となりそうです。

おぼれる愛

こじか ―― 守ってあげたい愛らしさ

誰かを守ってあげたいと思う虎にとって、愛らしいこじかはどうしても手に入れたくなる存在。こじかにとっても虎の頼もしさは理想です。虎がアプローチすれば、こじかは天にものぼる心地。何もかもセッティングして楽しませてくれる虎を心から信頼し、愛してついていくでしょう。でも本質的には望む生き方は大きく異なります。虎がたくさんの人と積極的につきあい、世界を広げていくのに対して、こじかは愛する人を独占し、2人だけの世界を築きたいタイプ。虎が社会的な成功を望んで仕事に打ちこめば、こじかは自分の方を向いてくれないとなじるでしょう。いつしか溝が深まり、2人は別れる決意を。別れたあとも互いに「あの愛は本物だった」とは思うのですが、自分の理想を押しつけ合った愛だけに、あと味の悪さが残ることも。

燃えあがる恋

猿 ―― 小回りがきく活躍キャラ

虎にとって猿ほどよく気がつき、さまざまなことを上手にこなす理想の伴侶は他にいません。虎が怒っていても軽く受け流し、恋となれば純情で一本気、かといって虎に頼りっぱなしでもないとなれば、恋と結婚を結びつける虎の恋心はヒートアップ。でも猿から見た虎はやや強引で自分勝手。従うしかない強引さはちょっと苦痛です。猿は虎と恋愛するより信頼できる友であってほしいのですが、それでも恋愛関係になれば、恋は短期間で終了。もし虎の生活や仕事に猿が興味をひかれれば結婚も○、猿はよいパートナーシップを発揮しますが、適度に浮気するかも。

尽くされる愛

チータ ―― 一方的な猛烈アタック

虎の威風堂々とした雰囲気は、チータにとって大きな魅力。ゲットすれば自分の格も上がるとばかりに、あらゆる手で好かれようと接近してきます。でも、虎から見るとチータは軽くて信用できない相手。せっかちなうえに大きな態度も鼻につき、笑いながらキツイ言葉で撃退しようとたくらみます。でもチータは虎の気持ちなど無視し、チャレンジ精神をますます燃えあがらせて猛攻撃。虎はそんなチータの瞬発力だけは認めて、強力な“パシリ”として使ってしまうかもしれません。

追われる恋

黒ひょう —— なごみキャラに選ばれる

虎は純情と素朴さで周囲を安心させ、信頼を勝ちとります。これに対し、黒ひょうは最新の服に身を包み、一部にはモテモテですが、じつは自分をよく見せようと周囲や恋人に気をつかっていつもクタクタです。

そんな黒ひょうにとって、自然体で悠然と生きるどっしりした虎は、誠実が取り柄の安心できるキャラ。黒ひょうは癒しを求めて虎を追い回しますが、やがて仕事ひと筋で自分が正しいと疑わず、自分に正直に生きる虎にドンくささを感じることに。それでも黒ひょうは疲れると安心感を求めて虎のもとに。虎は黒ひょうにうさんくささは感じても、想われているようで悪い気はしません。

ファミリーの愛

ライオン —— 信頼の協力体制を築く

虎とライオンは王者として君臨する者同士。でも雰囲気や考え方は異なり、虎が恋人ひと筋なら、ライオンはハーレムを築くわがままな王様。自分なりのバランス感覚でおしゃれする虎に対して、一流品好みのライオン。それでも２人は、敵対するどころか協力体制を築ける兄妹姉弟の関係。ライオンは自分にない虎の確実さを見抜いて何かと親しくしたがり、虎も協力体制を惜しみません。

関係ない人

虎 ―― 両者とも強力な親分

虎と虎は親分同士。互いに自分の縄張りを大切にし、リーダーとしてトップに立っていますから、自分に似た相手に恋する気にはなりません。近づきすぎるとトラブルのもと。もし同じフィールドに男女の虎がいたら、２人でトップ争いをしてしまうかも。そのあたりを熟知しているので、あえて避ける関係に。でも互いに隣国の王者に敬意を払い、心の中で応援するでしょう。

貢ぐ愛

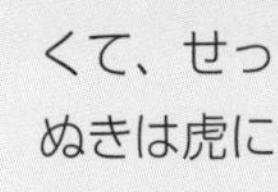

たぬき ― 美意識も純情さも魅力

たぬきの美意識は虎の自尊心をくすぐるもの。また、ときには退廃的で、ときには純情な色気を漂わせるたぬきは性的魅力にもあふれています。虎はたぬきを身内にしたくて、せっせとたぬきのもとへ通いますが、たぬきは虎に親愛の情は抱けても恋愛感情をもてないよう。虎の恋心は短い時間で終わりそうですが、さっさとたぬきを忘れる虎に対して、たぬきは親愛の気持ちを抱き続けるでしょう。

親友

子守熊《コアラ》 —— 協力者として恋される

親友以上の気持ちはもてそうにもない子守熊から、猛烈アタック。はっきり断るのも気の毒なほどで、虎もたじたじです。子守熊にとって虎は完ぺきな協力者。それは第1に虎の威をかるため。第2は、長期展望で夢を実現する子守熊にとって、虎のバランス感覚はぜひとも手に入れたいものだからです。計算高い子守熊だけに恋は打算から始まりますが、燃えあがった恋心に嘘はありません。でも子守熊が自分に恋する理由は、虎にはお見通し。それでも虎は、好きといってくれる子守熊に身内への愛を捧げるでしょう。互いの目標が合えば、結婚が成功する確率大。

ストレスを感じる関係

ゾウ —— アドバイスは恋の原動力

細かいことに気を回せず、自分のやりたいようにしかできないゾウは、虎のナイーブな神経を逆なで。虎はゾウが無神経に思え、ボス気質から注意したり忠告したりしているだけなのに、ゾウはそれを虎の好意とカン違い。的はずれな反応を返して虎をびっくりさせます。さんざん苦情を言ったら、色っぽい目で返事をされ、驚いて逃げ出すのが虎。「あら照れちゃって」と呟くのがゾウです。

一途な愛

ひつじ —— 頑張る人は美しい

仲間でわいわいやっているときも、1人みんなに気配りしまくりヘトヘトになってしまうひつじ。そんな姿を見るにつけ、虎はひつじを愛しく思います。頑張る人が大好きな虎は、ひつじを遠くから見つめながら助けてやりたいと願うのです。一方ひつじは冷静で客観的なだけに、自己過信が強くて、自分の考えを人に押しつける虎は避けたい存在。機会さえあればすぐにも恋人同士になりたいと願う虎の気持ちを無視したまま、自分の好きな人にせっせと尽くし、ときには虎に恋人のグチをこぼすことも。虎のぼんやりした片想いは、淡いまま消えてゆくしかないのです。

理想の結婚

ペガサス ― タイプの差が好相性に

虎は大地にしっかり足をつけ、物事を1人で完結できる能力を駆使して、家庭も仕事も繁栄させる余裕キャラ。そのあり余る力で伴侶を手のうちに握りながら、自由に遊ばせる結婚の形をとることが可能です。男性の虎なら、社会的地位を獲得して、妻には趣味やボランティアなど生きがいのある人生をプレゼント。女性の虎なら事業を興し、芸術家志望の夫を成功させてしまうかも。ペガサスは実生活の苦労などどこ吹く風、アートとインスピレーションの世界に遊び、虎の財力の恩恵で素晴らしくクリエイティブな人生を送ることができるでしょう。虎は現実世界で実績を築きながら、自由でユニークな伴侶のペガサスを眺め、その成果を自分の作品として愛し、楽しみます。互いのフィールドを守りながら、最大の成果を上げる結婚相手です。

RACCOON DOG

たぬきの恋愛と結婚

相手の喜ぶ顔が自分の喜び 恋も結婚も古風で奥ゆかしく

愛嬌があって、ちょっと天然ボケ。人の和を大切にし、誰とでもうまく合わせることができる穏やかな人です。伝統や経験を重んじる古風なタイプなので、恋愛においても、心意気は昔ながらの日本男児、大和なでしこ。男性は封建的ながら女性を守り、女性は男性に従属して尽くすものと心得ています。

とにかくシャイで恋にはオクテですから、自分から積極的にアプローチすることはなく、相手が告白してくれるのをじっと待っています。遊びの恋愛は苦手で、交際は常に結婚前提。ルックスや収入より育ちや気だてのよさを重視し、相手の素性をよく確かめたうえで、慎重でまじめなおつきあいをしていきます。

たぬきが何より大切にしているのは、精神的な満足感。相手に合わせ、いいところを見つけ出してはほめ、その人の喜ぶ顔を見て大きな満足を感じます。また、年上からかわいがられることが多いせいか、男女ともに年上好みの傾向あり。「いつか必ず思いどおりの人と恋愛が成就する」と根拠のない自信をもっています。

恋人 BEST1

狼

マイペースだけど誠実で相手を大切にしてくれる狼とは信頼し合い、互いに理想の恋人と出会った気分で熱い恋ができます。

結婚 BEST1

ペガサス

ペガサスの天才肌の感性を、たぬきはやさしく受け止めます。お互いの長所を認め合い、無理なく楽な気持ちで長続き。

たぬきのヒューマンリレーション
（力関係）

明るい猿や愛らしいこじかはコントロールしやすい楽しい仲間。たぬきの誠実さには虎も従います。百獣の王ライオンやゾウには言いなりに。

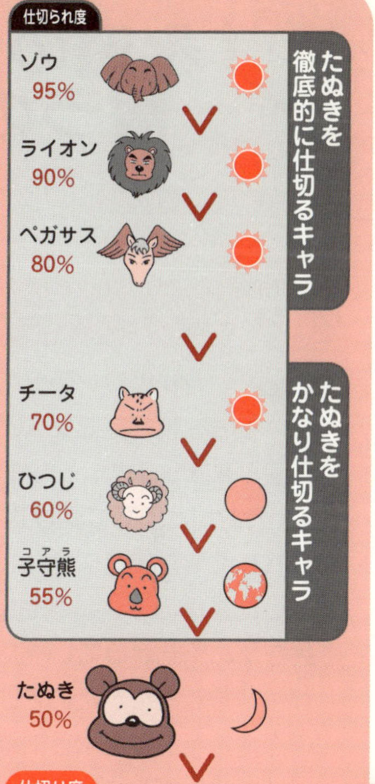

トラブル

「楽しみにしてる」と言っておきながら、うっかり約束を忘れてしまうことがたび重なると、口先だけのいい加減な人と思われて信用を失うことに。

別れのパターン

相手に言いたいことを言えずに、不満をためこんで自分からギブアップ。または優柔不断で煮え切らないでいるうちに、略奪されてジ・エンド。

アドバイス

そのうち何とかなるだろう、という見通しの甘さが命とり。ときにはきっちり本音で話すことも大事です。天然ボケも度が過ぎるとあきれられます。

たぬきが永遠の愛を誓うのは誰!?

おぼれる愛

狼 ―――― 独創的センスにひかれる

何かとウンチクを語り伝統にうるさいはずのたぬきに、狼の独創的なセンスと本質を突く批評眼は飛びきり新鮮に映ります。また、いつも変わり者扱いされがちな狼ですが、「ステキ」と素直に受け止めてくれるたぬきの柔軟性が狼はうれしくてたまりません。まさに出会うべくして出会ってしまった運命の2人。激しい恋に落ちたあとは、「お互いの個性を認め磨き合っていきたい」と願うのですが、やがて亀裂が生じることに。たぬきは狼に、狼はたぬきに、自分の理想の恋愛相手を見たように錯覚して、互いの恋愛や結婚観を押しつけていただけと知ってしまうのです。それでもどうしてもこの恋の成就を望むなら、相手に合わせて行動できるたぬきが、自分のペースを崩せない狼に合わせること。互いを受け入れる努力がかなり必要です。

永遠のあこがれ

こじか ―― 相手の喜ぶ顔がうれしい

どちらも相手に合わせる月グループのキャラ、しかも状況対応型同士で意気はピッタリ。甘えん坊タイプのこじかを、世渡り上手で大人っぽいたぬきがリードしていくといい感じ。たぬきの行きつけのお店やおすすめ料理などが、臆病なこじかにとってはとても安心できるのです。また、たぬきもこじかが自分の好きなものを何でも喜んでくれるので、うれしさや誇らしさでいっぱいに。お互いにいつも一緒にいたい、相手が喜ぶことなら何でもしてあげたいと思っているので、つきあい始めは、やさしさに満ちあふれた関係でいられます。でも、こじかは慣れてくるとわがままになってたぬきを振り回し、たぬきはストレスをためてついには爆発。やがて別れてしまう結果になりそうですが、青春の１ページとして永遠に心に残るでしょう。

尽くされる愛

猿 —— 素直に慕ってくれる人

伝統や定番に関する造詣が深いたぬき。好奇心や向上心が旺盛で、未知なものに興味を抱く猿にとって、たぬきは尊敬に値する存在です。他の人から見ればマユツバくさいたぬきの自慢話でも、上手な話しぶりにすっかり魅入られてしまいます。猿はたぬきに一途な思いを寄せ、たぬきのためにとちょこちょこと動き回っては気配りしてくれるでしょう。ただ、猿は裏切りを許せないので、たぬきに気がないと知ると、関係は急速に冷えることに。

追われる恋

チータ —— 猛烈さもたまには魅力

引っこみ思案だけど明るくてひょうきんなたぬき。そんなたぬきを活動的で明るいチータが慕い、積極的にアプローチを仕かけてきそうです。

押しに弱いたぬきなので、あまり好きでなくてもつい誘いを受けてしまうと、ますます調子に乗ったチータに振り回されることに。けれども、チータの強引さに慣れてしまうと一緒になって楽しめるのが、たぬきのおもしろいところ。でもやがて、目移りが激しく刺激好きなチータにとって、マイルドで保守的なたぬきはストレスに。相性としては×なのですが、チータは恋愛感情が去っても気が向いたときにはたぬきのもとを訪れることもあるでしょう。

燃えあがる恋

黒ひょう —— 助けてあげたい魅力の人

たぬきは「恋人も自分のような古風なタイプを」と望んでいますが、新しいもの好きで流行に敏感な黒ひょうは、たぬきの目からはとてもスマートでカッコよく、胸がドキドキ。おまけに黒ひょうの心の繊細さが見えたとき、自分と似ていると感じ、黒ひょうを助けてあげたいと本気で恋してしまいます。黒ひょうも、自分に素直にあこがれてくれるたぬきのような存在がうれしく、何かとたぬきをかわいがります。たぬきはあこがれの黒ひょうにやさしくされ、天にものぼる気持ちで恋の炎を燃やすでしょう。けれども恋人にルックスのよさやシャープな会話力を求める黒ひょうにとって、たぬきは恋愛の対象にはなりません。

貢ぐ愛

ライオン —— 豪華な王様の魅力に酔う

オクテでシャイなたぬきは、社交的で包容力のあるライオンにあこがれます。ゴージャスな品や雰囲気に目がないライオンに、自分が大切にしている豪華な骨董品をあげたり、行きつけのお店で御馳走したりと貢ぐかわりに、ライオンの王者の雰囲気に守ってもらい、ぬくぬくとした安心感が味わえます。けれども、ライオンはたぬきに「愛嬌のある兄弟姉妹」という印象しかもてないよう。一緒に遊ぶのは楽しいけれど、のほほんとしたたぬきはかみ応えがなく本気で受け止めてはくれません。

親　友

虎 ―― 間のびしてしまう関係

愛嬌があって人なつこく、相手の出方に合わせて行動するたぬき。他の人の話に割りこんでは、自分中心の話にしてしまう虎にも、いやな顔もせずに耳を傾けてあげる聞き上手なので、虎にとても気に入られてしまいます。

世話好きな虎は、何かとたぬきをリードしては面倒を見るかわりに、「ボスでありたい」という欲求を満たします。しかし、虎をコントロールしているのは、じつはたぬきのほう。たぬきは虎に親愛の情を抱き、虎に逆らうことなく、縁の下の力もちの底力を発揮して、虎の願望を叶えてあげているのです。恋愛は始まりづらそうですが、友だちとしての関係は長続きしそうです。

関係ない人

たぬき ―― ウケ上手が気に入られる

穏やかで憎めない者同士なので、ベストといえばベストな関係なのですが、実際につきあってみても、あまり

の緊張感のなさにあきてしまったり、お互いのいい加減さにあきれてしまったりで、長続きはしません。２人の意見が表面だってぶつかり合うということもありませんが、恋愛関係を築くよりも、お笑いコンビや研究仲間としてつきあっていったほうが、うまくいきます。

ストレスを感じる関係

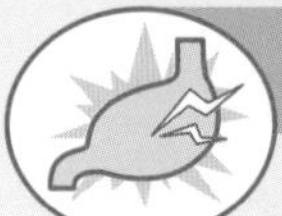

子守熊《コアラ》 ―― 表面は似て中身は大違い

のんびりしていて、楽しいことが大好きな子守熊。たぬきは子守熊に自分と似たものを感じて、親近感を抱きます。けれども、誠実なたぬきが子守熊のことを思うほどに、子守熊の計算高くてなんとなくずるい面や快楽主義で浮気が多いことに次第に疲れてストレスを感じ、ついには堪忍袋の緒がキレます。表面的には似ているのですが、基本的な考え方がまったく違うのでかみ合いません。

一途な愛

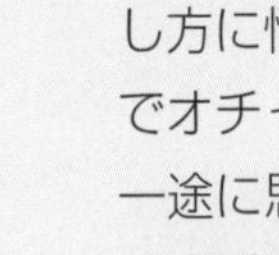

ゾウ ―― 誠実な愛を守りたい同士

地道派のゾウに、たぬきは強さと誠実さを感じてとてもひかれます。ゾウは口ベタで不器用なので、たぬきは接し方に悩み、ついついもち前の愛嬌と天然ボケでオチャラケるのみ。けれども、好きになると一途に思い続けるたぬきのきまじめさに、同じく恋愛に対してきまじめなゾウも、次第に心を開いてくれるでしょう。でも残念ながら、恋とはならず、信頼関係が築かれるだけに。

ファミリーの愛

ひつじ — 口うるさい家族のよう

愛嬌があって人づきあいのいいたぬきの人柄に、和を大切にするひつじは「自分のよき協力者」と感じて熱い情熱を傾けてきます。一方、たぬきにとってのひつじは、口うるさい家族のような存在。その場しのぎの嘘をついたり、うっかり約束をすっぽかしたりするたぬきに対し、言葉がコロコロ変わったり約束を破られることが大嫌いなひつじの恋の炎も、じきに冷えてしまうでしょう。

理想の結婚

ペガサス — ズボラも全然平気な人

もの忘れが激しく、周囲から「いい加減な人」と思われがちなたぬきですが、唯一ペガサスだけは大丈夫。ペガサスは細かいことにこだわらない、というより超がつくほど面倒くさがりで、自分がじゃまをされなければ、相手が何をしてもお構いなしなのです。

たぬきにとって、自分のいちばんの弱点を見逃してくれるペガサスは、まさに理想の相手。たぬきの想像を越えたペガサスの行動に振り回されることもしばしばなのですが、それがまた、たぬきがペガサスを好きになってしまうゆえん。たとえ困惑しても、もち前の柔軟性で受け流すことができるでしょう。また、たぬきがペガサスの魅力をいちばんよく理解し、信奉者であることをアピールしておくことも大切。結婚すれば、勝手なペガサスをたぬきがサポートして、ユニークな家庭を築いていけます。

KOALA

子守熊《コアラ》の恋愛と結婚

恋人と一緒にただひたすら
ボーッとするのが最大の楽しみ

楽しいことが大好きなロマンチストで、サービス精神も旺盛。何をするにも「楽しいかどうか」が判断の基準になります。恋愛においても、一緒にいて楽しめる相手であることが絶対条件。そんな恋のターゲットを見つけたら、ゲットのためには苦労を惜しまずマメに行動し、お金だってどんどん使ってしまいます。

ただ、基本的に計算高い倹約家なので、負ける勝負や回収できない投資は決してしません。確実にゲットできると確信したうえで、積極的なアプローチを開始。けれども、相手の心を射止めたあとは、ただ一緒にボーっとしていることが何よりの楽しみ方。相手が行動的なデートを望んだり、マメに世話をしてくれたりすることすらうっとうしいのです。実現のために行動し、目的達成後はボーッと休む。まさに釣った魚にエサはやらないタイプです。

また、遊び相手と本気の相手はきっちり区別してつきあい、本気の相手は常に結婚前提。男性は無類の女好きで、本命の彼女がいても、結婚しても、アダルトな店に通ってしまうでしょう。

恋人 BEST1

チータ

明るく前向きなチータとなら、楽しいことが次々とわいてきそう。チータの思いつきを子守熊が現実化して2人とも大満足。

結婚 BEST1

黒ひょう

どちらも心配性で計画的な面では一緒。ダッシュの黒ひょうが堅実な子守熊を仕切れば、人生設計もテンポよくスムーズに。

子守熊《コアラ》のヒューマンリレーション
（力関係）

案外、単純なライオン、チータ、猿、ゾウの仕切りは簡単。感情的に複雑な月グループのキャラに頼られると、うっとうしいながらも言いなりに。

トラブル

本命とは別に遊び相手を大勢もち、保険のつもりで本命外のキープも確保。言い訳上手な子守熊だけど、本命にバレると決裂、周囲の反感も買いそう。

別れのパターン

相手とのギブ＆テイクの関係が壊れたとき、子守熊は、あっさりきっぱり別れます。子守熊が別れ話を切り出されるのは、ほぼ浮気や不倫が原因。

アドバイス

遊びの計画や将来設計などに関して、現実的で計算高いところは長所。でも恋愛関係まで露骨に計算づくで進めると、いやみすぎて、嫌われそう。

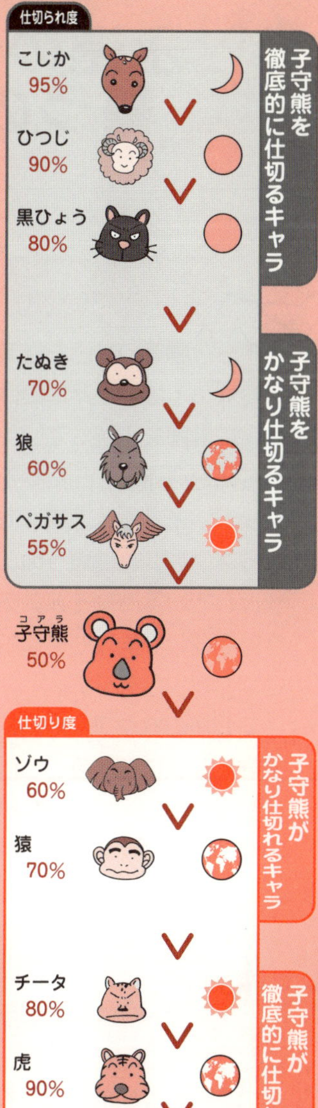

子守熊《コアラ》が永遠の愛を誓うのは誰!?

親　友

狼 ―― 計画性と実行力が好相性

物事の計画を立て、すべてを計画どおりにマイペースで進める狼。そんな狼は、長期展望で綿密な計画を立て、着実に計画を実現していく子守熊を自分にピッタリの人と感じて、恋心を燃え立たせます。

一方、子守熊は「狼はあまりに遊び心やゆとりがなくてつまらないな」とは思うのですが、自分が大事にしているボーッとしている時間を孤独を好む狼にじゃまされることもなく、自分と同じ計画性もある狼に対して「悪くはないな」という気分に。

でも恋のワクワク感にこそ生きがいを感じる子守熊が狼に恋することはなく、狼の恋の目標はやがて他の人へ。でもそのあとも、２人のよい協力関係は続くことになりそうです。

一途な愛

こじか ―― サービス精神がウケる

サービス精神豊かな子守熊は、おとなしくて臆病なこじかが放っておけずに、一途に愛を傾けます。こじかは自分のことを大切にしてくれる人やわがままを聞いてくれる人をさりげなく引き寄せるのがうまいので、子守熊はますますのめりこんでしまうでしょう。

好奇心旺盛なこじかを満足させるために、ロマンチックな計画を立ててはマメに連絡をとり、デートに誘います。けれども、こじかはちゃっかりと子守熊を便利なアッシー君や保護者がわりにしているだけ。子守熊は何も見返りがなく、あとで後悔することになるだろうと予感はしても、なぜかマゾ的なほど引き寄せられてしまうのです。

永遠のあこがれ

猿 ―― 陽気で楽しい一時の夢

子守熊と同じように、いつも陽気で明るく楽しいことが大好きな猿。同じ地球グループのキャラということもあって、意気もピッタリ。おだて上手の子守熊が猿を調子に乗せれば、2人でどんどん盛り上がって、いつまでも楽しいときを過ごすことができます。けれども現実の生活では、猿のせっかちで目先しか見ていないところが、じっくり型の子守熊にはとても気になるはず。また、お互いに金銭面に細かいところもトラブルのもと。ロマンチックな気分で楽しく過ごしているときと現実とのギャップの大きさに、結局はうまくいかなくなってしまいそうです。でも、互いにここまで精神的に愛を捧げられる相手は他にいないでしょう。一緒に生活することはできなくても、よい思い出として、いつまでも2人の記憶に残り続けるはずです。

おぼれる愛

チータ ― 2人とも恋や遊びが好き

状況をじっくり見きわめてから確実に行動する子守熊と、瞬発力があって思いついたら即行動してしまうチータ。まったく正反対の性格ですが、表面的に強そうなチータが着実な子守熊にまったく頭が上がらず、「仕切る／仕切られる」のバランスがピッタリ合います。恋愛大好き、楽しむこと大好きな２人なので、瞬時に恋に落ち、最初はとても楽しいはず。チータが楽しい場所を見つけ、子守熊が綿密な計画を立て、一緒に盛り上がるでしょう。また、チータもしっかり者の子守熊が納得してくれることで自信がつき、安心します。でも、子守熊が「恋人とボーッとしていたい」という本性を発揮すると、恋も終わりに。チータの鋭い感性や発想を、子守熊が検討して実現するという役割分担がうまくいけば、よいカップルとなれる可能性も。

理想の結婚

黒ひょう —— 言葉を素直に聞ける人

ロマンチストでありながら現実をしっかり認識する子守熊と、知的でスマートな黒ひょうの相性はバッチリ。子守熊は自分の“計画表”どおりに物事を進めたいのですが、黒ひょうの意見だけはなぜか素直に聞けるのです。子守熊が長期の生活設計を立て、黒ひょうを上手にもち上げてリーダーシップを任せれば、面倒なことはすべて黒ひょうがテキパキとこなしてくれるはず。黒ひょうは、人を楽しませてくれる子守熊にひかれ、また、自分が面倒を見てあげなくてはという使命感に燃えてしまうのです。黒ひょうは、親しくなるほどに子守熊に自分の価値観を押しつけてきますが、同時に「好きな人に合わせたい」という気持ちも強いので、子守熊の計画が揺らぐことはありません。

尽くされる愛

ライオン ― 楽しませ上手で愛される

ほめ上手、楽しませ上手の子守熊。おだてに弱くてズボラなライオンは、緻密な計画を立てられる子守熊の虜になって、一途に想いを寄せてきます。

最初は「ライオンは自分の虜！」と喜んでいた子守熊ですが、愛する人に手放しでゴロゴロ甘え、用事をずけずけ言いつけるライオンには次第にうんざり。けれども、短気で人に厳しいライオンが子守熊には言いなりになるので、扱いやすい存在としてキープします。最終的にはライオンの愛は報われずに終わりそう。

燃えあがる恋

虎 ―― 大物の雰囲気に恋の炎

ロマンチックな大恋愛を期待する子守熊にとって、虎はあこがれの存在。好みのタイプの虎に出会ったとたん、恋に陥ってしまうでしょう。

表向きは控えめな子守熊にとって、面倒見がよく何でもそつなく器用にこなし、全体を見わたすバランス感覚も抜群な虎は、まさに理想のタイプに映るのです。けれども、虎にとって子守熊は、よき相談者、サポーターという感覚。合理性と確実性が信頼でき、友だちとして大切にしたいと思っていますが、恋の相手としてはちょっともの足りないようです。虎のそんな気持ちを理解したとたん、子守熊の恋もあっさりと終わり、恋のターゲットは別に求めることに。あとは信頼できる親友としてつきあいそう。

追われる恋

たぬき ―― 純でマメで愛らしい人

子守熊は「たぬきは自分に合わせて、マメによく尽くしてくれるいい人だな」とは思うのですが、優柔不断で、うっかり肝心なことを忘れたりする天然ボケぶりは、最初から本命候補から除外。それでもたぬきの愛らしさは認めて、便利なキープとして適当につきあいます。それに対してたぬきは、いつも楽しそうでぼんやりしている外観とは違い、本当はクールで計算高い子守熊にストレスを感じることに。子守熊にはどんなに尽くしても、精神的満足が得られずどんどん面倒な関係になる×相性。

関係ない人

子守熊《コアラ》 ―― よき友はよきライバル

お互いの計算高さや行動パターンがわかってしまうだけに、つまらなすぎてハナっから恋愛の対象に見ることはありません。どちらかといえば、よきライバル、よき友だちといった関係です。恋の架け橋役になったり、悩み相談をし合うのなら、これほどベストな相手は他にいません。お互い本命がいながら、ちょっと火遊びを楽しんであとくされなく終わる程度の恋なら可能性あり。

ファミリーの愛

ゾウ ―― 重すぎる愛を捧げる人

軽いノリで楽しく過ごすのが大好きな子守熊にとって、好きな人にはとことん誠意を尽くさないと気がすまなくなるゾウは、ちょっと重い存在。けなげな姿に、ついほだされてしまうものの、実直すぎるゾウに子守熊はファミリー的な感情しか抱けないのです。楽しく過ごすことを知らないゾウは、子守熊と遊ぶことが楽しくリラックスできるのですが、子守熊にとってはゾウの愛は重荷。逃げるなら、自分がいかに遊び人であるかアピールを。

貢ぐ愛

ひつじ ― 協力し合える気の合う友

寂しがり屋のひつじを気に入ってしまった子守熊は、サービス精神旺盛にマメに連絡をとったりグチを聞いてあげたり。その分、情報通のひつじから貴重な情報をちゃっかりゲットします。ひつじは、何かと気づかってくれる子守熊のことをとてもうれしく思うのですが、もともとクールなので、簡単に恋には落ちません。互いに自分のよき理解者、ともに助け合う仲間といった関係です。

ストレスを感じる関係

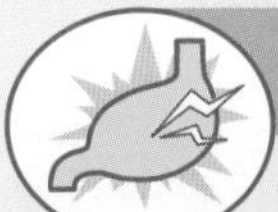

ペガサス ― 感覚が違いすぎる2人

空想好きの子守熊は、ペガサスのひらめきや奇抜な発想、自由な雰囲気にとてもひかれてしまいます。けれども、基本的な性格やスタンスがまったく違うので、現実的なことになるとうまくかみ合いません。心配性で用意周到な子守熊の言葉に、ペガサスは聞く耳なし。そんなペガサスの態度に、子守熊はがっかりし、ストレスを感じます。

ELEPHANT

ゾウの恋愛と結婚

好きになったらトコトン尽くす
肉体より精神的なつながりを重視

　いちど決めたら最後までやり通す、がんこな不言実行タイプのゾウ。恋愛においても、好きになったら一途に思い詰め、何としても相手の心を射止めようと押しの一手でアタックします。けれども、基本的にまじめで慎重、しかも引っこみ思案な面があるため、感性で軽く行動することができません。アクセスに時間をかけすぎ、せっかくの恋のチャンスを逃してしまうことも。実際に行動に移したあとは迷うことなく押していけるので、自信をもって積極的かつスピーディなアプローチを心がけるといいでしょう。

　恋人とは肉体よりも精神的なつながりを重視し、軽いつきあいはできません。自分よりも相手を優先して思いやる誠実さはピカイチ。恋人ひと筋で、尽くされるよりも尽くすことに喜びを感じます。見た目は悠然としていますが、内面は気が小さく心配性なので、相手に対して何かと口うるさくなりがちに。自分勝手な思いで一方的に思いやるだけでなく、相手の言うことにも聞く耳をもつことが大切です。１人よがりにならないように注意を。

恋人 BEST1

猿

お互い恋愛にまじめで、相手に一途になるところがピッタリ。きめ細かな気配りをしてくれる猿なら、ゾウも尽くしがいがあります。

結婚 BEST1

黒ひょう

地道な努力家のゾウとスマートで面倒見のよい黒ひょう。互いの気持ちを安定させ、夢を形にできるベストな相性。

ゾウのヒューマンリレーション
（力関係）

短気で心配性のゾウにとって、気配りのあるたぬきや社交的なライオンは楽な存在。自分中心な地球グループのキャラには仕切られっぱなし。

トラブル まわりくどいのが大嫌いなゾウは、クドクドと言い訳をされると、いきなり逆ギレしたり、立ち直れなくなるようなキツイ言葉を言ってしまいがち。

別れのパターン ゾウがトコトン尽くしているのに、相手が遊びだったり誠意がないと逆ギレしてエンド。体面を気にするので、相手から引いてくれるとホッとします。

アドバイス ゾウのまじめさや厳しさを相手に求めすぎてはダメ。口ベタでも、本来のおおらかさを発揮して、誠意をもって接すれば必ずわかってくれます。

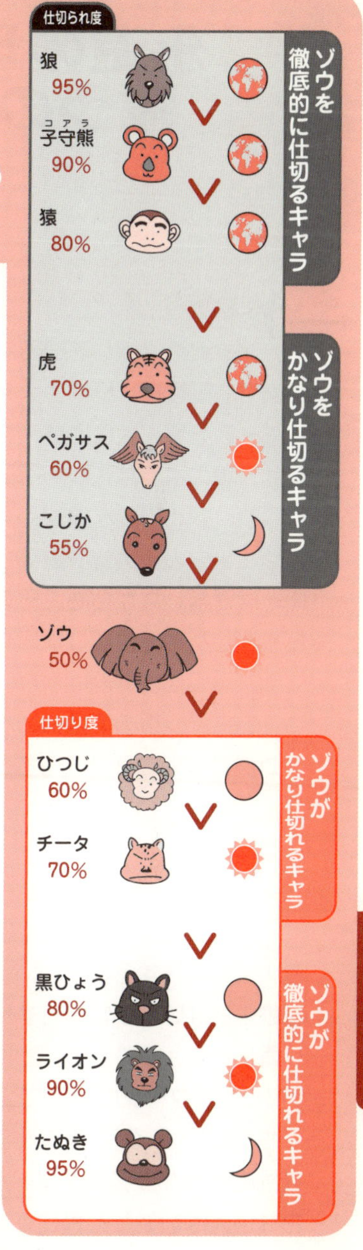

ゾウが 永遠の愛を誓うのは 誰!?

一途な愛

狼 —— カリスマとして頼られる

孤高に徹しているようで人の顔色や評価を気にし、臆病で心配性なゾウは、人のことなど一切おかまいなしにマイペースを貫く狼にカリスマを見るような思い。そして内心では、狼のような人がそばにいてくれたら、自分はもっと強くなれ、多くの夢を達成できるだろうと思うのです。一方の狼は、ゾウの堅実さや誠実さは自分と共通のものとは理解しながらも、その自己中心的でピリピリとした神経質ぶりが好きになれません。深く関わるのは勘弁とばかりに、何かと逃げを打つことに。ゾウの愛は報われませんが、ゾウはいつまでも狼に熱い気持ちを抱き続けます。

ストレスを感じる関係

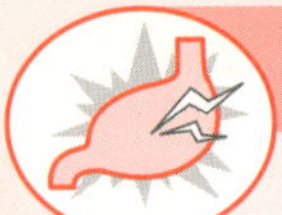

こじか —— 甘えられうれしい気分

人に甘えることができず、片意地を張ってもすべてを1人で解決するしかないゾウ。素直で甘えん坊のこじかなど眼中にないはずなのですが、いざこじかにすり寄られ甘えられると、人に甘えられることなどめったにないゾウはうれしく、保護者気どりに。でもやがては、わがままを言って人を振り回すだけのこじかがストレスに。「やっぱり自立できない人はいや」と思ってしまうのです。

おぼれる愛

猿 —— タイプの差にひかれ合う

毎日をちょこまかとせせこましく生きている猿は、どっしりと落ちつきテコでも動かない巨大な山のようなゾウにあこがれを抱きます。一方、ゾウも、うわべはお調子者でも、根はきまじめな猿の本心を見抜くと、「この人となら一生楽しく、自分が不得意な人間関係もフォローしてもらい、誠実な愛情生活を送れるかも」と恋心を燃えあがらせます。相手を立て、お互いに譲り合う恋の初めは、2人とも「生涯の人が決まった」と有頂天。でも時間がたつと、絶対に主張を曲げない片意地のゾウと日々の豊かさを追求する猿の間には亀裂が。どうしても考えもテンポもくい違い、話し合いをしたところで互いの自己主張ばかりに。ゾウはダンマリさえ決めこんでしまいます。相手の短所ばかりに目がいき、それが大きなストレスに。最終的に別れたあとは、互いに「錯覚の恋」だったと思うことになりそうです。

永遠のあこがれ

チータ —— ハデな振るまいが魅力的

内心はとても目立ちたがり屋で、ナンバーワンが大好きなゾウ。でも現実にはハデに振るまえないので、人見知りなど一切せず、誰の前でも華やかに振るまうチータに密かなあこがれを抱きます。また、ゾウは「望むものを手にするためには一途になる」というチータとの共通点も感じとっています。2人の違いは、欲しいと思った瞬間、ダッシュするチータに対して、ゾウは腰が重いところ。地味なゾウは気おくれしてチータになかなか愛を告白できませんが、じつはチータにとってもゾウはあこがれの人。攻撃をしかけてはすぐあきてしまうチータは「あきらめないゾウ」を尊敬しているのです。でも交際が始まると両者ともプライドが高く、移り気なチータとじっくり型のゾウは大衝突。遠くから見てあこがれているうちが花という感じです。

理想の結婚

黒ひょう ―― 唯一の人との温かい愛

自分の仕事をしっかりやり、地道に努力を積み重ねるゾウ。いつかは地位と権力を手に入れ、「陽の当たるスターダムにのし上がるぞ」という気持ちは人一倍強烈ですが、慎重なだけに、上手な立ち回りができません。そんなゾウの目の前に黒ひょうが現れると、そのスマートな雰囲気や行動にゾウはポーッとなってしまいます。黒ひょうは、無骨ながんこ者のゾウに最初は魅力を感じませんが、友人としてつきあううちによさを発見。ゾウは黒ひょうの不安定な気持ちを誠実な愛で支え、黒ひょうは、気が短く心配性でキレやすいゾウに温かい心配りをして「夢に向かえ」と励ますことができるのです。両者とも、オンリーワンと温かい愛を交歓したいタイプなので、結婚相性もベスト。

燃えあがる恋

ライオン ―― 世紀のカップル誕生の夢

内心では“自分は王者”と思っているゾウは、華々しく人々の上に君臨する王者ライオンに対して、自分にない華やかさを感じ、密かに恋心を募らせます。

「私たちこそ最高にビッグな世紀のカップル！」と思いこみ、舞い上がってしまうのです。一方、ライオンは飛び切り目立つオーラのもち主にしか恋はしないので、ゾウは「クソまじめだけど、信頼できる人」という程度。でも、ライオンがゾウを恋人と認めたら、結婚の可能性もあり。もし結婚したら、ゾウは、短気やプライドを忘れ、影のコントローラーとしてライオンに尽くさないといけません。

追われる恋

虎 ―― 確実さと堅実さが共通項

ゾウに出会った虎は、「確実さがあり、誠実で嘘のないステキな人」と感じ、何かと意識するようになります。虎は、堅実なゾウをぜひとも自分の身内に引きこみたいと望み、その気持ちはときには恋にも発展。でも身内を仕切りたがる虎は、ゾウを知るほどに、人の言葉を聞き入れず内にストレスをためてはキレ、連絡も相談もしなくてスタンドプレイを好む勝手なヤツと幻滅することに。虎はゾウがストレスに感じ、口うるさい教育者のように説教をやめられなくなってしまいますが、ゾウはそれを好意と誤解したまま。互いのよさを引き出し合えない×相性です。

尽くされる愛

たぬき ―― 打ちこむ姿を慕われる

誰にも振り向かれなくても、１人黙々と自分の仕事に打ちこむゾウの姿に、実績を重んじるたぬきは心を打たれます。たぬきにとってのゾウはまさに孤高の王様。何か手

助けをしたくなってしまいます。でも心にいちもつを抱き、いつか大きな花火を上げようと企むゾウにとって、たぬきは力不足。ゾウはたぬきの誠実な人柄を認め、感謝して援助を受けますが、「ちょっとしたなごみの存在」と感じる程度で、ゾウの重い心は動かないようです。

貢ぐ愛

子守熊《コアラ》 —— 長期展望は大きな魅力

遊び人に見えて、じつは物事を長期展望で計算して夢を実現する子守熊。ゾウは子守熊のそんな本性を見抜き、短気な自分にはこのうえない相手と見て、「何か手伝おうか？」などと接近します。しかし、ゾウにとって子守熊が好む娯楽の世界などはどうでもよく、目的はあくまでもその計算高さと長期展望。恋する以前に「結婚相手に好適」という打算が走ります。恋愛好きな子守熊はゾウの偏った愛情を見抜き、ただの友だちとしてランキング。

関係ない人

ゾウ —— 鏡を見るような思い

見た目は地味でも、華やかなことに強くあこがれを抱いているゾウ。誰にもじゃまさせず、いつかは天下をとってやろうとカクレ努力をするゾウの姿は、地味で目立たない自分を見るようで、気分はよくありません。心の底で「恋人は、誠実で華やかな人を」と望んでいるのです。

ファミリーの愛

ひつじ ―― 仕事熱心さが買われる

その場の人たちが和気あいあいとまとまることを好むひつじは、集団から１人はずれるゾウが気になります。

普通なら仲間に引き入れるところですが、仕事熱心に見えるゾウだけは例外。「あんなにカタくて情熱も根性もある人とはお近づきになっていたほうが有利」と何かとゾウのお世話を買って出ます。ゾウはそんなひつじを「親切で気持ちのこまやかないい人だな」とうれしく受け入れるだけ。ちょっとイイ関係のまま何の発展もなさそうです。

親　友

ペガサス ― ストレートさにあこがれ

直情的で不器用だけど、仕事や好きなことには一途に打ちこむゾウに出会うと、ペガサスは「自分によく似たよき協力者発見！」と感じて一方的に恋をします。空飛ぶ軽いペガサスと重たいゾウなら抜群の相性だとひらめくのです。かたや心に思ったことをすぐに実行したり口に出したりできないゾウは、ストレートで、気持ちのままに動くペガサスにあこがれにも似た好意を抱きます。恋の始まりはよいコンビでも、日を追うほどに、重苦しい雰囲気で臆病なゾウに、ペガサスはイライラ。足カセをはめられたような気分になり、感情を素直に出せないゾウといると息苦しささえ感じてしまいます。でも、ペガサスがゾウの誠実さを気に入れば、親友同士のような結婚も可能です。

SHEEP

ひつじの 恋愛と結婚

慎重だけど恋愛熱心な情熱家
束縛こそが愛の寂しがり屋

いつも穏やかでどんな相手にも自分を合わせて上手につきあえるひつじは、職場でも友だちの間でも好感度抜群。恋愛には熱心ですが、異性の友だちも多いだけに、自分から積極的に相手を追いかけるよりも追われる恋が多いタイプ。グループの中から気軽に遊べる相手をキープしつつ、理想の相手が現れるのを慎重に待ちます。いつもは穏やかで冷静なひつじですが、こと恋愛に関しては態度が豹変。「この人こそ理想の相手！」と思ったら、周りがビックリするほどの行動力と情熱を見せます。かたときも好きな人のそばを離れたくないと思うあまり、その人のことしか見えなくなって、暴走してしまうことも。でも、いちど別れを決意したらあとに引きずることはなく、きっぱり別れます。

寂しがり屋で安定指向なので、男女ともに結婚向き。女性は口には出さなくても、とくに結婚願望が強いタイプです。家庭をとことん大事にしたいという気持ちが強いので浮気はしませんが、相手に放っておかれると、やさしい人に気持ちを移すことも。

恋人 BEST1

猿

活動的で、盛り上げるのも気配りも上手な猿となら、好きな人と常に一緒にいたい寂しがり屋のひつじも楽しい恋ができそう。

結婚 BEST1

チータ

和を大切にするあまりストレスをためやすいひつじも、超プラス指向のチータとなら悲観的にならず明るい家庭を築けます。

ひつじのヒューマンリレーション
（力関係）

親分肌の虎、世渡り上手なたぬきや猿も、クールなひつじには脱帽。「助け合いの精神」が通じない太陽グループのキャラには負けるが勝ち。

トラブル 寂しがり屋ゆえに本命のほかにも異性の遊び友だちがいることが多く、遊び人に思われがち。「恋は盲目」状態になると危険な恋の道行きも。

別れのパターン 自分の理想とは違うと見きわめるか、見こみがないと思うと別れを決意。振られるのは、相手を束縛しすぎたり、グチやぼやきが多すぎたとき。

アドバイス 一途なのはいいけれど、あと先を考えない暴走は危険。冷静さをとり戻して相手を見て。相手の欠点を厳しく指摘したり意地を張りすぎるのもNG。

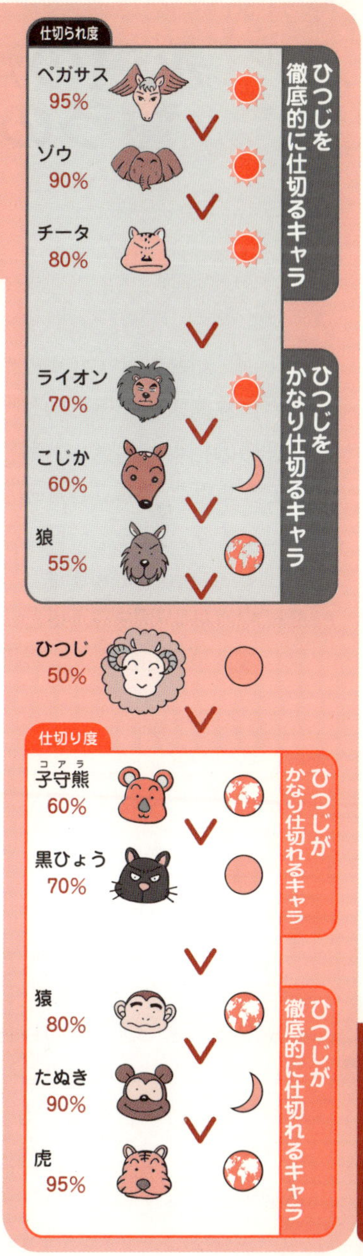

ひつじが 永遠の愛を誓うのは 誰!?

ストレスを感じる関係

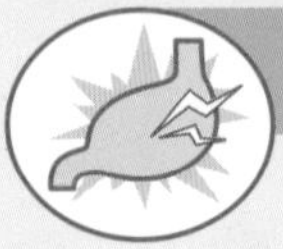

狼 ——— 徹底した個性にひかれる

和を乱す人が嫌いなひつじですが、どこまでもマイペースを通す個性派の狼だけは別。自分とは違いすぎるだけに理想の相手と錯覚し、最初はもち前の面倒見のよさを発揮して、集団から孤立しがちな狼をフォローしようとします。でも、一時の情熱が冷めると、がんこで言うことを聞かず、人の和などまったく意に介さない狼はやっぱりストレスに。狼から見れば、ひつじが１人で勝手に大騒ぎしていただけ。

ファミリーの愛

こじか —— 子どものように甘える人

いつも誰かと一緒にいたいこじかは、「寂しがり屋で面倒見のいいひつじなら、自分をとことん愛してくれるはず」と信じこみ、子どものようにひつじに甘えてきます。ひつじも１人になるのがいやなので、最初は毎日ベッタリ一緒に過ごす甘い日々。でも、冷静になってみると、こじかはひつじの保護本能をかきたてただけ。甘えられるばかりで、見返りのまったくないこじかは、自分の恋の情熱を傾ける相手ではなかったと気づくのです。

おぼれる愛

猿 ―― 元気と勇気を与える関係

いつも周りに気をつかっているひつじは、ちょっといい加減だけど、いつも活動的な明るい人気者で憎めない猿と一緒にいると、自分も元気をもらえるような気がします。人のためにその身を削って頑張るひつじを素直に尊敬し、ひつじも明るく盛り上げてくれる猿の気配りがうれしくて、だんだん恋愛対象として見るように。

いちど好きになると一途になるひつじは、猿の軽くておっちょこちょいな面もかわいく思えてきます。人にだまされやすい猿にひつじが冷静で客観的なアドバイスをし、上手におだてれば、猿も勇気百倍。実力以上の力を発揮して頑張ってくれるでしょう。互いの欠点を補い、よい面を高め合いながら恋愛をエンジョイできます。計画性があり現実を見きわめられるひつじが家庭の主導権を握れば、結婚してもうまくいく相性です。

理想の結婚

チータ ―― 瞬発力と冷静さで好相性

目標に向かって一気に突っ走るチータと穏やかで冷静慎重なひつじは、表面的にも性格的にも正反対に見えるキャラ。ひつじにとって、イケイケで軽そうに見えるチータの第一印象は、あまりいいものではないかもしれません。でも、じつはひつじとチータの結婚相性は、互いの長所・短所を補い合えるどちらからみても最高のよい関係。恋の守備範囲が広いチータが積極的にアタックして、2人の交際がスタート。頭の回転が早く瞬発力に優れたチータを、客観的な判断力があり集中力抜群のひつじがサポートすれば、一緒に仕事をしても最強のタッグが組めるはず。チータの気の多さが多少、不安のタネですが、ひつじも異性のとり巻きや遊び友だちが多く、本命とキープを割り切って考えられるので、大きなトラブルになることはないでしょう。

永遠のあこがれ

黒ひょう —— センスがキラリと光る人

情報通だけど人の先頭に立つのは苦手なひつじには、スマートに時代を先どるセンス抜群の黒ひょうがカッコいいあこがれの人に見えます。一方、黒ひょうにとっても世のため人のために尽くすひつじは、価値観も同じで自分にピッタリと思える相手。黒ひょうのアプローチで情熱的な恋が始まり、しばらくは楽しいことは2倍になり、困ったときは支え合えるよい関係が続きます。でも、親しくなって互いのわがままが出てくると、黒ひょうの感情的な激しさとひつじのきまじめながんこさが衝突。お互いに自分が恋していたのは相手のまぼろしだったことを知り、「遠くから見ていたほうがしあわせだった」と気づくことに。でも別れたあとも「あんなに一生懸命、人を恋したことはなかった」と懐かしく感じる永遠の思い出になることでしょう。

追われる恋

ライオン —— わがままな裸の王様

王様タイプでいつもみんながチヤホヤしてくれないと気がすまないライオンは、温厚で思いやりが深く、助け合い精神旺盛なひつじなら、どんな自分のわがままも聞いてくれると錯覚してひつじに接近します。ひつじから見ればライオンはわがままな裸の王様なのですが、「人々の中心にいる人物に期待されるのも悪くはない」と一応、世話を焼くと、ライオンはますます増長してひつじを頼ってきます。そのうちライオンは、クールで沈着な外見とは違って、口うるさくグチばっかりのひつじが目ざわりに。つきあう利点より互いのストレスのほうが多い×相性。

尽くされる愛

虎 —— お世話係に抜擢される

寂しがり屋のひつじは友だちと一緒にいるのが大好きですが、本音を隠してみんなに気をつかいすぎ、グッタリ疲れてしまうことも。親分肌の虎はそんな頑張り屋のひつじを見ていられず、自分の縄張りに引き入れて守ってあげたいと思います。でも、穏やかに見えて好き嫌いが激しくがんこな面もあるひつじにとって、一方的な虎の仕切りはうるさいだけ。グチを聞いてもらえるのはうれしいので、便利な人脈の１人としてキープします。

燃えあがる恋

たぬき — 安心できる癒しキャラ

協調性を第一に考えるひつじにとって、穏やかで人あたりも抜群のたぬきは一緒にいていちばん安心できる相手。「きっと寂しがり屋の自分の心を癒してくれるはず」と恋心を燃やして急接近します。たぬきもひつじに親近感を抱き、疲れたひつじを天然ボケでなごませ、縁の下の力もちとなって支えてくれます。でも、つきあってみると、情熱的な恋がしたいひつじにとって、臆病で優柔不断なたぬきは力不足。それでも、家族のような愛情を注ぎ、何でも自分の言いなりになってくれるたぬきを、ひつじは最高のなごみキャラとしてキープします。

親　友

子守熊《コアラ》 ―― パワフルで有能なキープ

争いごとを嫌い、苦手な人とでも割り切ってつきあえる子守熊は、みんなと仲よくしたいひつじにとってなくてはならないよい友だち。

一方、子守熊もひつじの面倒見のよさや情報分析力は自分にとって有益と計算して、ひつじの長いグチを聞いてあげたり楽しい遊びに誘ったりして、マメマメしくサービスします。どちらも恋愛には熱心で、あらゆる機会を見逃さないタイプなので、子守熊のアタックから恋に発展することも多いのですが、互いに違う相手に目移りして恋は短命に終わりそう。たとえ恋が終わっても、ひつじにとっての子守熊は、男女の仲を越えた親友なのです。

貢ぐ愛

ゾウ ―― 和を乱さない信頼の友

集団の和を乱されるのが嫌いなひつじにとって、誠実でひたむきなゾウは共感できる相手。地道にコツコツと目的を達成する努力家のゾウを自分の人脈リストに加えられれば有利と、いろいろ相談に乗ったり、人づきあいがヘタなゾウをやさしく助けて自分を売りこみます。でも、２人の力関係はゾウのほうが上。ゾウはひつじのフォローを受け入れても、家族に世話をしてもらっているように感じるだけ。

関係ない人

ひつじ ―― つらさを分かち合える

同キャラだけに、内に秘めた情熱や本音を言えずにストレスをためる性格もお見通し。同じ集団で群れているときは安心できても、１対１でつきあおうとすると、お互いのお節介さやがんこさが衝突。恋上手で、気軽に遊べる相手をキープしたがるひつじも、自分とまったく同じ相手には興味も魅力も感じません。

一途な愛

ペガサス ―― あこがれの外国人アイドル

ひらめきだけで生きているペガサスは、ひつじにとって言葉の通じない外国のアイドルそのもの。「自分とは合わない」と思いながらも強くひかれてしまい、「もっと知りたい、近くにいたい」という思いを募らせて一途な情熱を捧げます。一方、ペガサスはひつじの無償の愛をありがたく思っても、規則にうるさく、四六時中束縛してくるので、ただ面倒くさく感じるだけ。情報の提供や面倒事はちゃっかり頼んでも、心は動かず、いくら頑張ってもひつじの純な思いは報われません。

ペガサスの恋愛と結婚

絶対条件は感性の響き合い
心が縛られ停滞する関係はＮＧ

人なつこくふるまうくせに警戒心が強く、寂しがり屋なのに束縛は嫌い、自由奔放でいながら神経質。そんなペガサスは恋愛が大好きで、恋は生活の一部。刺激と変化を求め、寂しさを埋めるために恋をします。気さくさと敏感な感受性が魅力のモテる人なので、次から次に恋をし、10代のころから大恋愛をするでしょう。

恋人の条件は、感受性が鋭く、感性が合い、センスも頭もよいこと。感覚が合うことを第一に、生活力や人間性を二の次にして危険な人に熱中し、ボロボロになっては恋の学習を重ねます。感覚的な快適さと感性の共鳴が生きるすべてなので、打てば響くような刺激がないと自慢の翼も羽ばたきがストップ。封建的な強制や感性のズレを感じると、熱情も一夜にして凍てつきます。

恋の感情はストレートで、自分なりの理想や美学があり、妥協も駆け引きも嫌いなので、晩婚傾向に。離婚再婚、国際結婚、ひらめきの電撃婚も多いタイプです。ペガサスを理解でき、互いの世界を認め合え、包容力ある人を選ぶと成功します。

恋人 BEST1

たぬき

力強い人を求めつつ、制御可能な人を好むペガサスなので、相手に合わせ、楽しませてくれるたぬきはベストな恋人。

結婚 BEST1

虎

夢はあってもいつもフワフワ現実感のないペガサスにとって、虎は口うるさいけれど夢の実現能力があり、頼りがいも抜群。

ペガサスのヒューマンリレーション

（力関係）

超体制的なひつじや一途なゾウはペガサスが簡単に仕切れるキャラ。地球グループのキャラは現実的すぎてペガサスの直感もはねのけます。

トラブル ペガサスの言語感覚や気分は理解されないばかりか誤解のタネ。相手が「愛されてない」とあきらめるか、勝手に熱中した相手がストーカーに変身も。

別れのパターン 自然消滅型。障害があるとあっさりあきらめ、ペガサスと感覚が合わない人も自然にフェイドアウト。ペガサスの地雷を踏むと一瞬で幕切れ。

アドバイス 気分で相手を振り回しては×。いくら感性がビビッときても危険な人には要注意。執着心がないペガサスだけど、本命と見たら命賭けで押すべし。

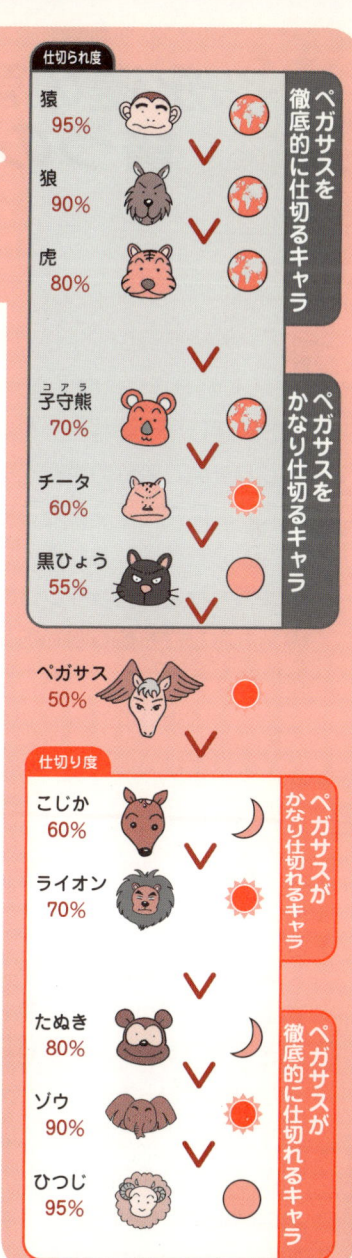

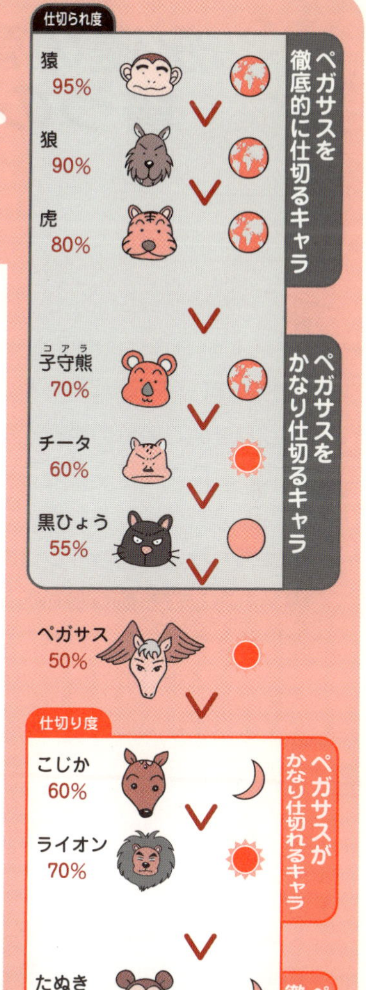

ペガサスが永遠の愛を誓うのは誰!?

貢ぐ愛

狼 ——— 頼りにしたいしっかり者

ペガサスはこだわりがないので、どこかしらノンキでお人好し。そんな自分を自覚しているペガサスは、自分なりの方法論で自分の世界を築くしっかり者の狼こそ頼るにはベストと見抜きます。そこで、いつも面倒な仕事の肩がわりをお願いしては、狼が喜ぶものをプレゼント。狼はペガサスのコンタンはお見通しですが、そのノホホンさも贈り物もお気に入り。ペガサスといると夢が広がり、なごむように感じるのです。できる限りはペガサスを助けてくれますが、ただそれだけで恋とはならない関係です。

ファミリーの愛

こじか ——— 敏感さが気に入られる

こじかにとってのペガサスは、なんとなくすり寄ってしまいたくなる相手。ペガサスの人の気持ちを敏感に察知する能力とふわ～とした感じに包まれていると、リラックスできるのです。こじかは気持ちが疲れると、細々したプレゼントを持ってペガサスのもとへ。ペガサスは、こじかを家族のように感じて自分のもとで遊ばせますが、こじかの身の周りのささいな話に耳を傾けるわけでもなく、恋の対象ともならず、いつまでも関係はこのままに。

一途な愛

猿 ―― 瞬間点火で恋に落ちる

気分任せに行動しては自分のポジションが定まらず、警戒心が強くてときには引っ込み思案になってしまうペガサス。そんなペガサスにとって、いつも元気いっぱいに精力的に活動し、毎日を楽しく生きている猿はとても魅力的。ペガサスは猿と親しくなりたくてたまらず、そっと遠くから見つめては機会を見て接近。でも現実的な猿は、感覚の世界に生きるペガサスの価値感などまったく理解不能。猿はペガサスのそんな気持ちを１人占めして何かと便利に用を頼み、ペガサスもできるだけそれに応えるのですが、進展はなし。ペガサスの超プラトニックな片想いです。

親　友

チータ ― 毎日を元気に生きる人

ペガサスは常に刺激が必要で、センスのよいことが大好き。チータは目新しいものが大好きで、いつもカッコをつけたいタイプ。だからこの２人が出会った瞬間、心にビビッと火花が走ることがあります。会ったその日にＨ成立！なんてこともあり。気分で動くペガサスとすぐ火がついて突っ走るチータですから、好奇心の対象が同じなら、毎日はワクワク楽しいだけ。ペガサスは、結婚相手は「チータよりもっとどっしりした人がいいな」とも思うのですが、結婚すれば、遊ぶことが大好きな仲よし友だちカップルに。ペガサスは、恋人の心さえ自分に向いていればＯＫなので、チータのミニ浮気は、かえって束縛されずに好都合。

ストレスを感じる関係

黒ひょう —— アートフルな恋の誘惑

センスがよく感受性豊かな黒ひょうは、アートや情緒的な話ができる数少ない相手。ペガサスは、内心ナイーブなのに虚勢を張っている黒ひょうを理解しているような気分になってしまいます。恋に陥ることもありますが、でもやがて、ペガサスはお人好しでいいカッコをしては人の苦労まで背負いこみ、陰でクヨクヨとこだわり、世話焼きが過ぎて指図してくる黒ひょうにクレーム。黒ひょうも、ペガサスを好きなものの、じゃまな存在に。

永遠のあこがれ

ライオン —— 絶対と最高の熱愛コンビ

ライオンはこだわりが強く、絶対に考えを変えないがんこ者。ペガサスは気分屋ですが、絶対に譲れないものを心に秘めていて、それ以外のことは「どーでもいい」から気分で決めがちです。「絶対」がログセの太陽グループのキャラ同士の2人の“絶対！”が一致すると意気投合。互いに「私たちは価値観が同じで、これぞ理想の人！」と恋に落ちます。しかし、つきあってみると、確かに考え方は同じで、何かあったときは押しも押されぬ最強コンビなのですが、面倒くさがりなペガサスに対して、ライオンはひまなときはただの不精者。ペガサスの放任主義に対してライオンは家では世話のかかる甘えん坊。燃えあがった恋もいつしか冷め気味に。でも別れたあともお互いに「あんなに気が合うヤツはいないよな」と一生恋しく思ってしまうのです。

理想の結婚

虎 —— 安定の未来を約束する人

自由気ままに空を飛ぶペガサスは常日頃、「自分と同じような人間と結婚したら、家計も家の土台もどうなることやら。結婚するならしっかりした人」と頭のどこかで考えています。そんなペガサスの前に虎が現れると“一目惚れ電流”も走らないし、感覚やセンスも違うのですが、ちょっと打算が働きます。ペガサスは「大地にどっしり足をつけたしっかり者の虎と結婚したらどうなるか」と未来ビジョンのシミュレーションをスタート。そうしてはじき出した答えはＹＥＳ。ペガサスは虎のバランス感覚のよさと誠実さが好ましく、虎はペガサスの自由な発想にひかれます。そのうち相手は自分にないよさをもち、足りない分を補ってくれると気づき、納得のうえで結婚へ。一方的に想いを寄せられるのを嫌うペガサスですが、虎だけは別。真剣な愛を情熱的に告白されると、なびいてしまいます。

おぼれる愛

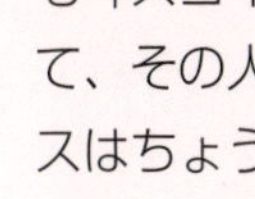

たぬき —— 快適気分で過ごせる相手

「追う恋」が大好きなペガサスですが、唯一の例外は、ペガサスの“信奉者”。ペガサスを大事にして、いつも「スゴイね、さすがだね」と言ってくれるとうれしくなって、その人に尽くしてあげたくなるのです。たぬきとペガサスはちょうどそんな関係。ペガサスを信奉するたぬきは新月グループのキャラですから、太陽グループのキャラのペガサスは太陽のようにまぶしく輝く人。ペガサスは「私が忙しいときは連絡は禁止、必要なときはすぐ飛んできてね」などと、自分の恋の理想をたぬきに押しつけます。ペガサスが主張する“尽くす”とは、結局、たぬきを振り回すことになってしまうのですが、たぬきは相手が喜ぶように努力し、それが報われて相手の笑顔を見るのが生きがい。互いに恋に酔い、結婚しても永遠にこの関係が続きます。

追われる恋

子守熊《コアラ》 ―― 鮮やかな感性に恋される

あまり相性がいいとは言えない2人ですが、ペガサスの直観の鋭さ、シャープな判断、サバイバル時の対応……といった鮮やかな瞬間を目にしたとき、子守熊の心に恋の炎が灯ることがあります。すると子守熊はもち前のサービス精神でペガサスに一生懸命に尽くし、ペガサスも「なんとなく憎めない人」という気分に。でも潔いペガサスにとって、子守熊の綿密さ、疑い深さ、言い訳のうまさなどはイライラのタネ。ペガサスは子守熊にズケズケと文句を言い、やがて子守熊もペガサスの言葉がストレスに。ペガサスは、恋多き子守熊の１恋愛コレクションでしかありません。

燃えあがる恋

ゾウ ―― 単純で直情的な面に好感

ペガサスは超面倒くさがり屋で、カンのよさも超１級。だから、回りくどいことが大嫌い。その点、ゾウは直情的でとても単純。ゾウのストレートさに好感をもち、いつも何かに打ちこむ行動的な姿を見て「私とそっくり！」という気分になり恋に落ちます。同じ目標に向かえばまさに敵なしの最高の協力者なのですが、目標がなくなるとペガサスはシラケ気味。クヨクヨと心配しては突然キレ、根回しをしては長いものに巻かれるゾウに幻滅します。結婚すると、ペガサスは家庭など無視して自由奔放に行動。でもゾウはそんなペガサスに誠実な愛を捧げてくれます。

尽くされる愛

ひつじ —— 尽くしてくれる親切な人

ペガサスにとってのひつじは、一途な愛を捧げてくれる人。その気持ちはありがたく思うのですが、頭がかたくてきまじめなひつじは、約束は絶対守り、いちど口にしたことは変えないので、何とも面倒くさい相手。ちょっと悪いかなとは思いつつ、ペガサスは「相手が尽くしてくれるんだから、まあいいや」という気分に。ひつじはいつまでたっても、どんなに尽くしても一方通行に。

関係ない人

ペガサス —— テレパシーが通じる相手

気持ちもピッタリ、以心伝心。他キャラからは「何を話してるのか理解不能」と言われるペガサスですが、同じキャラ同士なのでペガサス語で話してもＯＫ、テレパシーでしゃべれる相手です。でも、何だかヘン。自分と同じ人間がもう１人いるような気分で、発展も変化もなし。友だちとしては最高の相手ですが、恋や結婚となると今ひとつもの足りなく、交際相手は別に求めることに。

コラム 3分類をマスターすると動物キャラナビがもっと楽しくなる①

2つの例のABCは、3分類のMOON(月グループ)、EARTH(地球グループ)、SUN(太陽グループ)のどれか当ててみて！

携帯電話編

電話のかけ方、話し方の特徴は？

Ⓐ

「今、何してるの？　誰と一緒？　今日、残業なんでしょ、大丈夫？」

●どうでもいいような質問攻め。相手の状況を知りたがる。

Ⓑ

「あ、オレオレ。今、東京から大阪に着いたんだよ、今から遊びに行くよ」

●一方的で強引、名前を言わないこともしょっちゅう。

Ⓒ

「今どこにいるの？　今、話して平気？ところで土曜日の件なんだけど……」

●絶対に用件あり。用件のない電話にはムッとする。

ラブHチョイス編

魅力を感じ、つい入ってしまうラブホテルは？

Ⓐ

名　　前：ユニバース、ギャラクシー、カトリーヌ、クレオパトラ、コズミックスペース

外観シンボル：自由の女神、ゴールドのライオン、真っ赤なフェラーリ

Ⓑ

名　　前：R246、2by2、2001、V10

ウ　　リ：ゲームカラオケ無料、格安キャンペーン中、平日割引、延長無料、ポイント3倍増

Ⓒ

名　　前：めるへんのお城、ストロベリー畑、ももとりんご、妖精の森、メロディ

外　　観：丸い建物、ピンクの壁、童話から抜け出た砂糖菓子の家のような建物

極甘の世界でなごみたいMOON

電話は恋人の様子をうかがい、愛を確認するための道具。ラブH名はひらがなや長い日本語名、メルヘンチックでスウィートな雰囲気にひかれます。楽しく過ごせて他人の顔をまったく見ずにすむなら繰り返し利用。

実質とお得感とデータのEARTH

電話は用件を手短かに連絡するための道具。愛を語るなら顔を見て、というタイプ。ラブH名は、数字、文字、単語、記号にひかれますが、使用料金やサービスなど、コストパフォーマンスを参考に決定。

自分本位で最上級好きなSUN

電話は自分の都合を相手に押しつけるための道具。話がコロコロと飛ぶので、相手は混乱しがち。ラブH名は、ステイタスを感じさせる外国語にひかれ、ロイヤル的・豪華な金ピカ系な外観が好みです。

答え　携帯電話編…Ⓐ:MOON Ⓑ:SUN Ⓒ:EARTH／ラブHチョイス編…Ⓐ:SUN Ⓑ:EARTH Ⓒ:MOON

＊155～156ページの解説を読むと3分類がよくわかります。

PART 4

・ア・プ・ロ・ー・チ・編・

GET HEART!

彼/彼女の好みを知ってデート＆アタック開始

あの人をGETしたいと思うなら、ターゲットの好みを徹底研究。「鉄則３か条」を厳守し、あの人のお気に入りのデートコースを設定すれば、HOTな恋を手に入れられるはず！

Date Simulation

狼 お気に入りのNo.1デートコース

鉄則3か条

1. むだは嫌い。何ごとも計画的に進める	時間でもお金でもすべてにおいてむだは嫌い。むだが多く無計画な人は狼をイラつかせ、交際など絶対に無理。
2. 自分同様、独創的で変わった人が好き	自分以上にユニークな個性が光る人に気持ちが動く。マニュアルどおりのデートなど、フンとバカにしてしまう。
3. 「この人」と決めない限りHはなし	誠実で潔癖なので遊びの恋やHはわずらわしいだけ。恋愛の炎は一気に燃えあがり、ステディになったとたん鎮火。

STEP 6 ラブH

泊まるには準備が必要で、最初から計画の中にないとダメ。信頼関係も築けないうちにHに誘う人はサイテー扱い。Hは男女ともにかなり自己中心的。♂は女好きでHへの探究心が強く、並のプレイではプライドが許しません。♀は相手を選り好み。回数より中身が大事で、並の対応ではダメ。好みは遠くの人里離れたホテル、変わった趣味のラブホテル。

STEP 5 金銭感覚

男女同権、ワリカン主義。好きでもない人におごられるのはいや。ステディになると♀はおごられて当然と考えますが、彼が金欠のときはおごちそう。貸し借りはよく覚えていて、金銭的にルーズな人は対象外。趣味に大きく使いたいので、デートにはお金をかけたくありません。

ポイント

ベタベタした関係は嫌い。リーズナブルなデートが好きで、コストパフォーマンスに弱く、割引券、今日しか使えないタダ券などでデートに誘うと○。

スタート

STEP 1 デート計画

「どこかに行こうよ！」はダメ。狼には、明確な目的（どこに、何を食べにいく）、コース設定、時間配分（移動に○時間、食事はここで○時間）、予算計画（総額約○万円）が必要。まさに５Ｗ１Ｈの人。自分が家に帰りつく時間をまず決め、デートコースは帰宅時間から逆算して割り出します。デート計画書を提示すると、好感をもたれて◎。

STEP 2 待ち合わせ

駅がベスト。「いちばん左の改札」「からくり時計の真下」などピンポイント指定で約束を。待つのも待たされるのも嫌いなので、時刻ピッタリに現れます。ルーズな人は許せず、待たされると冷めるので、遅刻厳禁。

STEP 3 デートコース

人ごみや流行の場所は大嫌い。人が行かない変わったところが好き。友人つきのグループデートは耐えられません。静かな海辺のレストランでのんびり夜の海を見たり、自然の中へドライブ、隠れ家的な古い店、オープンカフェなどが好みの場所。

STEP 4 食事

交際していない人とは、仕事などの特別な用事がない限り、一緒に食事などしたくもないタイプ。♀には何を食べたいか聞き、彼女の好みに応じられる準備が必要。好みは静かなヨーロッパ風レストラン。雑誌で特集するような場所はダメ。

「狼」をゲットする！ 攻略データMEMO

好みのルックス

むだが嫌いなので、体型は贅肉のないスリム型が好き。♀は筋骨がっちり型の男性にひかれます。

人知れずおしゃれで、人がしていない、オリジナリティあふれる独創的なファッションが好み。「自分が気に入っている」ことが大事で、人に「変わった服ね」と言われると大喜び。街で同じ服を着ている人を見かけると、その服はゴミ箱行き。他人が同じ服を着ていることが許せないのです。

色は紫系と「変な色」が好き。♂はとくに「変な色」好きで、人をびっくりさせることも。ヘアスタイルは何年も同じで、突然変えるタイプ。左右不均等のバランスを好むので、一部メッシュなどは好感度◎。

香りはせっけん、アロマなど、さわやか系が○。タブーは、「やりすぎ」や「奇抜すぎる」ファッション、原色、人工的な香り。不潔な人は絶対×。

好みの部屋

Simple is bestを地でいく人。収納名人で、収納しきれないものは上手に目隠しします。模様替えは四季に合わせて年4回。ちらかった部屋や雑で汚い部屋は嫌いで、性格が雑な人はさらにいや。

電話＆メール

どちらもマメではなく、必要なときに用件のみ伝える事務的タイプ。好きな人に対しても、ご機嫌うかがいの言葉もむだ話の1つもなく、ぶっきらぼうな印象です。電話でつかまえられるのがいやで、携帯電話の電源を切っていることも。長電話は嫌いで、ダラダラしゃべられると恋も冷めます。

メールは互いの時間を拘束せずにすむので◎。相手のメールには必要事項のみ書いて返信。自分から出したメールに返事がこないとストレスを感じます。

ケンカ＆仲直り

たいてい狼が自己中心的な性格を相手に押しつけることが原因でケンカが始まります。狼がヘソを曲げるとやっかいなので、「狼が悪い」と思っても、相手から折れていかないと険悪に。

隠しごと＆嘘

正直で融通がきかないので、ごまかすのも隠しごともヘタ。隠しごとをしないといけないような相手とは、つきあいたくありません。嘘をつかれるのは、裏切りも同じ。狼に理解できる理由があるときは、許してくれることも。

プレゼント

使うことで元がとれるような気分になれる実用的なものやお得感のあるものが好き。たとえ熱愛真っ最中だとしても、お米券、図書券、プリペイドカードなど大喜び。欲しがっていた家電でも◎。そのような贈り物をくれる人を「堅実で現実的な人」とますます好きになってしまいます。

つまり色気はまったく不要で、無益なものをくれる人はバカにしてしまうほど。

時間や数字を重視するので、シリアルナンバー入り腕時計、万歩計、体重計もおすすめ。砂時計、傘、財布、名刺入れ、地図、辞典やリストも喜んでくれます。

旅行計画

本音を言えば1人旅が好き。2人で行くのは、よほど関係が確実になってから。そのときは予算も含めてしっかり計画を立て、混雑しない静かな場所へ。

癒し

とにかく、1人で放っておくこと。慰めの言葉や気を引き立てようという気持ちは裏目に出がち。

浮気

つきあい始めたら浮気はしない狼ですが、相手があまりにベタベタしてくるとそれが束縛となって浮気願望がムクムク。ひとたび浮気をすると、浮気が本気になって本命チェンジもあり。基本的に、相手の浮気は許せないタイプ。

ほめる&のせる

「変わった人」「個性的」が最大の賛辞。「つきあうほどに、あなたのよさがわかってきたわ」「妥協しないところが好き」「本当にユニークな人ね」などとポロリと言われると、顔には出さないけれど、内心大喜び。変わったものを大切にしていることが多いので、それをほめるのも効果的です。

決めゼリフ

純真で一途なところがある狼なので、まっすぐ目を見て、「自分に賭けてみないか」「運命を共有したい」「この先の時間をあなたと共有したい」と言われると、本気でつきあいを考え始めることに。

タブー

詮索されるのは大嫌い。「昨日はどこへ行ってたの？」など行動を聞かれると不快に。指図や批判されること、不義理も嫌い。

嫌いな人

“白黒はっきり”の狼なので、煮え切らない態度の人、いい加減な人、言うことがコロコロ変わる人はダメ。家に友だちを連れてこられると、前もって立てておいた計画が狂わされるのでブーイング。

長くいられる人

1人になれる時間と場所がないと生けていけない狼。結婚しても適度な自由と距離を与えてくれる人となら長続きします。

Date Simulation

こじか お気に入りのNo.1デートコース

鉄則3か条

1、自分だけを見つめて構ってもらいたい	依存心が強く受け身に徹し、頼れる相手のすべて言いなり、任せっきり。恋人に甘え頼ることで愛を確認。
2、いつも一緒にいることこそが愛	恋人に「一緒にいようね」と告げ、自分にも同じ言葉を言ってもらいたい。ものすごいヤキモチやき。
3、親しくなると相手をコントロールする	親しくなると超わがまま。最初は懸命に尽くすが、それを過ぎると自分は何もせず、相手を思うどおりにしたがる。

STEP 6 ラブH

ムード派で、ラブホテルは本来嫌い。メルヘン的な高原のプチホテルなどが好みです。男女ともに愛のないHは×。やさしいスキンシップとお互いの気持ちを大切にして、相手の満足が自分の満足につながります。♂は風俗は苦手で、恋人に尽くすタイプ。コスプレ好きで、とくにセーラー服好き。♀はリードが必要。気分によって対応が極端に変わります。

ポイント

携帯電話が命。カメラつきなら相手の写真を何度も撮り、別れたあとも、帰り道と帰宅後に2度連絡を。こじかが待ち合わせに遅れても怒っては×。笑って許そう。

スタート

STEP 1 デート計画

こじかにとってのデートとは、好きな人と一緒にいること。手をつなぎ、ベッタリして、ただスキンシップがとれればいいのです。どこに行くかはその日の気分で決めますが、どこにも行かず、恋人の部屋で１日ベタベタしていられれば大満足です。少しでも長く一緒にいたいので、帰宅はのばしがち。「今日は何時までね」と決められるととてもいや。

STEP 2 待ち合わせ

迷いやすいので、わかりやすい場所、いつもの場所で。♀は送迎されることが大好き。こじかは常に15〜20分遅れがちですが、責めるとスネます。でも待たされるのはいやで、自分が先に来て相手がいないと怒ります。

STEP 3 デートコース

ロマンチック＆ミーハーチックなので牧場やプラネタリウム、ドラマの舞台になった場所、アイドルショップ、新しいアミューズメントパークへ。遊園地の観覧車など２人きりになれる乗り物も◎。映画は恋愛モノ限定。

STEP 4 食　事

こじかは合成食品や添加物が大嫌い。買い物するときも、無添加であることを確認します。おすすめはオーガニック料理店。ベジタリアンが多いので、一方的に焼き肉屋に案内するなど絶対ＮＧ。でも居酒屋の座敷で長時間ベタベタは好き。

STEP 5 金銭感覚

♀はデートは男性が払うものと決めつけます。あまり親しくないうちは男女ともにいちどは払うと口にしますが、相手が「いいよ」と言うと払いません。ケチではないけれど、「おごる」「ワリカン」の発想なし。衝動買いが多くいつも金欠、財テクの発想も皆無です。

「こじか」をゲットする！

攻略データMEMO

好みのルックス

♂は恋人に愛らしさと清楚さを求めます。ファッションはメルヘン系、かわいらしさのあるもの、花柄が大好き。メイクは、本来すっぴん好きで、厚化粧の女性は怖くて近寄れません。デートにはカラーリップグロス程度が理想です。

♀にとって理想の恋人とは、服装などは二の次で、自分を守ってくれる大きく強い人であることが第１条件。芯の強い人も大好きです。

香りは、オーガニックな自然の香りが好み。色は淡い黄色やピンクなど、ベビーな雰囲気のパステルトーンがお気に入り。

苦手なものは、原色や大人びて冷たい感じがするもの。携帯電話は大好きでも、メタリックなものやあまりにメカっぽいものは×。

好みの部屋

こじかの部屋は、ぬいぐるみや楽しい小物がいっぱい。恋人の部屋も自分の部屋と同じようだと、夢がたくさん詰まっているようでうれしくなります。

♂は、恋人の部屋が女の子らしい部屋だととてもハッピー。♀は恋人の部屋がちらかっていると「尽くしがいがある」と張り切り、通い詰めて掃除や洗濯をして世話をします。

電話＆メール

攻略の最大ポイントは「用がなくても先手先手に電話せよ」。こじかにとって、相手を身近に感じられる携帯電話は命。電話がない人生など考えられません。恋人とは日に何度も、できるだけ長く話したいのです。頻繁に電話して、「キミの声が聞きたくて」「今何してるかと思って」と言えば大喜び。恋人の携帯がバッテリー切れなどしたらカンカンです。着メロやヴォイス着メロを活用し、顔写真や今いる場所の写真を送ると◎。

メールは絵文字や顔文字の多用を。用件だけのメールや箇条書きは×。今日あったことや思ったことを話し言葉で書きつらねた長いメールに愛を感じてしまいます。

電話＆メールとも返事は速攻で。こじかは留守録を入れないタイプなので、無音の電話があったらすぐに確認を。こじかにとって、電話とメールの回数と長さ、返事の早さが愛の度合いなのです。

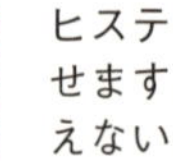

ケンカ＆仲直り

自分のわがままからすぐスネ、ヒステリックに責めて恋人を怒らせます。自分が悪いなどと絶対思えないので、相手が謝るのみ。自分から修復の努力は一切しません。

隠しごと＆嘘

恋人間では嘘も隠しごともないものと信じているので、こじかに嘘がバレたら出入り禁止。でも相手に好かれたくて、こじか自身は小さな嘘をつくことも。

プレゼント

かわいいものが好きで、その代表はぬいぐるみ。ステディな♀に「ボクだと思ってかわいがって」と渡せば効果最大。そのほか花束、チョコ、キャラつき携帯ストラップ、コレクション、ペットや熱帯魚も◎。心のこもったものに感動するので、手料理や手編みなど手作り品、手紙、「キミのために特別に企画したデート」もおすすめ。体にいいものが好きなので、無添加の食品や化粧品、浄水器や空気清浄機も○。贈り物の希望を聞かれると、喜びます。

旅行計画

恋人に全部仕切ってほしいタイプ。恋人が「行きたい場所」のことを話すと目をキラキラ輝かせて聞き、そこに一緒に行きたいと願います。ただし、旅行先で恋人がこじかのそばから離れ、気づかいを一瞬でも忘れると急に機嫌を損ねます。何でも「2人で一緒」でないとダメなのです。

癒し

疲れたこじか、いじけたこじかに何より効くのは、スキンシップと構いたおし。楽しい話題で笑わせてあげるのも効果的です。

浮気

心と体がイコールなので、こじかは浮気はしないし、恋人の浮気も許しません。ただ、恋人が冷たくなって、他の人がやさしければその人へなびくことも。

ほめる＆のせる

♀には「かわいい」100連発が効果的。ほめ言葉より、やさしい気づかいにグッとくるので、恋人が自分の知人や職場、家のことなど話してくれると安心します。

決めゼリフ

「一緒にいることが愛」なので、「あなたがいないと生きていけない」「ずっとそばにいて見つめていたい」「一生、世話をしてあげたい」などと言われると、「もうこの人しかいない！」と感激。

タブー

理由もなく「しばらく会えない」と告げられること。「こちらで勝手にやるから」「勝手な人ね」と言われると、拒絶された気分に。

嫌いな人

怖がりで誠実なので、乱暴な言葉づかいの人、どなる人、大声で話す人、嘘をつく人は嫌い。電話をくれない人も絶対ダメ。

長くいられる人

自分のことを忘れてまで、こじかに気づかってくれる人。

Date Simulation

猿　お気に入りのNo.1デートコース

鉄則3か条		
	1、恋は相手の心を自分に向かせるゲーム	刺激が大好き、すべてがゲーム感覚。策を駆使して恋のゲームに挑む。でも、じらされるとあきてその気も消失。
	2、恋人とは「楽しいことを一緒にする人」	楽しいことが大好きで、その日のことしか頭にない。恋人とは、その日を楽しく一緒に遊べればそれでＯＫ。
	3、愛の大きさは回数に比例する	大きな計算は苦手でも小さな計算は得意。目先の数字に惑わされるので、Ｈやデートの回数が愛のバロメーター。

STEP 4　食事

ファミレスや大衆居酒屋など、安くて気どらないところが好き。ラーメン博物館など1か所でいろいろ食べられるような場所も◎。「お得感」を感じる場所は自慢のタネなので、行った場所と回数をパソコンに記録します。

STEP 5　金銭感覚

猿はとにかくケチで、おごることは皆無。デートはワリカンか自分の食べた分だけ払い、消費税を含めた端数の1円まできっちり計算。でも勝負やギャンブル好きなので、ロトくじなど小額クジは大好き。

STEP 6　ラブH

ケチなのでラブホテルはいや。相手が払うならOKです。あえて利用するなら、点数がたまって景品が当たり、カラオケやゲームが無料など、遊べてお得なホテルを。Hは中身より回数が大事で、回数イコール愛の量。♂はHもゲーム感覚で楽しみ、じらされると気分喪失します。♀は従順でけっこうM系。H1回ごとに彼から500円もらって貯金をする♀もあり。

ポイント

会うたびに猿が喜びそうな小物を贈ると、その人への気持ちがどんどんアップ。100円ショップの小物でＯＫ。これを「猿の餌づけ」といいます。

スタート

STEP 1 デート計画

猿は応用がきかないタイプ。楽しいことはしたくても、どう実行したらいいかわからないのです。まずは事前に「どこで何を食べるか、いくら持っていくか」など、具体的な打ち合わせを。でも好奇心が強いので、興味があることや好きなことは絶対に譲りません。デート中に「もっといいこと」を見つけると「ウッキー！」と叫んでそちらに変更します。

STEP 2 待ち合わせ

間違えやすいので「何時に駅前交番前」など確実に。相手の遅刻は３分が限界。10分待たしたらいないことも。自分が遅れることもありますが、「遅刻したら１分10円」などとお金がからむと遅刻ゼロ。

STEP 3 デートコース

ロマンチックな風景とは無縁で、混雑する繁華街、ゲームセンター、遊園地、ハンバーガーショップ、ドラマロケの多い場所など、賑やかで遊べる場所が大好き。中華街など有名な場所は、店に入らず通るだけで満足。

「猿」をゲットする！
攻略データMEMO

好みのルックス

興味の範囲が広く、それに合わせて行動したいので、猿のファッションは動きやすく行動的なことが第一。恋人もそれにつきあってほしいので、すばしっこく、身軽なカジュアルファッションの人を好みます。

だから♂は、恋人が超ロングスカートで足さばきが悪かったり、超厚底で動きが鈍かったりすると、イライラして怒り出すことに。またフォーマルな服装やおしゃれのしすぎは、猿が苦手な格調高くかた苦しい高額な場を連想してしまうので×です。

ヘアスタイルはショートが好き。目をじっと見て話す人しか信頼できないので、目が隠れるほど前髪が長いのはＮＧ。メイクは必要最低限でＯＫ、香りも不要です。

その一方で、バシッと決めたカッコいい外見の人やスーツ姿の社会的地位のある人にポーッとして恋することも。でもこの恋は一時の熱病のようなもの、いずれあきらめる日がきます。

好みの部屋

むだのないきれいな部屋が好き。リサイクル品が活躍し、ペットボトルが花瓶や整理箱などに使われていると、大感激します。

電話＆メール

電話やメールで愛を語るような情緒的なタイプではないうえに、ケチで面倒くさがりなので、電話もメールも実質本位に用件のみ。電話に付随したタダのショートメールがベスト。携帯電話は料金が高いので×、ＰＨＳに限ります。相手が携帯電話だと、受信料金が高くつくのでかけてこないことも。携帯電話愛用者が猿の恋人になりたいなら、ＰＨＳへの変更が必須。

返事が必要なメールには返信しますが、長い愛のメールなどにはしらばっくれ気味。デートの日時などだけ書いて返信します。

ケンカ＆仲直り

ケンカすると競争心がわき、熱くなってアゲ足とりに専心。相手が素直な対応をしてくれれば自分も素直に謝れます。大ゲンカしても、翌日ケロリとしていることも。

隠しごと＆嘘

隠しごとベタで、隠そうとするとかえってボロが出ます。気弱なところがあるので大嘘はつけませんが、猿の小さな嘘は相手から丸見え。勝ちたい意欲が強いのでズルをすることも。人の嘘にはコロリとだまされるタイプです。

プレゼント

ポイントは「実質的、お得感、楽しい、好奇心を刺激する新しいもの」。「買ったらいくらだから、もらえてとても得をした」と喜べるものがいいのです。

おすすめは、すぐ使え、何度も使え、形のなくならないもの。具体的にはトースターなどの家電製品、特別に安く買えたもの、現金、ゲーム、遊べる小物。“卵チョコ”などのシリーズもの集めや絶版ものも大好き。貯金箱も○ですが、「5年貯金箱」など長期的に使うものは×。レンタル品の賃貸料金をプレゼントするのも◎。商品券やカードも◎ですが、金券屋で現金化するかも。大きな贈り物より、「小出しに何度も」が効果的。

旅行計画

賑やかな観光名所へ。「あそこへ行った」と自慢できるところがいいのです。団体旅行もワイワイできて悪くありません。

癒し

恋人と2人きりはダメ。仲間と賑やかにお酒を飲み、カラオケなどでパァーッと騒ぐのがベスト。

浮気

気に入ったものは何が何でも手に入れたいので、お気に入りの人が現われたら、攻略感覚でナンパ開始。ミニ浮気はしょっちゅう。誘われると軽いノリでＨもＯＫ。でも恋人の浮気には厳しく浮気されるとあとあとまでこだわります。

ほめる＆のせる

ほめられ好きで、おだてられると木にも登る人。とくに喜ぶのは、「おもしろい人」「とてもチャーミング」の言葉。「私の彼／彼女」といって人に紹介するのも、とても好き。また、目をじっと見て話す人を信頼します。「あなたが私の愛を勝ちとれるか、勝負する？」「3か月間、ゲーム感覚でつきあってみて、続いたら本気でつきあおう」などの言葉に挑発され、相手の罠にまんまとかかることも。

決めゼリフ

実質的な価値を認めてほしいので、「楽しいだけじゃなくて、やるときはやるのね」の言葉に有頂天。「私にはわがまま言ってね」「あなたといると楽しいから、ずっと一緒にいたい」も効果大。

タブー

「今に生きる」猿なので、来年や将来の話は×。オヤジっぽい説教や批判、「つまらない人ね」のひと言、猿に無関係な話もダメ。

嫌いな人

おもしろ味のない人、勝負心や挑戦心のない人、興味のない話ばかりする人、お金のやりくりがヘタな人、現実性がない人は×。

長くいられる人

スーパーの特売をチェックして小銭を貯められるような締まり屋で、金銭的負担を共有できる人。

Date Simulation

チータ お気に入りのNo.1デートコース

鉄則3か条	
1、恋のハンター。ハードルが高いほど炎上	ナンパ師。恋の成功願望は12動物キャラ中No.1。チャレンジャーだが、ダメとなるとあきらめも早い。
2、「今、好きになった人」が好みのタイプ	最初はチャレンジ精神でナンパしたのに、追いかけるうちに本気になる。でも、ウェットな感覚の人だけは苦手。
3、態度はデカく、気は小さい	交際初めは情熱的でカッコよくマメだが、やがて態度がデカくなり、相手に寂しがり屋の本性を見せてしまう。

STEP 5 金銭感覚

男女ともに、おごるのもおごられるのもOK。ワリカンは面倒で×。ミエっ張りで、恋人にいいカッコをしたくて派手におごり、陰でバイトをしていることも。物欲が強く、衝動買いが多いのでお金はまず貯まりません。金銭トラブルを招くタイプなので要注意。

STEP 6 ラブH

好みはシティーホテルやシティーホテル的なラブホテル。恋愛もHも大好きで、恋とは別に、大勢とどん欲に快楽を追求したいタイプ。Hしてから恋愛が始まることもあり。♂は征服欲が強く、男性の本性むき出しに。セックスフレンドが多く、SMプレイ好き。チータ♀といちどHしたからといって恋人気どりをすると、無視されます。

ポイント

チータはポジティブ指向なので、自分がいかに前向きかをさり気なくアピールすること。交際が進んでも、忘れられない過去の暗いトラウマなどは間違っても話してはダメ。

スタート

STEP 1 デート計画

段どりは面倒なので、いつも計画性なしのデート。映画、H、買い物など、今日の目的が１つ達成されれば満足します。あちこち見て歩くのもテンコ盛りデートもＯＫ。物見高く、人気のものや新しいものを雑誌やネットで見つけて、遠くからでもわざわざ見にいくタイプ。どんなデートをするかは、自分と恋人の望みを合わせて決定。

STEP 2 待ち合わせ

雑貨店や大型安売り店など待ち時間を楽しく過ごせる場所が○。遅刻常習者で待ち合わせ時刻に家を出ることも。自分のことを好きなら待って当然と思うのです。相手の遅刻も許せますが、ナンパしながら待ってることも。

STEP 3 デートコース

ハデ好みで通が行くおしゃれな場所が好き。映画はホラーや殺人映画。挑戦好きなので、恋人に「そんなの無理」と言われるとその気になり、デートでも１日にラーメン10軒、大食い完食でタダ、50倍辛いカレーなどに挑戦。

STEP 4 食　事

プライドが高くミエっ張りなミーハーなので、通好みの飲食店、外国人や芸能人御用達の店を好み、そこに行くのが自慢のタネ。１日のうちに東京→北海道→沖縄で食事というようなチャレンジをすることも。焼き肉屋はいつでも◎。

「チータ」をゲットする！
攻略データMEMO

好みのルックス

第1の好みは、ハデで目立つアイドル系。人目を引く鮮やかな色に髪を染め、最先端のカジュアルファッションできめているような人です。第2の好みは、トレンディドラマから抜け出てきたような人。流行のファッションに身を包んだクールなタイプです。

第3は、インテリに見える人。服装はスリムな黒づくめでサングラスというような雰囲気。第4は、社会的成功を果たした、または将来を約束されたような人。ブランド物など高そうなファッションでかためた人です。

共通項は、シャープ、クール、キュート。チータはそれらのタイプが目の前に現れると、恋をしてしまうのです。

メイクは、最新流行のものはもちろん大好きですが、すっぴん美人も好き。きつくてはっきりした香りも好みです。でもすべてにおいて目移りが激しく、今、自分が気に入っているものが「好みのタイプ」。それに適合するものが目の前に現れると飛びつきます。

好みの部屋

ちらかっていても全然平気。相手の部屋に1点豪華なインテリアなどがあると喜びます。

電話＆メール

アタック中のチータはマメにデートのお誘い電話をかけてきますが、基本的に電話／メールともにマメではありません。電話は思いついたときに一方的にかけてきて、「あれ、ＯＫだよ」などといきなり結論から切り出すので、受けた相手は途中経過の話を聞き出さなくてはいけないことも。電話の音には敏感で、電話待ちではないときでも常に気にしています。

今、眼中にないことは忘れがちなチータなので、思いついたときに用件を送れるメールは、とても便利だと感じています。

ケンカ＆仲直り

チータの早とちりで思いこみの強さが原因でケンカに。ケンカっ早く、口に出してしまえばあとには残りませんが、出さないとシコリに。プライドが高いので、謝るのはとても苦手。相手がやさしく接してくれるとホッとします。

隠しごと＆嘘

当事者には口がかたいのに、第三者にしゃべってバレてしまったり。カッコをつけたりミエを張ったりして、つい嘘をつくことが。嘘を指摘されるとつい意固地に。

プレゼント

チータは流行のもの、外国製品のうちでもとくに日本では手に入らないもの、高級ブランド品、有名人愛用のものが大好き。つまり、ファッション雑誌に紹介されるようなものがベストです。具体的には、チータが日頃から欲しがっているけれど手の届かないもの、高級ブランドバッグ、外国でしか買えない注目のメイクアイテムやマニキュア、ヒョウ柄の洋服や小物、外国製の世界地図や装飾品、デッドストック、限定品など。

旅行計画

チータにとっての旅行とは、ハデに遊び回る海外旅行のこと。帰ってから自慢できる流行最先端の地や賑やかな観光名所へ。ブランド品ショッピングに狂うチータも。

癒し

前々から欲しかった高額品をパッと買ってハデにお金を使い、賑やかにワッと騒ぐと気分がスカッとします。でも金欠のチータは、あとで後悔して落ちこむことも。

浮気

いろんな人と軽くＨしたいタイプなので、悪気なく浮気します。ちょっとでもいいと思うとすぐナンパ。成功願望が強いので、ハードルが高いほど燃え、いつしか本気になることも。浮気を責めても動じないので、まじめな人にはダメな相手です。恋人の浮気も心が自分に向いていればＯＫ。

ほめる＆のせる

「テキパキしてるね、対応が速攻だね」と言われると大喜び。「新しいもののことをよく知っているね」「運が強い」もキキメあり。ヘッドフォンステレオや時計など新しい小物を持ってきたときは、必ずほめること。ほめてあげないと「鈍い人」とがっかりします。

決めゼリフ

チータがいかにカッコいいかを訴えるようなクサイぐらいのセリフで◎。具体的には「初めて会った瞬間、胸がキュンとしちゃった」「キミの瞳に吸いこまれそうだよ」「世界にあなたほどステキな人はいない、もうあなた以外目に入らないわ」など、効果絶大。

タブー

「カッコ悪いヤツ」と思われるのが何より苦手。「ダサい」「何やっても長続きしない」「ヘタクソ」「みっともない」などと言われると、その場ではムッとして、あとで落ちこみます。言われた相手とはもう２度と会いたくない気分に。

嫌いな人

見た目が大事なので、センスのない人、対応の遅い人、貧乏な人、ダサいカッコの人、仕事ができない人、決断力のない人はダメ。

長くいられる人

カラリと明るい前向きな人。ウェットでジメジメした人はダメ。

黒ひょう Date Simulation
お気に入りのNo.1デートコース

鉄則3か条		
	1．クールでカッコいい人でありたい	プライドが高く、高貴で高尚な人でありたい。自分が「その辺の人と同じ」と思われるのは耐えがたい屈辱。
	2．いい人であるために、相手に尽くす	相手に気に入ってもらいたくて相手に合わせる。強く頼りになるいい人を演じる。喜ばれるととてもうれしい。
	3．繊細で不安定なガラス細工の心	いい人像の崩壊を怖れる、繊細で不安定な心をもつ。自分が好きでない人の気持ちは無視。

STEP 6 ラブH

ベストは高級リゾートホテル。これぞという日は勝負パンツで決め、チャンスがないと落ちこみます。Hは同意のもとに。自分から強引には誘いません。♂は子どもっぽいわがままさから主導権を握り、心身ともに相性抜群の人を求めて次々と相手を変え、♀は相手の影響を受けがち。恋に傷つくことが怖く、Hだけをねらっている人にはそっぽを向きます。

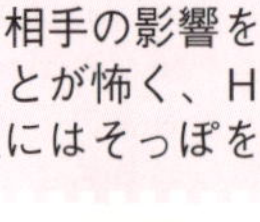

ポイント

きまじめな面があるので、初対面では男女ともに下ネタはNG。H関係のない♀には、常に下ネタ厳禁。「品のない人」と嫌われます。♀の家に呼ばれたらHしてもOKの合図。

スタート

STEP 1 デート計画

明確なデート計画を立てるタイプ。トレンディでカッコいいスポットを利用する優雅な自分が好きなので、ネットなどを駆使して情報を調べあげる情報通です。失敗したくないので、デート前には店を下見し、コースをシミュレーション。いちどよいコースを作ると、他の人にも活用します。「ステキな店ね」と言われるとうれしく、ほめられないとがっかり。

STEP 2 待ち合わせ

遅刻なし。「人を待たせる」のはいけないことと思っているので相手が遅れても何時間でも待ち、大好きな人なら笑顔で迎えますが、そうでもない人にはチクリとキツイひと言。待ち合わせは若者が集まる店が○。

STEP 3 デートコース

相手の好みを聞いて合わせるタイプですが、自身は最新トレンディのおしゃれな街が好き。グループ交際可で、頼りになる人と思われたくて、神経をすりへらしても仕切り役に。大好きな人は家に呼んで世話をしたがります。

STEP 4 食事

味より場所を優先。流行の先端やその先どりが好きなので、これからはやりそうな店や話題の店へ足を運びます。また、凝った内装のこぎれいな店や固定客で繁盛する店も○。ステディになると自分の手料理を御馳走したがります。

STEP 5 金銭感覚

おごり、おごられ、ワリカンいずれもOK。カッコよさを見せたくて、♂はお金がなくても女性におごり、♀は世話をやきたくて年下の彼におごって火の車となることも。トレンドに敏感なので、とくに新製品やファッションにお金を使い、そのため金欠になることも。

「黒ひょう」をゲットする！

攻略データMEMO

好みのルックス

おしゃれで洗練されたファッションが好み。伝統的でシックなファッションを守りながら、トレンディさを上手にとり入れ、自分なりにスマートに着こなしている人がベスト。服装がダサい人や雑誌のまんまのような人はダメ。

ヘアスタイルとメイクに限っては最新のものが好きで、体型はやせ気味、色の好みは白と黒のモノトーン、香りはヨーロッパ製の落ちついた大人びた香水を好みます。

でも黒ひょうにとって本当に大事なのは中身。キーは「知的、インテリ、信念、堂々、個性的な人生観、仕事の成功」。それが外観に表れている人がいいのです。

とはいえルックスにひかれることは否定できず、♀は世話好きな性質から、外見も性質も気に入った年下の男性に自分好みの洋服を買い与え、金欠となることも。

好みの部屋

内装に凝ったシティホテル的なすっきりまとまった部屋が好み。適度に高級な家具を求め、外国製の絵皿やキッチンアイテムなどをポイント的に飾ります。

一緒に住んだ場合は、自分の好みの部屋にアレンジしないと気がすみません。

電話＆メール

電話もメールも好きでマメ。好きな相手には何かと用事を見つけてせっせと連絡します。愛が深いほどメールは長くなり、今日の出来事や相手を気づかう言葉で埋まります。連絡回数が減ったら、黒ひょうの愛も減ってしまったしるしなのです。電話は最新機器を自慢したくて、機能がいっぱいのモデルを購入。でも機能はあまり使いこなしていません。メールチェックはマメで、受信するとすぐにわかるようにセットします。

ケンカ＆仲直り

黒ひょうの考えに反することが起きるとケンカに。黒ひょうの理論を振りかざして相手を攻撃します。そんな態度に相手はうんざり。でも、ケンカのあとは水に流そうと努力するタイプで、相手から謝られるとうれしく感じます。

隠しごと＆嘘

感情が顔に出やすいので、親しい人に隠しごとをしても通用しません。うれしいと１人で笑い、まずいときには顔の筋肉がひきつります。親しい人への嘘は極端に嫌うタイプですが、プライドが高く、本心が言えずに嘘をつくことも。

プレゼント

持ち物などにはかなりこだわりがあり、安物は嫌いなのでセンスのよい最新製品、人気ブランドの限定品、１点物など誰も持っていないものがおすすめ。具体的には、最新のファッション小物やデスク回りの小物、携帯電話の最新モデルやデジタルカメラ、チェスなど。繊細な心に似合う高級グラスやガラス細工、先の尖ったものも○。色は黒、黒と白、メタリック系で。悩んだらイタリア製品が◎。

旅行計画

海外派で、文化の格調の高いヨーロッパが好き。古い建築物を残す街、ロマンチックな石だたみの町並み、芸術の都など。氷河やオーロラなども◎。

癒し

カッコよい自分を演出するための投資で癒されます。服やファッション小物、スリムになる健康食品、美肌化粧品、メイクアイテム、家具、部屋のリフォーム、エステ、ヒーリングミュージック、クラシックコンサート、シルクのシーツなどにお金を投じて、気分一新。

浮気

本命が自分に向ける気持ちが低くなると、つらくなり自然と他に目がいってしまいます。最初はバレないように気をつかって浮気しますが、本命の気持ちが戻らないと察知すると次第に浮気相手に入れこみ、本命にチェンジもあり。

ほめる＆のせる

相手に「今日楽しかった？」とたずね、「すごく楽しかった」と言われるのが生きがい。相手に尽くし、それに感謝してもらいたいのです。おしゃれに気をつかっているので、新しい服やヘアスタイルなどを「センスがよくておしゃれだね、よく似合ってる」とほめられるととてもうれしく、それに気づかない人を鈍感に感じます。

決めゼリフ

「あなたみたいにステキな人に恋人になってほしい」「何をやってもスマート、生き方のすべてがカッコいい」と言われると、気持ちが一気に燃えあがります。

タブー

「トロい」「古い」「カッコ悪い」「情けない人」「もっといい服を着てきてほしかった」と言われるとムッとします。どうでもいい相手なら即座に引き、好きな相手だと落ちこんだあとに見返そうと努力。

嫌いな人

カッコ悪い人、流行に鈍感な人、情報のない人、白黒はっきりせよと迫る人、何ごとにもいい加減な人、生活がズボラな人はダメ。

長くいられる人

服装や部屋、片づけ方などを黒ひょうの流儀に合わせてくれる人。常にやさしい気づかいを忘れず、黒ひょうに感謝してくれる人。

Date Simulation

ライオン お気に入りのNo.1デートコース

鉄則3か条	
1、プライドの高さもゴージャス度もno. 1	すべてにno.1とゴージャスを求める。その割に努力することは少なく、プライドを傷つけられるとキレて終わり。
2、他の誰よりエライキング&クイーン	男性は男尊女卑で女性は女尊男卑。支配的で、すべてに横柄だが、心底信頼した相手にはただの不精な甘えん坊。
3、恋人に華やかさと完ぺきな理想を求める	理想が高く、見た目に華がないものは無視。恋人は自分にふさわしい華やかさと実のある完全無欠な人を求める。

STEP 4 食事

一流ホテルでシャンパンとともにフランス料理。一流の料亭、ゴージャスな調度品の店、礼儀正しくキビキビと動く黒服のいるステーキ屋も◎。お気に入りのご自慢の店が数軒あり、食事のあとは通好みの一流バーへ。

STEP 5 金銭感覚

パフォーマンス抜群。♀はおごられ、♂や年下を愛する♀は鮮やかにおごります。金銭にこだわらないので、釣りは不要なタイプ。ワリカンでごまかされてもわからず、気にもしません。でも案外、堅実で、本当に欲しいものだけを買い、ルーズな人にお金は貸しません。

STEP 6 ラブH

豪華な一流ホテルが好み。「今日は帰さない」と強引に誘い、相手に何を言われてもひるみません。♂は精力抜群。ハーレム好きでいちどに多くの女性を愛し、自分に愛される女性はしあわせだと考える脳天気な自己チュー。自分が満足したあとはゴロンとお休み。♀は主導権を握り、タフな相手と長時間のHを楽しみます。気分屋で、乗らないとやる気なし。

ポイント

オペラのＳＳ席チケットなどは最高のエサ。でも「タダ券がある」と誘うとプライドが高いのでムッとします。ライオンに敬意を表する礼儀正しい態度、尊敬する眼差しが基本。

スタート

STEP 1

デート計画

「今日は××で△△をする」「あの店で、○○を食べる」という計画は一応あるのですが、つきあい初めはそのとおりでなくてもＯＫ。やがて交際が進むと「今日は絶対××で△△をする」とエゴを振りかざします。でも根底に、「恋人に、あの、自分が大好きなおいしいものを食べてもらいたい」という思いがあり。自分をスゴイと思ってほしいのです。

STEP 2

待ち合わせ

まじめで礼儀作法にうるさいので、遅刻はしないし、待たせません。好みの待ち合わせ場所は、一流ホテルのラウンジやランドマーク的な建物のカフェ。うろうろ立って待つのは好きではありません。♀は車で送迎がベスト。

STEP 3

デートコース

何といってもゴージャスな場所。映画なら豪華な映画館の指定席でハリウッド映画。買い物は一流店の並ぶモール。遊園地なら夜の豪華な光のショーを見ながら。ライオンがお気に入りの車でドライブも。

「ライオン」をゲットする！
攻略データMEMO

好みのルックス

♂はゴージャスなマリリン・モンロー体型、♀は筋肉を鍛えあげたマッチョ体型がお好みです。

ライオンはすべてにゴージャスで完ぺき性を求めるものの、実際のセンスはさほどよいとは言えず、成金的な雰囲気を好みがち。服は原色でハデなもの、バッグなどは一流ブランド品、ゴールドや宝石など目立つアクセサリーをジャラジャラ音がするほどつけている人に目がいきます。

でも洗練されたライオンは、最高級の人品を目指し、渋い一流好みのことも。一流のシガー、一流の酒、一流の職人が仕立てた服や靴、世界最高のシルクなどにひかれ、そのような趣味をもつ人に嗅覚がそそられます。

香りは昔からの定番香水を好みます。♂はポケットチーフ好き。

好みの部屋

ライオンの部屋は、外で見せる立派な顔の正反対。ちらかりっぱなし、ぬぎ散らしです。恋人の部屋も自分同様でＯＫ。

家で気楽にゴロゴロしている枕元で掃除機の音などをうるさくたてたり、掃除を強要されたりすると、腹を立ててどなり出します。

電話＆メール

その場で対応するタイプなので、電話が中心。最初は用件があるときだけ連絡してきますが、親しくなると気分でかけてきたり、深夜など相手の都合を無視した電話もあり。でも外ではマナーにうるさく、携帯電話のマナーをわきまえない人は最低扱い。基本的には「大切な用事は直接会って」のタイプです。

メールは親指打ちやパソコンが面倒なので、出すのも受けるのも面倒。送受信に料金がかかるシステムにも腹が立ちます。それでもちょっと機能を試してみたくて、ときどき、どうでもいいことをごく短く発信します。

ケンカ＆仲直り

自分が絶対正しい王様なので、意地を張り合うと大ゲンカになり、決裂も。プライドが高くて絶対に頭を下げられないので、相手が折れてくれるとうれしく、素直に機嫌を直します。

隠しごと＆嘘

正直者で、緻密な嘘や作戦は面倒なだけ。隠すというより、都合が悪いとだんまりを決めこみ、突っこまれるとモゴモゴ。威厳を保つための知ったかぶりもあり。

プレゼント

キーワードは、ゴージャス、一流、ステイタス。世界の一流品、一流ブランドの特注品や限定品、オーダーメイドのスーツや靴、個人輸入した逸品などを好みます。そのほか、ゴールドなどの光りものや装飾品、派手なもの、一流ライター、ポケットチーフ、アスコットタイも◎。ライオンの立派さが引き立つゴージャスな一流ブランド品を贈れば間違いありません。

旅行計画

自分が「とてもよい」イメージをもっている場所へ。恋人にお気に入りの場所を見せたくて、恋人ができるたびに連れていきます。まるで子どもの自慢のようなものですが、感激して、「こんなところを知っているなんてスゴイ！」と言うと、とても喜びます。

癒し

ただひたすら眠ることに尽きます。お気に入りのおいしいものを、たらふく食べ、あとは眠るだけでも◎。山や森に囲まれた安全な場所なら、ライオンはのびのびとリラックスできます。

浮気

ステディがいないライオンは、ボーイ／ガールフレンドをたくさんもってハーレムを築かないと不安です。愛する人ができるとその人一途。ときどきは気に入った人とちょっと遊びの恋をしてHしますが、ただの一夜の火遊び。

ほめる＆のせる

王様／女王様のようにうやうやしく扱われたり、ヨイショが大好き。一点豪華主義で、大切にしているものが必ずあるので、それを聞き出してほめると◎。子どものときに野球大会で優勝した話、記念の盾など、過去の栄光をほめてもちあげると効果大。

決めゼリフ

「あなたみたいな立派な人が恋人だったら」「ボクはキミのためなら何でもやれる」「あなたのオーラが好き」「あなたってやっぱりスゴイ！」「王様みたいに堂々としたところが好き」と言われると、守ってあげたい気分に。

タブー

自身は不遜なところがあるくせに、横柄で礼儀のない態度、人を見下したような態度や言葉は×。正々堂々が好きなので、皮肉でイヤミな表現、ぐちや弱音、陰口、意地汚くセコいことも大嫌い。

嫌いな人

品がなくマナーの悪い人、思想のない人、社会的通念にうとい人、頭がかたくてカンの鈍い人、体格が貧弱な人、ズルい人、決断できない人は、まったく受けつけません。

長くいられる人

外ヅラは立派だけど、家ではただの横柄でグータラな甘えん坊なライオンの世話ができる人。

Date Simulation

虎 お気に入りのNo.1デートコース

鉄則3か条

1、主導権は握りつつ、イーブンな関係作り	主導権は自分が握りながらも、男女平等の対等な関係を築く。上手に役割分担して、相手の領分を尊重する。
2、相手にも自分にも厳しい忍耐の人	甘えを排除し、すべてを厳しく律し、優柔不断やいい加減な気持ちは許せない。♀は惚れたらとことん尽くす。
3、心を見せず、別れたら復縁一切なし	つらい気持ちを恋人にも見せず地道に精進。きっちりしているので別れたら最後、関係がダラダラ続くことはなし。

STEP 6 ラブH

実用的でリーズナブルなラブホテルが好み。Hにおいても主導権を握りたいタイプ。濃厚な快楽をとことん追求するので、相手が淡白だとがっかり。いちどいやになった相手とは絶対Hしません。♂は精力抜群。恋人がついてこられないと風俗の世話に。♀は大胆にアプローチしますが性欲が強くても自制心もあり。Hしてから本当の恋愛感情を抱きます。

STEP 5 金銭感覚

超シビア。前後を見越して堅実に使い、物事をすべてお金に換算して考えるタイプ。男女ともに、おごるとそれを覚えていて、おごり総額をきっちり積算。♀は「自分で払う」と言い張り、かわいげのないところもあり。でも世話好きなので後輩へおごることも。

ポイント

いちど言い出したら聞かないタイプ。虎が何を買うか決定しているのに、「こっちのほうが絶対いいよ」などと言うのはNG。バランスを大事にするので、いつも同じスタイルのデートは×。

スタート

STEP 1 デート計画

計画性のオニのような人。計画を立てて初めて、デートが成立します。しかも企画したデートは盛りだくさんのフルコース。バランスよく配合されていないと気がすまないので、食事、散歩、ショッピング、映画、催しもの見学など、考えられるすべてを盛りこみます。デートはすべてスケジュールどおりに進まないとキレます。

STEP 2 待ち合わせ

すべてにきちんとしているので、相手を待たさないし、待つのも嫌い。待ち合わせの場所に定刻ジャストに現れます。待ち合わせの場所は、街中のリーズナブルなカフェが◎。名前を誰もが知っているチェーン店がベスト。

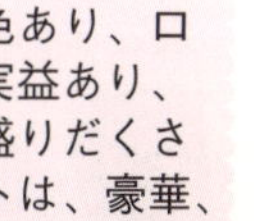

STEP 3 デートコース

バランスを大事にするので、景色あり、ロマンあり、実益あり、勉強ありと盛りだくさん。ポイントは、豪華、リーズナブル、家族的、庶民的。新しくできたファッションモールや家族連れの多い庶民的でくつろげる場所が◎。

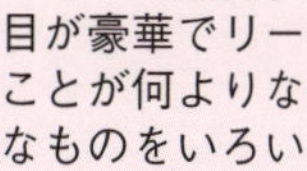

STEP 4 食事

あれもこれもあることが虎のバランス感覚。食事は見た目が豪華でリーズナブルなことが何よりなので、好きなものをいろいろ食べられるバイキングが大好き。目移りするほど品数の多いホテルのバイキング、定食、幕の内弁当がベスト。

「虎」をゲットする！
攻略データMEMO

好みのルックス

トータルバランスを大切にする虎が考えるファッションセンスとは、第１が左右均等、第２がカラフル、第３がセットになっていること。

そこで、ヘアスタイルはセンターパーツ、服のデザインはシンメトリー。このジャケットにはこのパンツ、この服にはこのバッグと靴、というように組み合わせが決まっていて、服を１着購入するごとにそれに合わせたバッグや靴も購入。女性はブラ＆ショーツはセットでしか買いません。

ですから、エキセントリックなファッションやオタク的な服装、アンバランスな美はＮＧです。

好みの体型はスポーツ選手タイプ。また、服装やＴＰＯに合わせていろいろな香りを楽しみ、小道具としてはサングラスが大好き。

好みの部屋

インテリアがバランスよく配置された部屋が好きで、定期的な模様替えは趣味の１つ。部屋の一部が気になると夜中にでも模様替えを始め、１か所を直すと他が気になり、結局は総チェンジも。

恋人の部屋が雑然としていて、虎好みのバランスになっていないと落ちつきません。

電話＆メール

基本的には、電話もメールも仕事の道具と考えるタイプ。どちらも用件があるときにのみ使い、用件をきっちり伝え、返事もきっちり出します。でもそれは、世間体を大切にする虎の表の姿。本当はメールが大好きで、恋人からメールをもらうと、表情はおさえながらも内心ウキウキしてしまいます。

メールは遊び心が少なく、正直な本心だけを淡々と並べてくるので、虎を遊びの恋の相手と考えている人にとっては重たい内容に。

別れたあとは、電話番号もアドレスもメールも、一気に削除します。

ケンカ＆仲直り

相手が自分の気に入らないことをすると、カッとしてケンカに。プライドが高くて謝るのは嫌いですが、状況によっては、作戦として打算的に謝ることもあり。

隠しごと＆嘘

誠実なので隠しごとや嘘は嫌い。でも、自分がいちばん正しいと思っているので、結果的に言葉が事実と違ってしまうことも。隠したほうがいいと思うことは、不本意でも徹底的に隠し通します。

プレゼント

いちばんのおすすめは、虎が大好きなサングラス。それ以外では、「カラフルで目立つもの」または「セット」をポイントに、流行色を使ったカラフルな服や小物、ブラ＆ショーツまたは口紅＆ネイルのセット、陶器のセットなど。そのほかスニーカー、ドライフラワー、写真集、カラフルなポスターや絵画などインテリアも◎。

旅行計画

いつも忙しくしているので、気軽に「この週末、旅行に行こうよ」と誘うのはダメ。「なんて無計画で勝手な人」と嫌われてしまいます。行くと決めたら、かなり前に１週間以上のまとまった長期休暇をとるタイプ。じっくりと大計画を立て、自分の行きたいところを全部回れるように準備万端に手配して出発します。

癒し

仲間とスポーツをしたり、気になっていた部屋の一部を好みに整えたり。仕事をまったく考えないですむ環境でのみ癒されます。

浮気

相手の浮気は許せないけれど、自分のほうは「ちょっとあの人いいな」という程度のプラトニックなミニ浮気はあり。家庭や今の恋人を大事にして、意識的に浮気をおさえているだけに、誰かに気持ちを移したらそれは本気。それを責めると開き直って別れの結果に。

ほめる＆のせる

仕事ぶりや、部下後輩を大切にしてよく面倒を見るところ、バランス感覚のよさをほめると◎。

決めゼリフ

「男らしい人、あなたみたいな人と生きていけたら怖いものなし」「仕事を大事にしてね。私のことは二の次でいいのよ」「キミみたいにバランス感覚のいい人に家庭を守ってもらえたら最高」などともちあげられると、メロメロに。

タブー

言葉に敏感に反応し、相手の言葉づかいに「ナニ？その言い方！」とキレます。失礼で無礼な言葉、ていねいだけど相手を見下したような言葉は絶対×。ズルいことやくどく見苦しい言い訳も嫌い。仕事が第一なので、虎が仕事の忙しさを理由にデートを断ってきたときに責めると、信頼を喪失。

嫌いな人

白黒明白なまじめな性格なので、約束を守らない人、適当に物事を濁す人、子どもっぽくむだの多い人、誠意の感じられない人はダメ。

長くいられる人

仕事熱心な虎を認めて、会えなくても文句１つ言わずに笑顔で応えてくれる人。主導権を虎に完全に握らせてくれる人。ものの扱い方からインテリアの配置まで、虎の好みどおりにしてあげられる人。

Date Simulation

たぬき お気に入りのNo.1デートコース

鉄則3か条	
1、出番待ち。相手のアプローチを心待ちに	本心をあらわにできず、直球は絶対に投げない。そのため、口に出した言葉と本当の想いがくい違い、ときに爆発。
2、交際は結婚が前提。常に結婚が頭にあり	交際の目的は結婚相手を探すこと。遊びだけの関係は不要。交際中、いつもなんとなく、結婚の影をちらつかせる。
3、相手に合わせ、相手優先で自分も満足	精神的な満足を求め、相手が喜べば自分も満足。本心は構ってほしくて、そうしてもらえないと、自分も無視。

STEP 6 ラブH

常に結婚前提で、愛がないHはダメ。Hは儀式と考えるので精神的なものを重視。アブノーマルなHは×。♂は彼女に攻められ、なすがままにされるのが好き。相手の反応を楽しみながら満足します。♀はやや自分本位で、やさしく構われたいタイプ。Hのときは感情的に不安定になるので、男性は対応に困ることも。好みは他人の顔を見ないですむホテル。

ポイント

人の話やドラマの話を自分の身に起きた話にすりかえるクセがあり。それがわかっても責めてはダメ。返事はよくても実際に行動に移さないので、「ハイ」という答えに安心してはダメ。

スタート

STEP 1 デート計画

計画性なし。デートは好きな人と一緒にいることが目的なので、相手が喜ぶならどこへでも。相手の喜びがたぬきの喜びなのです。恋人がステキなデート企画を望めば努力はしますが、計画作りは頭の痛い話。計画を立てたところで途中でコロコロ変更しがちです。直球を投げないので、「飯、行こう！」は「飲みに行こう」「Hしよう」の意味のことも。

STEP 2 待ち合わせ

「待つことが愛情」と考えるので、好きな人を待つという意識が好き。忍耐はM的な喜びでもあるのです。相手に待ってもらえると、とてもうれしく幸福な気分に。待ち合わせによい場所は、ファーストフードや行きつけの店。

STEP 3 デートコース

伝統と格式ある落ちついた場所や店、骨董屋、神社仏閣、恋人に推薦したいお気に入りの店、なごめる店など、店巡りが中心。自慢の店を恋人も気に入ってくれると大喜び。儀式好きなので、初詣などは欠かせません。

STEP 4 食　事

たぬきのデートの中心は、つまみながら飲むこと。「食事」といえば「飲む」ことなのです。伝統ある老舗や究極の店、またはなごめる居酒屋が好み。和食党でそばが大好き、洋食ならパスタが○。ただ食べるだけならファミレスでもOK。

STEP 5 金銭感覚

人前ではいい顔をして、無理をしてもおごるタイプ。♀は遠慮がちにかわいらしくおごられます。金払いはわりあいよく、小さなお金の貸し借りにはルーズ。流行のブランド品には興味がありませんが、変な骨董品を衝動買いすることもあり。大金が動くときは慎重です。

「たぬき」をゲットする！
攻略データMEMO

好みのルックス

やさしくいたわってほしいタイプなので、ヤセギスな人やピリピリした雰囲気の人は苦手。ぽっちゃりした体型が好きで、ルックスより温和な人柄を優先します。

あえて好みを言うなら、流行を追いかけない正統派の服装が好き。英国のトラッドや老舗ブランドの服にはひかれますが、清楚で品がよければＯＫ。ファッションは値段ではないのです。

古いものが大好きなので、女性が、おばあちゃんが若い頃に着ていた和服などで現れたら、♂は大感激です。

メイクはすっぴんや厚化粧は×、ナチュラル系か薄紅だけのメイクが◎。香りもナチュラル系が好みで、ほのかにせっけんの香りや草花の香りを感じるとクラクラ。

好みの部屋

たぬきの部屋はこだわりの部屋。オーディオ、照明、置き物など、こだわりの一品が必ずあります。それが誰が見ても妙なガラクタだとしても、たぬきにとっては「絶対に譲れない大事な宝物」なのです。

恋人の部屋にもそんなこだわりモノがあると共感して感激。部屋はいつもちらかっていて、人が来る前にせっせと掃除をします。

電話＆メール

電話にはあまり意識が向かず、ナンバー管理もしないし、「着信あり」にも無頓着。携帯電話を持たずに出かけることも。機械に向かって話ができないので、留守電にはメッセージを入れません。

メールは好きでマメ。メールで用件を送ってもらうと、用事を忘れずにすみ、約束を忘れたと責められなくてすむからです。都合が悪くなると音信が途絶えます。でも本当は、メールより手書きの手紙が何よりうれしいタイプ。

ケンカ＆仲直り

返事だけよくて、それに伴う行動をしないことがケンカの原因に。相手に強く責められると、ためていたストレスがキレて爆発も。そのあと、たぬきがさり気なくしていたなら、平常心を保とうと努力をしているのです。さらに責めると、関係がこじれることに。

隠しごと＆嘘

本心を明かせず、都合の悪いことも隠してしまうので、隠しごとをためる結果に。でも、都合の悪いことは次から次へと忘れます。人の話を自分のことのように話すクセも、嘘といえば嘘。

プレゼント

ポイントは、伝統、由緒、格式、究極の逸品、古いもの、落ちついたもの、和風、宮内庁御用達、古い言い伝えのあるものや風習と結びついたもの。

贈り物に迷ったら、老舗の銘品を贈れば間違いありません。そのほか、骨董、本、セーター、手帳、扇子、蝶ネクタイ、クラシックカーなど。

旅のおみやげなら、定番を好むので、静岡なら茶、広島ならもみじまんじゅうなど地元の名品を。儀式好きで義理がたく、風習を守るので、恋人であってもお中元やお歳暮を贈ると喜びます。

旅行計画

好きな人が望むところに連れて行って、喜ぶ顔を見ればOKなので、相手任せ。個人的には日本派で、神社仏閣や歴史を色濃く残す伝統の町が好み。そば好きなので、そば打ち体験場があると飛びつきます。

癒し

大好きな人や仲間となごめる居酒屋や、古びた温泉宿など、お気に入りの場所に出向いてくつろぐことがベスト。お気に入りの日本酒を楽しむのもよい癒しに。

浮気

浮気願望はあっても、バレたらどうなるかを考えると実行できません。保守的で倫理に反することはしないので、不倫もなし。結婚後に浮気したときは、離婚覚悟の本気。

ほめる&のせる

ほめられると自分が大きくなったようでうれしくなるたぬき。ほめる対象は、大切にしているガラクタ的な骨董品、子ども時代の記念品、たぬきには必ずある金言、人の体験談かもしれない体験談。ほめ言葉は「博識ね」「落ちついていてよく気がつく人」「一緒にいるとホンワリ楽しい」で決まり。

決めゼリフ

労をねぎらわれたく、やさしくしてほしいたぬきなので、「あなたの面倒は私がみないとダメね」「あなたのことは私が何でもしてあげる」「キミといるとホッとする、ずっといたい」と言えば、相手に身を任せてみたい気分に。

タブー

返事だけいいところなど、悪気のないたぬきのクセを責めると逆ギレ。「だらしない」「オヤジギャル」「いい加減な人」と言われると、ムッとして不機嫌になります。

嫌いな人

流行ばかり追っていて中身のない人、実績を上げられない人、品のない粗野な人はダメ。

長くいられる人

たぬきの欠点には目をつぶって陰で補い、すべてを長所として尊重してくれる人。出しゃばらない面を、短所ではなく、美徳、長所と見てくれる人。

子守熊《コアラ》 Date Simulation お気に入りのNo.1デートコース

鉄則3か条		
	1、専攻投資。収穫したらエサはやらない	初期はサービス精神旺盛、ステディになると釣った魚にエサはやらず、ボーッとする時間を共有したいだけ。
	2、恋愛大好き。遊びと本気を明白に線引き	本気の相手は最初から結婚前提、5回目のデートで初めてクドく。遊びは最初に遊びと決めて、風俗も大好き。
	3、備えあれば憂いなし。恋にも保険あり	心配性なので保険好き。好みのタイプの幅を広げ、デート計画は必ず3パターン用意して、夢を確実に実現する。

STEP 4 食事

ナマものは苦手なタイプが多いので、必ず火を通した料理を。心配性で健康オタクの子守熊ですが、脂っこい料理は大好き。実益と楽しさ追求型で、ホテルのランチ、平日だけのスペシャルサービスなどに喜びを感じます。

STEP 5 金銭感覚

金銭管理や支払いはきっちりしており、デート時も費用の上限を決めています。ケチというより金銭感覚が鋭敏なタイプ。将来設計をして着実に貯め、財テクも得意。娯楽費は子守熊の必要経費です。♂は投資的におごり、♀は自分では払わず「おごられてラッキー」と考えます。

STEP 6 ラブH

割引ポイントがつき、サウナやカラオケのあるホテルが好きで、デイタイム割引を活用。♂はH好き度No.1。H命、恋はHするためのもの。女性なしには過ごせず、風俗も大好きで、恋人がいても風俗に通います。Hは自己中心的で、工夫を凝らします。ホモが多いのも子守熊の特徴。♀はやさしいスキンシップが好きで、相手によって対応を変えます。

ポイント

大好きな下ネタ話に不快を示しては×。びっくり病なので、大声は厳禁。金銭のむだを嫌うので、むだづかいする人は遊び相手に区分します。

スタート

STEP 1 デート計画

負ける勝負には手を出さず、ねらった相手は確実に落とすタイプ。デートコースは、最初は相手がどんなコースを好んでも対応できるように、デート回数が重むと雨や晴れなどどんな天気にも対応できるように、常に3コースを計画します。子守熊は心配性なので保険が絶対に必要。そのうえ計算高いので、どうしても用意周到になってしまうのです。

STEP 2 待ち合わせ

心配性なので「もしも……」を考え、まさかのために早めに出発、早めに到着。相手を待たさないかわりに、むだを嫌うので待ちもしません。駅前のマンガ喫茶、おもちゃ屋、安売り雑貨店など時間を有効に使える場所が◎。

STEP 3 デートコース

デートは恋人と楽しい時間を共有するためのもの。でも楽しさと実質が両立しないとダメ。割引がたまるカラオケ店でデュエット、混浴露天風呂があるコストパフォーマンスの高い健康ランドなどを上手に選びます。

「子守熊《コアラ》」をゲットする！

攻略データMEMO

好みのルックス

Ｈ大好きな♂は、マリリン・モンローのようなダイナマイトバディが好き。巨乳がとくに大好きで、Ｈな感覚よりむしろ母性愛を感じ、胸に埋もれてのんびり眠りたいとあこがれます。♀はマッチョが好きで、ヒョロリとした人はダメ。

恋人とステディになったあかつきには、ただただ２人でボーッとしていたいと考えるので、カチッとしたファッションは×。いつもスキのない服装の人、いかにもキャリアバリバリといった印象の人は最初から敬遠してしまいます。

好みは、ムームーやアロハ、甚平など気どらない楽な服装。カラフルなものは苦手です。メイクはゴテゴテしない基礎メイクが好みで厚化粧は×。匂いに敏感なので、自分が好む香り以外はＮＧ。

好みの部屋

お金はすべて保険と財テクと遊びに使ってしまうので、部屋はかなり殺風景。そのなかに、一生ものの実用品や山のような健康食品が目立ちます。

なごみと空想用に南の海のポスター写真が貼ってあることも。相手の部屋にむだなものが多いと、こんなにもむだなことにお金をかけたのかとがっかり。

電話＆メール

相手を口説き落とすことも趣味の１つなので、電話もメールも好きでマメ。とくに電話は、ネットワークが広い子守熊が仕事に遊びにと大活躍させる必須ツールです。用件がなくても、電話やメールは、自分からも出し、相手からもらうのもＯＫ。ごきげんうかがいのメールが大好きで、相手からもらうとホッと安心します。

メル友も多く、実際に会って浮気もあり。男女ともに下ネタが大好きなので、メールは下ネタだけで埋まってしまうことも。

ケンカ＆仲直り

ケンカすると相手をあれこれ攻撃して、あとで後悔。言い訳のうまさは天才的で、それをいやがる相手だと嫌われて、破綻することも。打算で謝れるタイプです。

隠しごと＆嘘

計算高く策略家なので、意図的にたくさんの隠しごとをして、オープンなことと隠しごとを上手に使い分けます。バレると巧みな言い訳で言い逃れ。自分が人をだますことがあるので、人に対しても猜疑心が強く働きます。

プレゼント

流行を嫌い、「一生」という言葉に弱いので、「一生もの」と言われると心が動きます。

贈って間違いないのは実用品で、一生使える価値あるものや長く身近に置いて使えるものが◎。そのほか、大好きな緑茶＆せんべい、健康食品、のんびりと楽しめる温泉宿泊旅行券、温泉やスパリゾートでボーッとできる旅行企画に大感激。ロマンを愛するので夢を与えるものや、子守熊が好むアロマオイル、ケーキもおすすめ。

旅行計画

寒さに弱いので、暖かい場所へ。温泉や南の島に逗留し、ひがな１日、どこにも行かずにボーッとしていたいのです。あちこち移動して見て回る旅行は苦手。

癒　し

ボーッとすることのみが癒し。温泉、スーパー銭湯、家でお気に入りの入浴剤を入れてのんびりお風呂、暖かい浜辺で１日ダラダラと過ごすことが実現すれば満足。

浮　気

Ｈ好き、恋愛好きなので、小さな浮気や大好きな風俗通いは数知れず。出会い系サイトを熱心に見て、メル友とミニ恋愛をしてＨすることもたびたび。恋は生きるすべてで、常にロマンチックな恋のチャンスを夢見ているので、当人には浮気という意識はなし。結婚向きではないとも言えそうです。

ほめる＆のせる

子守熊の荒唐無稽とも言えるロマンチックな夢物語を聞いているときは、あきれないで、「なんてロマンチストなの」とほめること。「Ｈな話が上手ね、ぜんぜんイヤラシく聞こえない」にも上機嫌。

決めゼリフ

「ロマンチックなキミと南の島でひと月ぐらいボーッとするのが夢」「あなたの夢を一緒に追えたらいいな」「本気でロマンを追うところが魅力」と子守熊のロマンを認めてもらえたら感激。「一緒に温泉に行きたいなぁ」もキキメがあり、「一生オレについてこい」など「一生」をつけるのも◎。

タブー

子守熊は自分がただボーッとしているわけではないと思っているので「いつもボーッとしているね」「いったい何、考えてるの？」という言葉はＮＧ。「ハンパな人ね」「しつこい人」と言われると決裂も。

嫌いな人

夢のない人、まとわりつく人、乱暴でどなる人、大声を出す人、ズルい人、自分勝手な人、感情のアップダウンが激しい人はダメ。

長くいられる人

金銭感覚がしっかりしていて、むだを切り捨て、計画性のある人。子守熊が安心感を感じられる穏やかな人。

Date Simulation

ゾウ　お気に入りのNo.1デートコース

鉄則3か条	
1．押しの一手、強引な正攻法で押すのみ	駆け引きも面倒くさいのも苦手。本音が言えない口ベタで、愛情表現も苦手。これと思った人をパワーで押し切る。
2．ステディと思いこんだ人に、誠実で一途	敵と味方を線引き。大事な身内である恋人には誠実を尽くし、いつも自分のそばにいて同じように尽くしてほしい。
3．男尊女卑で、変態度はNo.1	Hは持久力抜群。12動物キャラ中、最も変態で、男女ともにS系。ヘンなコトや極端な奉仕を要求することも。

STEP 6　ラブH

　ラブホテルより、部屋が広々とした由緒あるシティホテルが好き。初Hの人が忘れられない純真な面がありますが、変態度はNo.1でS傾向も強烈。♂は持久力抜群で徹夜HもOK。関係をもった相手には急にやさしくなるので、周囲にすぐバレてしまいます。♀は女王様タイプ。男性に召使いのように奉仕させ、それができない自己中心的な男性は×。

STEP 5　金銭感覚

　ケチではありませんが、どうでもいいことには1円も払いません。その反対に、恋人にしたい相手には「これでもかこれでもか」というほど御馳走などをして先手攻撃。♂はおごり、♀はおごられるタイプ。物欲が少ないのでお金が自然と貯まり、節約も得意です。

ポイント

　冷たい人と感じるのは、口ベタのせい。無口だからとゾウに疑いの目を向けてはダメ。世間体や人の評価を極端に気にするので、人と比較しては×。

スタート

STEP 1

デート計画

計画はまったくなし。会ってから決めるタイプ。自分１人で決め、相手の意向を聞きません。突然かつ唐突に電話をしてきて、強引に誘うことも。ゾウは先の見通しをもてないので、思ったとたん実行に移すのです。ただし、今は片想いだけど絶対にステディになりたい人とデートできるとなると、必死になって計画を立てます。

STEP 2

待ち合わせ

自分は遅刻するくせに、人のことはまったく待てない勝手者。短気なゾウとの待ち合わせのときは遅刻厳禁です。場所は、ホテルなどの立派なロビー、大きな椅子のあるロビーなど、悠々とゆったりした雰囲気の場所で。

STEP 3

デートコース

キーワードは、「ビッグ、No.1、パワフル、世界最大」。ぜひともおさえておきたい有名な場所、著名人が来る場所、スケールの大きな店、世界的な雰囲気の場所が好み。あちこち行かず、１か所に絞ります。

STEP 4

食　事

「No.1、有名、最大」とつけば大喜び。有名な地方料理の店が好みで、旅先なら土地のNo.1の店、名物料理屋に入ります。食べるのが面倒くさい料理は苦手なので、丼もの、ワンプレート料理、特大トンカツなどのメニューを。

「ゾウ」をゲットする！
攻略データMEMO

好みのルックス

自分が小回りがきかないタイプなので、きゃしゃな人が好み。恋人には自分にないものを求めがちですが、とくにゾウはその傾向大。♂は小柄な人やキュートな人、♀は女性的とも言えるナヨッとしたヒョロ長い人が好みです。

ファッションは、世界の高級ブランド品や一流の服が好き。でもそれ以上にゾウが好むのは出身校や家柄で、育ちがよいというだけで心打たれ、気持ちがなびきます。ゾウにとっては、世間体や人の評価が何より大事なのです。

色は青や水色が他のどの色より好き。また、どこに出ても恥をかかない、スキのない高貴なメイクを好みます。

香りの種類にはとくにこだわりませんが、強い香水はＮＧです。

好みの部屋

こざっぱりと整理されていて、殺風景な雰囲気です。部屋に飾ってある不似合いな小物は、おそらく思い出ある大事な品です。

恋人の部屋はどんな部屋でもわりあいＯＫですが、結婚すると自分が望むように片づけ、相手が必要なものまで捨ててしまうこともありそうです。

電話＆メール

「今から行く」など電話は用件をひと言。唐突な電話が多く、それがデートの誘いだとかなり強引。電話による直前アポはゾウの得意技です。

メールは書くのが面倒なのでほとんど出しませんが、心配性なのでメールチェックは頻繁にします。

しかし、ゾウがメールを出すときは、真剣に書くので、時間がかかり、長文に。やりとりしたメールを自分なりに細々と整理してとっておくのが趣味です。

ケンカ＆仲直り

ふとした拍子にキレ、キレたら激しく、誰も止められません。ゾウのケンカは、相手の言い分をまったく無視して言いまくり。それなのに、心配性なのでケンカのあとに後悔してクヨクヨ。仲直りのきっかけは自分から作りますが、自分から先には謝れません。

隠しごと＆嘘

スゴイと思われたくて、大きな嘘を平気でつきます。本気の隠しごとはトコトン隠しますが、気持ちもどんどん重くなります。「当たって砕けろ」と思う相手には、嘘も隠しごともなく直球で勝負。

プレゼント

できるだけビッグサイズのもの、スケールの大きいもの、外国製品、世界の有名品、見てすぐ高そうと思うものが好き。「グローバル、インタナショナル、ワールドワイド、ビッグ、No.1」と聞くと、心がときめきます。具体的には、ブランド品、高級外車、初版本、特別製のもの、地球儀、入手困難なもの、100本のバラの花束など特大サイズのもの、ロッキングチェア、特大クッションなどが◎。

旅行計画

世界でも有名な地が好みで、あこがれはラスベガス。短気なので、思い立ったら吉日で出かけます。世界最大のビッグドームでのメジャーオールスター戦などは大喜び。

癒　し

趣味や好きなことに熱中することが癒し。ゾウにとって重要なデータの整理や、友だちと熱くなるゲームなど。好きなことに時を忘れて集中し、充実を感じることが大事なのです。

浮　気

誠実で恋人や妻ひとすじ。また細かな嘘を重ねるのは苦手で面倒なので、浮気はしません。もし浮気をすると、浮気相手にも誠意を見せたいために別れられなくなり、不倫や二マタに。白黒はっきりさせたいゾウですが、このときばかりは浮気相手と本命との間でウジウジと揺れ動きます。

ほめる&のせる

忍従の日々を重ねて勉強した証の教科書や、ダイエットの記録ノートなど、個人的な「記録」や「足跡」がゾウの宝物。これらを見せられたときは、ゾウが気持ちを許しているしるしなので、敬意を表すること。見下したような様子を見せると2度と心を開きません。「堂々としているのね」「本当にスゴイ人」とほめると◎。

決めゼリフ

「とにかく、すごく魅力的」「あなたのそばにいると気持ちが大きくなる」など、ゾウの大きさを讃えると安心し、よりいっそう信頼して、誠意を尽くしてくれるはず。

タブー

「勝手でわがままな人ね」「人の話を全然聞かない人ね」という言葉はゾウのカンにさわるのでNG。長く待たされることも×。

嫌いな人

今日のうちにできる仕事などを翌日にもち越す人、お節介な人、自分に賛同してくれない人、ケジメのない人、仕事を手抜きする人、品位のない人はダメ。

長くいられる人

見かけに品があり、雰囲気が気さくで、誠実な人なら安心して一緒にいられます。大好きな相手でも、物事にあまりにルーズで決断やスタートが遅いとキレます。

Date Simulation

ひつじ お気に入りのNo.1デートコース

鉄則3か条

1、献身的にお世話した分、甘えたい	気配り上手で包容力あり。相手に気をつかうのは自分もそうしてほしいから。相手のやさしい心配りをとても喜ぶ。
2、恋愛相手の条件は、話ができること	外では1人相撲で腐心しているだけに、ストレスや不満もいっぱい。話をするとは、グチを聞いてもらうこと。
3、恋愛も、和を乱さないよう自分が統制	和を乱す人が嫌い。恋の相手が自分の知らない世界をもつのは許せず、恋愛関係でも自分の統制のもとに和を強要。

STEP 6 ラブH

好みはおしゃれなビジネスホテル。♂は持続力もテクニックもありますが、マンネリ化しやすい傾向。かなり女性的で、恋の対象も幅広く、バイorホモも多数。女装や化粧癖があることも。♀はHに積極的で、相手が喜ぶことなら何でもして喜ばせたいタイプ。命令されてサービスするのが好きで、相手のために尽くす自分に酔います。

ポイント

情報通ですが、小物コレクションの情報を入手し、提供すると喜びます。ひつじなりの価値観で、人間関係の情報を操作しがちなので要注意。グチには必ずつきあうこと。

スタート

STEP 1

デート計画

計画力も情報力もあり、デート企画が上手なタイプ。金額や時間など、無理のないコース作りが得意です。でも相手に合わせることを重視するので、相手の要求いかんで変更も可。恋の相手に誘われると、どこへでも出向き、どこへでもついていきます。片想いのときもステディになってからもグループデートが好きで、共通の友人が増えることを喜びます。

STEP 2

待ち合わせ

相手のことを考えるので待たさず、自分は何時間でも待ちます。でも遅れた相手には必ず文句を言い、ネチネチと責め言葉を。待ち合わせは賑やかな場所やタワーなど街の中心的なシンボルのようなところで。

STEP 3

デートコース

恋人が集う街や活気のある街が好き。ポイントとして、フリマ、気軽だけど気のきいた場所、ガラス張りのテラスなど明るい場所、自然公園、遊園地が◎。ステディになると、外には行かず家で延々としゃべりたがります。

STEP 4

食　事

和洋中何でもＯＫ。恋人が望むものを一緒に食べることが喜びです。好みは、家庭的な気配りのある店、しゃれていてこぎれいな店など、味よりアットホーム感を優先。恋人に寄り添いながら、共通の友人と一緒に食事をするのも大好き。

STEP 5

金銭感覚

ケチに見えますが、がっちり貯めることが趣味で蓄財上手。お金が貯まった通帳を見るのは大きな喜びです。友人に貸したお金にも利子をとるタイプ。男女ともに女尊男卑を認めるので、デートは♂が払い、♀はおごってもらうものと決めています。

「ひつじ」をゲットする！ 攻略データMEMO

好みのルックス

体型、まなざし、雰囲気など、モコモコの毛に包まれた羊のような温かさややさしさを感じる人が好み。キリリとした冷たい印象の目の人は苦手です。

服装やメイクは、流行を追ったものやシャープな感触のものは苦手。どちらかといえばヤボったい感じのほうが安心感があり、実直さを感じて好感をもちます。おじいちゃんが使っていた革のトランク、おばあちゃんのコンパクトなど、古きよき時代のものを持っていると、とくに好感度◎です。

でもひつじにとって本当に大事なのは、見た目より、人間的なやさしさと温かさ、社会的一員としての確実性、そして知性なのです。

香りは不要なタイプ。♂は、メイクを習慣としている人もあり。

好みの部屋

金銭感覚はきっちりしていますが、部屋は小物だらけ。整理整頓ベタでつまらないものの収集癖があるので、箸袋、牛乳の蓋、切手、モデルなど、物だらけ。集めることが喜びなので、物は増えるばかりです。恋人の部屋もちらかっていてＯＫ。部屋の雰囲気に温かさがあり、相手もコレクターだと喜びます。

電話＆メール

電話もメールも大好きで、電話はとにかく長時間。ひつじと電話で話すなら、最低でも30分は覚悟しないといけません。携帯電話代が重むのはいやなので、自分からかけるときは、もっぱら自宅の電話から。電話のベルがあまりに鳴らないと、世の中から置き去りにされたようで寂しくなります。

ひつじからのメールは延々と続く長文で、内容はほとんどグチとぼやき。相手へのネチネチとした責め言葉のことも。メールチェックはマメで、返事もていねいです。

ケンカ＆仲直り

表向きは客観的で冷静。怒っている理由を淡々と語るのですが、感情的になりスジがまったく通っていないことも。自分が正しいと思っているときは絶対に謝りませんが「フラれそう！」と感じると、理由をつけて謝ってくることも。

隠しごと＆嘘

自分なりの判断で隠しごとをして場を操作。相手は知りたがっているのに、「知らないほうがしあわせだわ」と隠すことも。本心を人に見せることができないので、結果的に嘘をついてしまいがち。

プレゼント

ひつじが集めているコレクションを贈ったり、シリーズもの、手作りのもの、みんなで使えるもの、ハートウォームなものがおすすめ。具体的には、小さな花束、ぬいぐるみ、日記帳、預金通帳ケースなど。とっておきは、２人の思い出の曲のオルゴールやＣＤ、ハートペンダント、名前を入れた特注品、誕生年生産のワインなど。手紙をもらうのは大好きで、旅先からひつじに送った絵葉書は、高額なプレゼントに匹敵。

旅行計画

情報通なので、旅行となるとまるで旅行代理店。「見て、食べ、移動」する内容満載のハードスケジュールな旅行になります。恋人が自分の計画に乗ってくれると大喜び。相手の要望を旅行コースに組み入れ、喜んでもらえたら大感激。

癒し

気の合った仲間と思い切りしゃべったり、自分のコレクションを整理することで癒されます。落ちこんでいるときは、恋人のやさしい言葉が何より。

浮気

空想の浮気はしょっちゅうですが、恋人ひと筋なので本当の浮気はなし。でも恋人が寂しい思いをさせると、やさしい人に心を寄せます。相手の浮気に対しては正当な理由が必要で、それを聞いてから、あとでどうするかを考えます。

ほめる＆のせる

ひつじの友だちのこと、仲間と一緒の思い出写真、コレクションをほめると誇らしい気分に。「お金のやりくりも貯め方も上手」「よく気がつく気配り上手」「みんなのことを大切にする人」とほめるのも◎。

決めゼリフ

「あなたといると包まれているようで、安心でしあわせ」「あなたの行くところならどこへでもついていきたい」「強くてやさしい人」と言われると、一生、一緒にいて世話をしてあげたい気分に。

タブー

仲間はずれが何より嫌い。大勢の中にいて疎外感を味わうのは、何よりつらいこと。相手から連絡がこないととり残された気分に。「友だちが少ないね」という言葉、恋人の嘘や隠しごと、指図されることも×。恋人が参加するパーティーに呼ばれないのは、最悪。

嫌いな人

昨日と今日の言葉が違う人、友人の少ない人、グチを聞いてくれない人、連絡や約束にいい加減な人、和を乱す人柄の悪い人は×。

長くいられる人

ひつじが好きなように世話を焼ける人。ひつじのグチや話をよく聞き、やさしい気づかいをし、社会的安定に向けて努力する人。

Date Simulation

ペガサス お気に入りのNo.1デートコース

鉄則3か条

1．束縛は絶対しないでほしい	必要なときは一緒にいて、忙しいときはじゃまされたくない。連絡しないからといって、嫌いになったわけではない。
2．ペガサスの性格と自由を尊重してほしい	好きなことに熱中していないと、生きていないのと同じ。ペガサスの翼を折る人とは、一緒にいられない。
3．恋愛においても、感性と気分がすべて	感覚が響かない相手だと、呼吸できない息苦しさを感じる。やるときはやるので、気分屋の面は無視してほしい。

STEP 4 食事

フランス料理や中国の満漢全席、眺めのよい展望レストランなど、豪華絢爛な食事が好み。でもそれも気分次第で、こぎたないけれど味がよい店ならOK。「肉は嫌い」といっていたのに、ステーキを食べたいと言い始めることも。

STEP 5 金銭感覚

お金への概念がなく、支払いも気分次第。基本的にはレディファーストですが、支払いは男女どちらでもよく、のっていると払い、のっていないときはどうでもよくなります。お金への執着がないので、財布の中身を確認しないで支払いのときにあわてたりすることもたびたび。

STEP 6 ラブH

雰囲気が大事なので、うらぶれた場所ではHする気はなし。超一流ホテルが好みです。刺激が必要で、いつも同じ場所、やり方、同じ相手だとダメ。昨日まで熱中していた相手に、急に冷めることも。男女ともに外人好み。♂はムードと直感とタイミングが大事。気分でパワーに差が出ます。♀はダサくてチープな男性は×。Hの最中の会話を大切にします。

ポイント

ペガサスの気分に合わせること。でもあまりに意志のない相手は恋の対象外。自分の感覚が通じない相手と感じると、2度とデートはしません。

スタート

STEP 1 デート計画

計画性はまったくなし。「会いたい」と思ったら行き先はどこでもいいのです。朝は「海に行こう」と言っていたのに、会ったとたん「やっぱり山に行く」と変更することも。そんなペガサスの気まぐれにつきあえない相手はストレスを感じます。山盛りの内容のデートだと逆にペガサスのストレスが増します。

STEP 2 待ち合わせ

相手を待たせもすれば、待つのも平気。待たされても怒りません。時間よりも早く着いたのによそ見をしていて結局、遅刻をしてしまうことも。場所は家に近く、本屋やカフェが◎。♀は定刻ジャストのお出迎えがベスト。

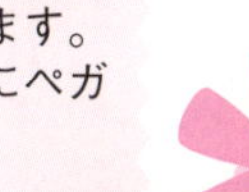

STEP 3 デートコース

その日の気分次第。相手の苦心のプランをいともあっさり却下することも。ペガサスの要望を聞いてから決めると間違いなし。内容が盛りだくさんのデートは苦手で、自然の中や浜辺でくつろぐのがお気に入り。

「ペガサス」をゲットする！

攻略データMEMO

好みのルックス

とにかく、外人好き。最高にセンスのよい欧米人がペガサスの好みです。

体型はもちろん外人体型。♂はメリハリのあるボディ、♀はキリリと引き締まったスリムな人が好きで、贅肉がダブついた人は×。結婚したのちも、相手や自分が太ることは耐えられません。

具体的には、ヘアスタイルや髪の色は、自分がよいと思えばどんなにハデでもＯＫ。雑誌のまねのような服装は×で、自分のセンスを生かしてスマートにまとめます。アクションスターのように動きがシャープで、目立つ人であることも条件です。

色は原色やハデなものを好み、とくにピンクはお気に入り。相手がサラリーマンでも、ドブネズミ色は絶対にＮＧ。外人風メイク、ハデな香りを好みます。

好みの部屋

雑然としていても、当人にはどこに何があるかはっきりとわかっています。超高級品を普段に無造作に使っていることも。好みはロイヤル系の豪華絢爛なインテリア。ヨーロッパ製の家具など。

電話＆メール

ビジネスに関してはしっかりとこなしますが、プライベートなことは気分次第。電話やメールをいっぱい送ったり、全然、返事を送らなかったり。携帯電話は自分の気分を即座に相手に伝えられるので、重宝な道具。携帯があれば、遅刻しても許されるし、待ち合わせの場所もきちんと決めなくてもいいと思っています。でも電源やバッテリーが切れていても、電話を持たずに出かけても、お構いなし。メールのチェックは気が向いたときだけ。

ケンカ＆仲直り

日頃は平和主義。どうしても譲れないことや納得できないときだけは自分からケンカを買って出ます。相手がふっかけてきたどうでもいいケンカは上の空。嫌いな人が相手だと無視。自分が本当に悪いと思わない限り謝りません。

隠しこと＆嘘

打ち明けるか隠すかは気分次第。言うことが前と違ったとしても、本人はいつも正直にしゃべっているつもり。話がオーバーなので、結果的に嘘と受けとられることも。

プレゼント

ハデで目立つもの、プロユースの一流実用品、愛や夢のあるオモチャ、王室御用達、宇宙的なもの、あでやかなもの、豪華で軽い服、羽のモチーフが好き。たとえば、フランス製の香水、軽いコート、シャンパン、クリスタル製品、天体望遠鏡などが◎。価格や品質とは無関係に、とんでもない非日常品を欲しがることがあり、それを贈られると大喜び。

旅行計画

気分が乗ったらいつでもＧＯ。臨機応変な対応が得意なので、何も決めない気分次第の気まま旅や長期の放浪旅が好き。お金も持たずにバックパックで海外に出かけても、何とか現地調達をしてしまうタイプ。旅の途中で恋人や仲間と別行動をするのもＯＫ。依存心が強い人、要求や指図の多い人とは一緒に旅ができません。大好きな人と一緒でも、１日に必ずいちどは１人の時間をもちたがります。

癒　し

自然の中でこそ解放感を感じられるタイプ。あてのないぶらり旅や気ままなドライブが癒し。そんなときは余計なおしゃべりは無用。

浮　気

本命に刺激も安息感も感じられなくなると、すぐ他に目を移します。そして天秤にかけては、どっちにするかを決定。不倫は面倒なので、避ける努力をします。

ほめる＆のせる

ペガサスが気に入っている品をほめるとニコニコ。長い間、使っている品は、まずお気に入りと考えてＯＫ。「外人ぽいね」「日本では息苦しいでしょ」「外国に住んだほうがいいんじゃない？」と言われると、理解されたような気分に。

決めゼリフ

「気ままなところが、好きだよ」「いつも適当でも、やるときは決めるね」などと言われるとホッとして、その人の前でくつろげるようになります。「ついてこい」「あなたにお任せ」といった言葉だと恐れをなして逃げ出し、歯の浮くようなセリフだと見透かされるだけ。

タブー

束縛、強要、命令や指図、強度のヤキモチ、詮索、念押しはＮＧ。あまりに事務的で、愛の感じられない言葉にもシラケ気味。「いつもフラフラしている」と言われると、不快な気分に。

嫌いな人

話が回りくどい人、柔軟性のない人、華のない人、自分には関係のない話やグチばかりのうるさい人、マイナス指向の人、品格のないセコい人。何よりダメなのは、カンと感受性の鈍い人。

長くいられる人

カンが鋭く、ペガサスの気ままさを認めてくれる人。

コラム

3分類をマスターすると
動物キャラナビがもっと楽しくなる②

次のＡＢＣは、３分類のMOON(月グループ)、
EARTH(地球グループ)、SUN(太陽グループ)のどれか当ててみて！

コンビニで、思わず手にとる清涼飲料水はどれ？

Ⓐ

名前：VC2000、ビタミンオアシス、24種類の野草茶、香り上品な中国茶、一番絞りフレッシュりんご、1日分の栄養野菜、モーニングパンチ、XYZ、α- ウェイブ

特徴：数字入り、確実なおいしさが期待できる、製品に堅実さが感じられる、栄養が摂れ身になる

Ⓑ

名前：ほのぼの時間、のほほんするお茶、海の贈り物、小さな野菜畑、太陽がいっぱいの真っ赤なトマト、アラスカの天然水、そのまんまの自然みかん、フワリ

特徴：ひらがな、なごみ感、長い日本語、親しみやすさ、こだわり、安心感、無添加

Ⓒ

名前：ジェニュイン・イタリアンブラック、カリフォルニアゴールデングレープ、世界最高のオレンジ、ブルースパーク!、ゲットガッツ、BURN OUT、max speed

特徴：最上級品、派手で華やかなデザイン、ステイタスが感じられる、感性に響く言葉

ひらがなの MOON

こじか

無添加の安心感、甘さや愛らしさ。ＣＭのタレントが嫌いだと×。

黒ひょう

流行の最先端や地域限定品に目が向く。「ＮＥＷ」の文字に弱い。

たぬき

実績ある老舗、お茶、甘い飲料、和風、「究極」が大好き。

ひつじ

最も無難そうなものを選ぶ。自分のコレクションアイテムだと♡

数字の EARTH

狼

デザイン中身ともにオリジナリティあふれるもの。「特別」に弱い。

猿

気軽、増量、オマケ、特別価格。バナナ味、元気になるものが好き。

虎

効果ある機能性飲料、バランス、数字。原色＆カラフルに目がいく。

子守熊（コアラ）

体にいい健康飲料をデータで選ぶ。楽しく愉快なものや緑茶も好み。

外国語の SUN

チータ

見た目がカッコよく、好奇心をあおり、パワーが出そうなもの。

ライオン

「キング」などステイタスを感じさせる名前。ゴールドが大好き。

ゾウ

「スゴイ、絶対、ナンバー１、圧倒的、ワールド」の言葉にひかれる。

ペガサス

「外国、○○賞受賞」の言葉にひかれる。意味不明な名も好き。

答え Ⓐ:EARTH Ⓑ:MOON Ⓒ:SUN

＊155～156ページの解説を読むと3分類がよくわかります。

著者紹介

弦本《つるもと》 將裕《まさひろ》 磨き上げられたたぬき

1957年4月29日生まれ。学習院大学法学部卒業。明治生命保険相互会社入社。97年、個性心理學研究所設立、所長就任。同年、㈱アットマーク・ノア代表取締役就任。これまでに上場企業はじめ全国の法人・病院・歯科医院等を指導。北海道から沖縄まで全国各地で幅広く講演活動を行なっている。著書に『60パターンですべてがわかる動物キャラナビ』『「性格＆相性」まるごとわかる動物キャラナビ』（日本文芸社）、『個性心理學』（河出書房新社）などがある。

http://www.noa-group.co.jp/

イラスト

田島《たじま》みるく デリケートなゾウ

1958年、熊本県生まれ。マンガ家。実生活をもとにした育児マンガなどで若い母親に絶大な人気を誇る。4コママンガ誌などに連載多数。講演活動のほか、テレビの生活情報番組でも活躍中。主な著書に『とんでもママの子育て図鑑』（日本文芸社）『あたし天使　あなた悪魔』（婦人生活社）、『おかあさんはおこっている！』（主婦と生活社）、イラストに『60パターンですべてがわかる動物キャラナビ』『血液型別動物キャラナビ』（日本文芸社）などがある。

〈制作スタッフ〉
天才工場 吉田浩　大盛佳代子　兼久れいな　高井志生海
高橋くみこ　深尾セツコ　森村華麗

「性格＆相性」まるごとわかる動物キャラナビ
平成13年 9 月25日　第 1 刷発行
平成22年 2 月25日　第25刷発行

著　者
弦本將裕

発行者
西沢宗治

DTP
株式会社キャップス

印刷所
玉井美術印刷株式会社

製本所
大口製本印刷株式会社

発行所
株式会社 日本文芸社
〒101-8407 東京都千代田区神田神保町1-7
TEL.03(3294)8931[営業],03(3294)8920[編集]
振替口座　00180-1-73081

112010925-112100220Ⓝ25
ISBN4-537-20077-4（編集担当・水波）
落丁・乱丁本はおとりかえいたします